上野アンダーグラウンド

本橋信宏

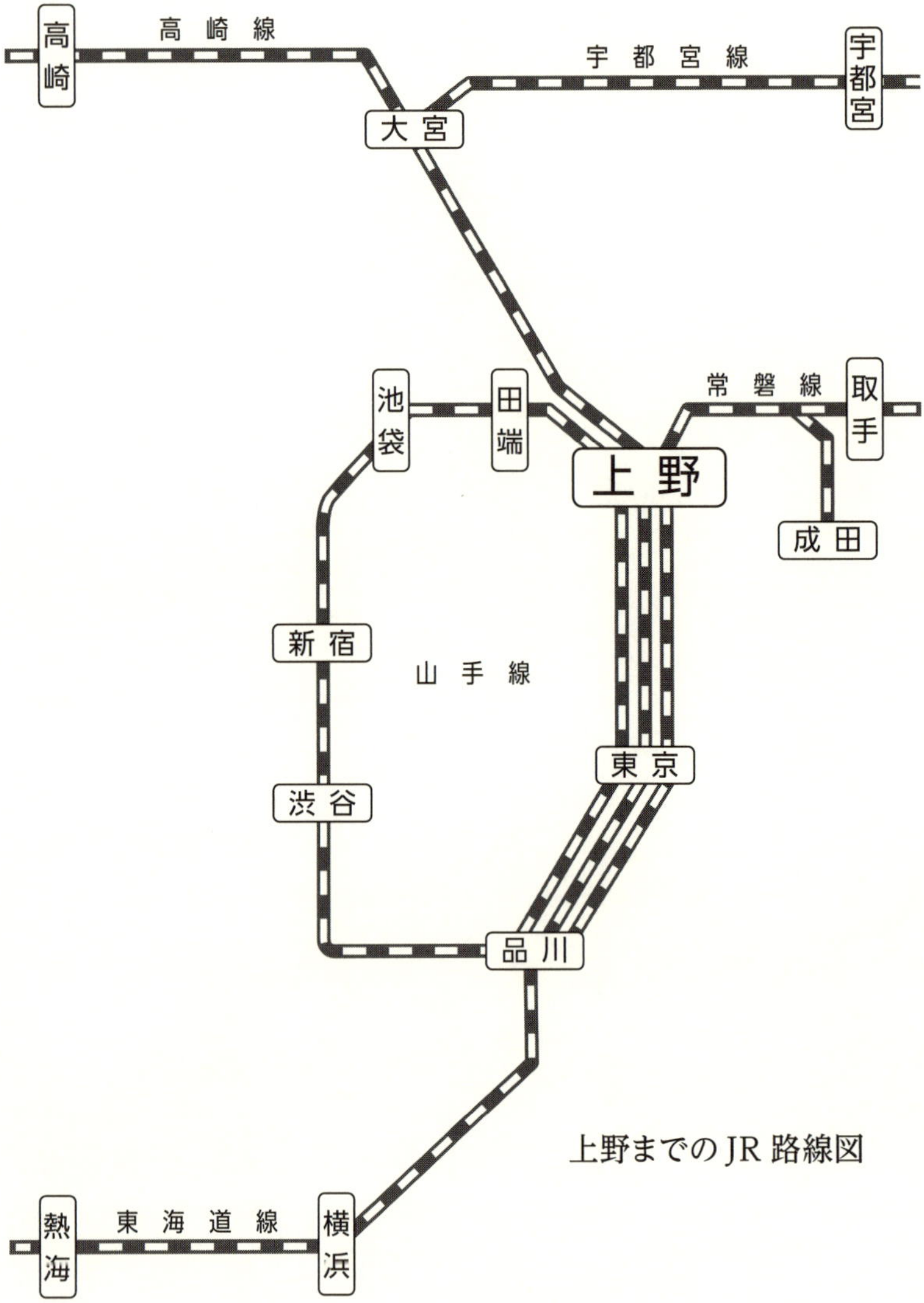

上野までのJR路線図

プロローグ

上野は暗黒星雲のようにあらゆるものを、渦のなかに巻き込む。

上野を象徴するものとして私が真っ先に思い浮かべるのは、都心を循環する山手線の、私がよく利用する高田馬場駅ホームの標識である。

外回り　池袋・田端・上野方面。

内回り　新宿・渋谷・品川方面。

新宿・渋谷・品川という都心の南西部を走るモダンで流行に敏感というイメージ。

それに対して、池袋・田端・上野という城北地区を走る野暮ったく流行遅れのイメージ。

たとえて言うなら、新宿・渋谷・品川は陽であり、池袋・田端・上野は陰であろう。

上野は野暮ったさと地方色に彩られた庶民の街だ。

多くの人々がここ上野に集うのも、どこか田舎臭くも心安らげる日本人の原点があるからではないか。

萩本欽一が東上野出身というのも、上野の性格を表している。

ＮＨＫ朝の連続テレビ小説『あまちゃん』で、地元アイドルから本格的にアイドルを目指すことになった主人公十七歳のアキが、全国都道府県ご当地アイドルから選抜されたアイドルグループ「ＧＭＴ47」に入ることになり、二〇〇九年夏、上野駅に降り立った。だがアキが加入するＧＭＴ47は、超人気アイドルグループ「アメ横女学園芸能コース」の後塵を拝する存在であった。

アイドルとアメ横。

なんでも受け入れる上野ならではの組み合わせだ。

実は上野という街は、流行の発信地として明治期から最先端を走り、いくつもの〝日本初〟を生んできた。

日本初の公園は明治六年（一八七三年）、この地に誕生した上野公園、正式名称「上野恩賜《おんし》公園」である。

日本初の動物園は明治十五年、上野公園内に誕生した上野動物園だった。

日本初の喫茶店「可否茶館《かひさかん》」は明治二十一年、上野で開業した（現在、上野一丁目の跡地に「日本最初の喫茶店発祥の地」という碑が建てられている）。

日本初の大博覧会場は明治二十八年（一八九五年）、日清戦争戦勝祝賀会を上野の不忍池《しのばずのいけ》で催した。

日本初の地下鉄は昭和二年（一九二七年）、上野—浅草間に開業した約二キロの路線であり、現在は地下鉄銀座線になっている。東京メトロ（東京地下鉄株式会社）本社も上野にある。

日本初のエレベーターガールは昭和四年、上野松坂屋で誕生した。

日本初のカツサンドは昭和五年、上野の芸者が口を汚さず食べられるようにと、上野で創業したトンカツ屋「井泉」が考案したものだ。

日本初のお子様ランチは昭和六年、上野松坂屋が出したものだった。

日本初のパンダ来日は昭和四十七年（一九七二年）、日中国交回復を記念して中国から日本に贈られた二頭のジャイアントパンダであり、日航特別機で羽田空港に到着しパトカーに先導されトラックで上野動物園まで運ばれた。日本中がパンダブームに沸き、いまでも上野のシンボルである。

日本初モナリザ公開は昭和四十九年、上野の東京国立博物館だった。

江戸幕府が永代にわたり存続するようにと、天海僧正《てんかいそうじょう》が関東平野の鬼門封じとして上野に寛永寺という寺を建立した。上野は徳川幕府におけるもっとも神聖な高台だった。

上野は徳川幕府を支持する彰義隊と、維新を目指す薩長軍が激突する戊辰《ぼしん》戦争の戦場となった。幕府側が敗れ広大な寛永寺の建物は戦火に焼かれ、土地は払い下げられ、東京国立博物館、国立科学博物館、国立西洋美術館といった現在の芸術の杜《もり》として文化の聖地となった。

上野公園の正式名称が上野恩賜公園であり、天皇から贈られることを意味する「恩賜」と付けられたことは明治新政府の力関係を表している。

かくして上野は江戸時代から明治期におよび、権力者が変わりながらも神聖なる地でありつづけた。

いにしえから聖と俗は背中合わせに存在する。

互いの位置づけを際立たせようとするのか、聖なる土地には俗なる土地が隣接する。

聖と俗が隣接するのはなぜか？

人は建前だけでは生きていけない。寛永寺の近隣には、陰間茶屋《かげまちゃや》と呼ばれる男色を売る宿があり大いに繁盛していた。上野の高台のすぐ下には鶯谷《うぐいすだに》が控え、都下有数のラブホテル街になった。

上野駅は終戦直後、地下道に住まいを失った人々が流れ着き、多くの浮浪児が夜露をしのいだ。

上野の一画に存在した下谷万年町《したやまんねんちょう》は「暗黒の東京」とたとえられ、戦後上野公園には葵《あおい》部落と呼ばれる貧しい人々の集落が形成された。〝葵〟は寛永寺が徳川家の菩提寺であり、そこの敷地内にあったために徳川家の御紋からそう呼ばれた。

上野の隣の湯島には学問の神様・湯島天神が祀られ、神社の周囲はラブホテルが軒を連ねる。

蓮《はす》の花が咲き乱れる不忍池は、いつ来てもエロティックに幽明の湖水をたたえる。

徳川家の聖地・日本一の文化エリアである場に、たちんぼ、ホームレスといった社会から弾かれた人々が寄り集まってくる。

こんなカオスの街は世界中探してもここ上野以外にない。

私にとって上野は、二歳のとき西郷隆盛像の前で記念撮影してからの付き合いになり、私の両親の初デートがまた上野公園だった。この他にも上野にはいくつも思い出があり、いつかこの地を真正面から取り上げてみようと思っていた。

さらに私の重い腰を上げさせたのは、女房の父、私にとっての義父が上野で体験したラーメンの思い出だった。故郷の津軽に帰省するとき、上野のラーメン店で食べる一杯は義父にとって最高のごちそうだった。店内には上野動物園のパンダの写真がテレビ台の脇に飾られ、何年たっても色があせたまま客たちを見守っていたという。

今もそのラーメン店はあるのだろうか。

上野を歩こう。

本書を書き上げるために、桜咲き乱れる上野公園からはじまり、丸一年、聖と俗の潮目の街を歩きつづけた。


桜散る上野公園で下を向き必死になってさまよう老女は、なにを見つけようとしていたのか。

上野公園の摺鉢山《すりばちやま》に夜な夜な集う無言の男たちはなにを待つのか。

中国本番エステに占拠された「上野の九龍城《クーロンじょう》」と言われる風俗ビルに潜入してみたら――。

不忍池に立っているPTA帰りの主婦といった風情の中年婦人は誰を待っていたのか。

アロマエステのメッカ・上野で起きる〝自爆〟とは。

銀杏《いちょう》の大木にぶら下がる腐乱死体は、なぜいつまでも気づかれなかったのか。

出会い喫茶で男からの誘いを待つＯＬはなにが目的なのか。

「入れちゃえ入れちゃえ入れちゃえ」とアメ横の男が呪文のように唱える横で、女子高生たちはなにを見つめるのか。

懐《ふところ》に二十二口径を忍ばせた十九歳は、上野でなにを見たのか。

上野五丁目に集中するジュエリー問屋街は、なぜ日本一の宝石街となったのか。

三島由紀夫が購入した革ジャンはなぜアメ横だったのか。

日本史の裏舞台でささやかれる上野をめぐる秘史とはなにか。

わが国でもっとも知られる街であり、誰もが一度は訪れる上野には、現代版人外魔境として多くの秘密が眠っていた。

上野に引き込まれる人々のように、私もまた渦に巻き込まれていく。

上野アンダーグラウンドへ――。

目次／上野アンダーグラウンド

上野駅周辺 MAP

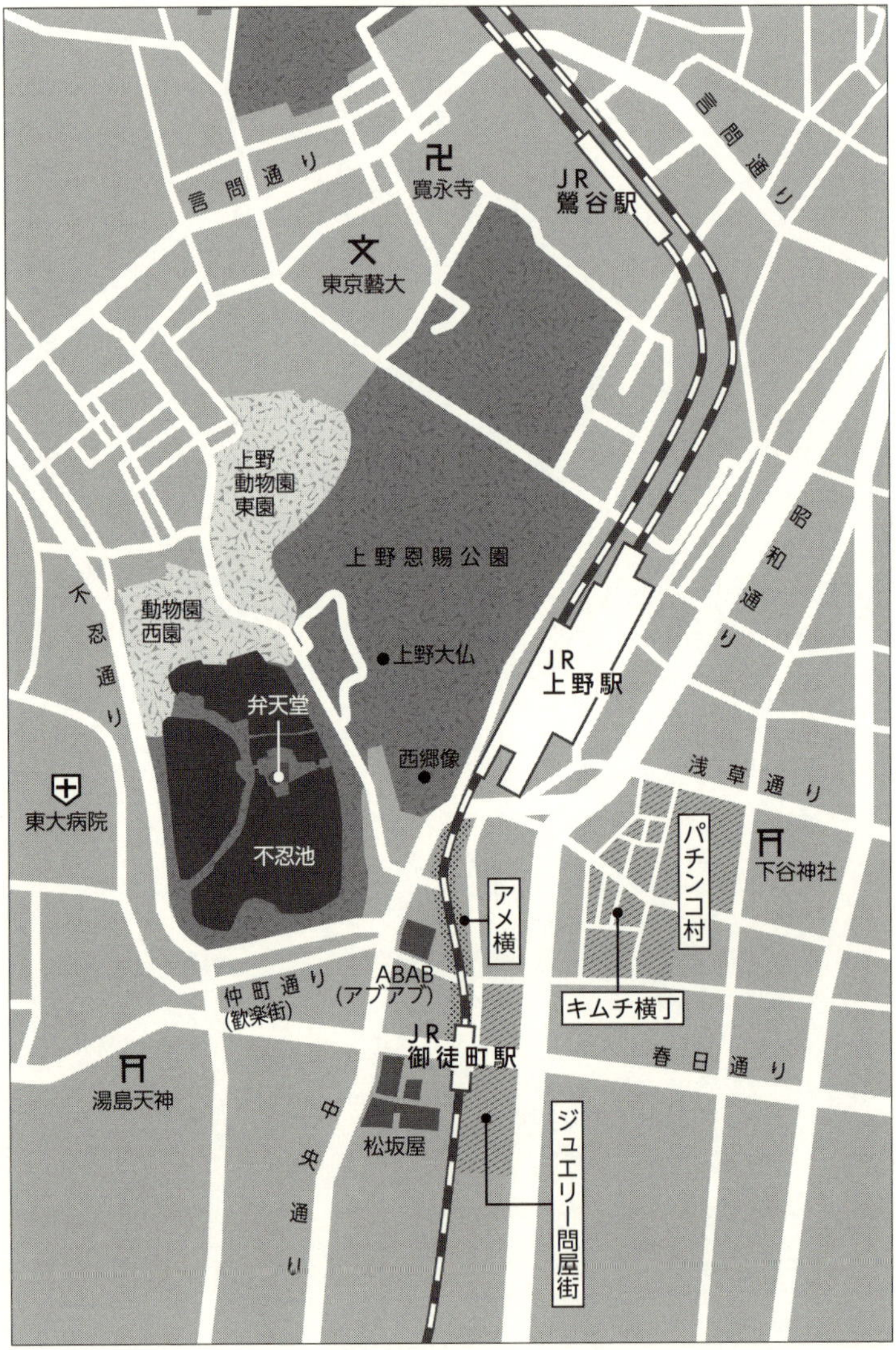

言問通り
寛永寺
JR
鶯谷駅
言問通り
東京藝大
上野
動物園
東園
上野恩賜公園
昭和通り
不忍通り
動物園
西園
上野大仏
JR
上野駅
弁天堂
西郷像
浅草通り
東大病院
不忍池
パチンコ村
下谷神社
アメ横
ABAB
(アブアブ)
仲町通り
(歓楽街)
キムチ横丁
JR
御徒町駅
春日通り
湯島天神
中央通り
松坂屋
ジュエリー問屋街

第一章　高低差が生んだ混沌《カオス》

「上野の山」を歩く

薄桃色の花びらが青空に舞い散る。

上野公園は平日の午後というのに、朝のラッシュ時のようだ。

私たちにとって、上野公園の桜吹雪はこれで二度目になった。

昨春からはじめた取材は丸一年になろうとしていた。

取材が長引いたのは、上野という土地の属性によるものだった。

長い年月をかけて刻まれた複雑な地形、いくつもの路線が集まる上野駅から吐き出される人々の夢、欲望、寛永寺と国立博物館に代表される聖都としての上野、すぐ横に隣接するアメ横、キムチ横丁、パチンコ村、鶯谷のラブホテル群、といった俗界。

迷い込む路地裏と建物、出会う人々、ハプニング――いくつも取材しているうちに、気がつくと二度目の桜の満開を迎えたのだった。

私とともに上野を歩くのは、フリーランス編集者・杉山茂勲と、彼が昔在籍していた出版社の上司にあるK編集長である。

前作『東京最後の異界 鶯谷』（宝島SUGOI文庫）、『迷宮の花街 渋谷円山町』（宝島社）を取材したときから、杉山茂勲は私とともに現地を歩く盟友だ。

筑波大学生物資源学類で蠅《ハエ》の研究に没頭するも、卒業すると蠅ではなく女を研究したいとエロ系出版社に就職、その後フリーランス編集者として数多のベストセラー、話題作を世に送り出してきた。

数年前に結婚したのだったが、このところ奥さんの体調がおもわしくなく愛妻家の彼は気がかりだろう。

K編集長は歴史に造詣が深く、彰義隊の最期の地となったここ上野公園にとりわけ思い入れが深い。

上野駅広小路口改札を出て右手に折れ、上野公園にそって坂を登ると、左側からなつかしい土の薫りがしてきた。都心でこんな素朴な匂いを嗅げるとは――。

上野の山と呼ばれるように、上野公園はこのあたり一帯を見おろす小高い丘にあり、高台＝聖地という土地の法則がここでも貫徹している。

坂を登り切ると、左手に芸術の聖地が開ける。

日本学士院、国立科学博物館、国立西洋美術館、日本藝術院、上野の森美術館、東京都美術館、東京国立博物館、東京藝術大学、上野動物園――。

質量ともに最高の空間がここ上野の山、文化ゾーンだ。

もっとも、以前から芸術の聖地であったわけではない。フランスの建築家ル・コルビュジエの建築作品の一つとして世界遺産への登録がほぼ確実となった国立西洋美術館は、以前の〝葵部落《あおい》〟という貧民窟の跡地に建っている。

男色を商売にするエリアもここにあり、上野のゲイ文化を支えてきた。終戦直後は、パンパンと呼ばれた街娼が公園付近にたむろしていた。

平日の午後だというのに、人々がどこからともなく集まり、散じていく。なかでも人気なのが国立博物館の「秦の始皇帝展」だった。この前は鳥獣戯画展をやっていて、入ろうと思ったら三時間待ちだと言われてあきらめた。もう一度挑戦しようとしたら今回は四時間待ち。二度目の撤退となった。

日本人は本当に芸術好きだ。

突然、重低音のうなるような言葉が上野の空気を振動させてこちらに襲ってくる。日本語のようでもあり、どこかの現地語でもあるような不思議な抑揚とビブラートのかかった声だ。私の臓腑までも振動するかのような強烈な振動だ。

二人のアフリカ系青年が小箱を持って訴えている。

「コドモたちのガッコウが足りませーん。寄付お願いしマース。よろしくお願いしマース」

肺活量があるからだろうか、二人が声をあわせると重低音のビブラートがかかり、日本語がアフリカ大草原の原住民が奏でる民族音楽のように変換されるのだ。

近くでは日本の若者たち二十名ほどが集まり、雑技団のように宙を飛んだり、バック転したり、人間ピラミッドをつくったりしている。練習しているのだろうか、それともなにかの勧誘のためにパフォーマンスをしようとするのか。

七十代の女が甲高いソプラノでなにかを歌っていた。

「おいたわしー、帝都の巫女は帝とともにー」

歌のタイトルを尋ねたら、ただ笑みを漏らすだけだ。

桜舞う空に怪しく溶けて消える謎の歌声。

人混みが割れた。

体に空のペットボトルを無数にぶら下げて年輪を重ねた太った女がよろめき歩いていた。

花見客が去った桜の木の下を必死になってなにかを探す八十代らしき女。孫娘が手を引っ張って連れていこうとする。

「おばあちゃん。また落ちてる財布拾おうとしてるのね。みっともない真似やめて」

花見客が落とした財布を拾ったうま味が忘れられず、公園を徘徊しているのだろう。

孫娘の手をふりほどき、女はまた地面を見つめあちこち探し歩く。

上野は本日もカオスなり——。

縄文時代の地形の名残

上野は東京二十三区の一つ、台東区に位置する。上野から見て東（右手）には浅草が控え、西（左手）には東大の本郷キャンパスが控える。

ＪＲ東日本エリアの駅の一日平均乗降者数で上野駅は第十三位・約十八万二千人（第一位は新宿駅の七十四万八千人）であり、とりわけ東北・北関東の玄関口として多くの人々が乗降する。

中央改札の真上には、馬や犬、牛、傘をさした人物、海女、猟師、スキーヤーといった人物が描かれた巨大な壁画が乗客たちを見守っている。この絵は、浮浪児、引き揚げ者、家出人が駅構内にまだ目立った昭和二十六年、画家・猪熊弦一郎が描いたもので、戦火が止んで平和が訪れた駅の雰囲気を乗客たちに感じてもらおうと広告会社が提供企業を集めて、猪熊に依頼してできたものだった。

猪熊は三越の包装紙「華ひらく」のデザインでも有名な画家であり、平和的な画風で、上野駅のどこかまったりした野暮ったさによく似合う。

集団就職で駅を降り立った東北の少年少女たちも、この壁画の下を通ったのだが、これからはじまる東京の暮らしで頭が一杯で絵を味わうどころではなかっただろう。

絵のタイトルは「自由」。

物資不足の時代に描いたこの壁画はベニヤ板にペンキで描かれ、途中、東京藝大の学生たちによって修復されいまも上野駅中央改札にあり、乗客たちを見守っている。

上野という地名の由来は諸説ある。

上野公園を頂点にした上の方に野山があったところから、上にある野山ということでつけられたという説。

戦国時代から江戸時代初期の武将・藤堂高虎《とうどうたかとら》が本拠地にしていた伊賀上野に似ていることから上野と命名したという説。

平安時代前期の学者・歌人の小野篁《おののたかむら》が上野国（現在の群馬県）から東京へ帰る途中、しばらくこの地に滞在したときに、小野篁のことを上野から来た人という意味で「上野殿」と呼び地名になったという説。

他にも俗説があるが、おそらくは上の方にあった野山、という意味から来ているのではないか。

実際に、いまでも上野公園の西郷隆盛像の前に立つと、上野のかなりの範囲を見渡すことができる。

上野駅中央改札口上に描かれた絵画「自由」

桜の時期の上野駅構内

台東区の地形は上野台地と下町低地の二つに分けられ、縄文時代には上野のすぐ目の前まで海がせまり、上野は岬の位置にあった。

外回り（時計回り）で山手線に乗っていると、田端駅から進行方向右手に断崖がつづくことがわかる。この崖は上野まで延び、日暮里崖線《にっぽりがいせん》と呼ばれている。上野台地の東端である。

山手線はこの固い崖に沿って、上野まで鉄路が延びているのだ。

縄文時代の土地の名残がいまも私たちの生活に影響をあたえている。

上野のすぐ隣、浅草の浅草寺《せんそうじ》には浅草観音という秘仏が安置され、その姿を見た人はいないとされている。浅草観音は西暦六〇〇年代という大昔、二人の兄弟漁師がこの地で漁をしていて、たまたま網《あみ》にかかった観音像を祀り、それが不思議な現象をあらわしたという開創《かいそう》伝説がある。浅草一帯は大昔、遠浅の海であり潮の満ち引きによってさまざまなものが打ち上げられる場所、海という異界との接点だった。

上野台地には不忍池があり、武蔵野の山々からは台地に溝をつくるように石神井川が流れ込んでいた。西の石神井川の他にも、埼玉方面からの古入間川、古隅田川からさまざまなものが流れ着き、江戸湾からも潮の満ち引きによってさまざまなものが寄りつき、滞留、堆積した。川のものと海のものが流れ着きぶつかった場所、それが上野であり浅草だった。

江戸という言葉は、「川」を意味する「江」と、入口出口を意味する「戸」が合わさった言葉である。江戸とは、川と海の境界に栄えた土地、文化だということであり、上野はまさしく江戸を代表するスポットになる。

現在も発掘されている数々の遺跡から、上野台地にはいにしえから人間が暮らしていたことがうかが

旧石器、縄文、弥生時代の周辺遺跡分布図

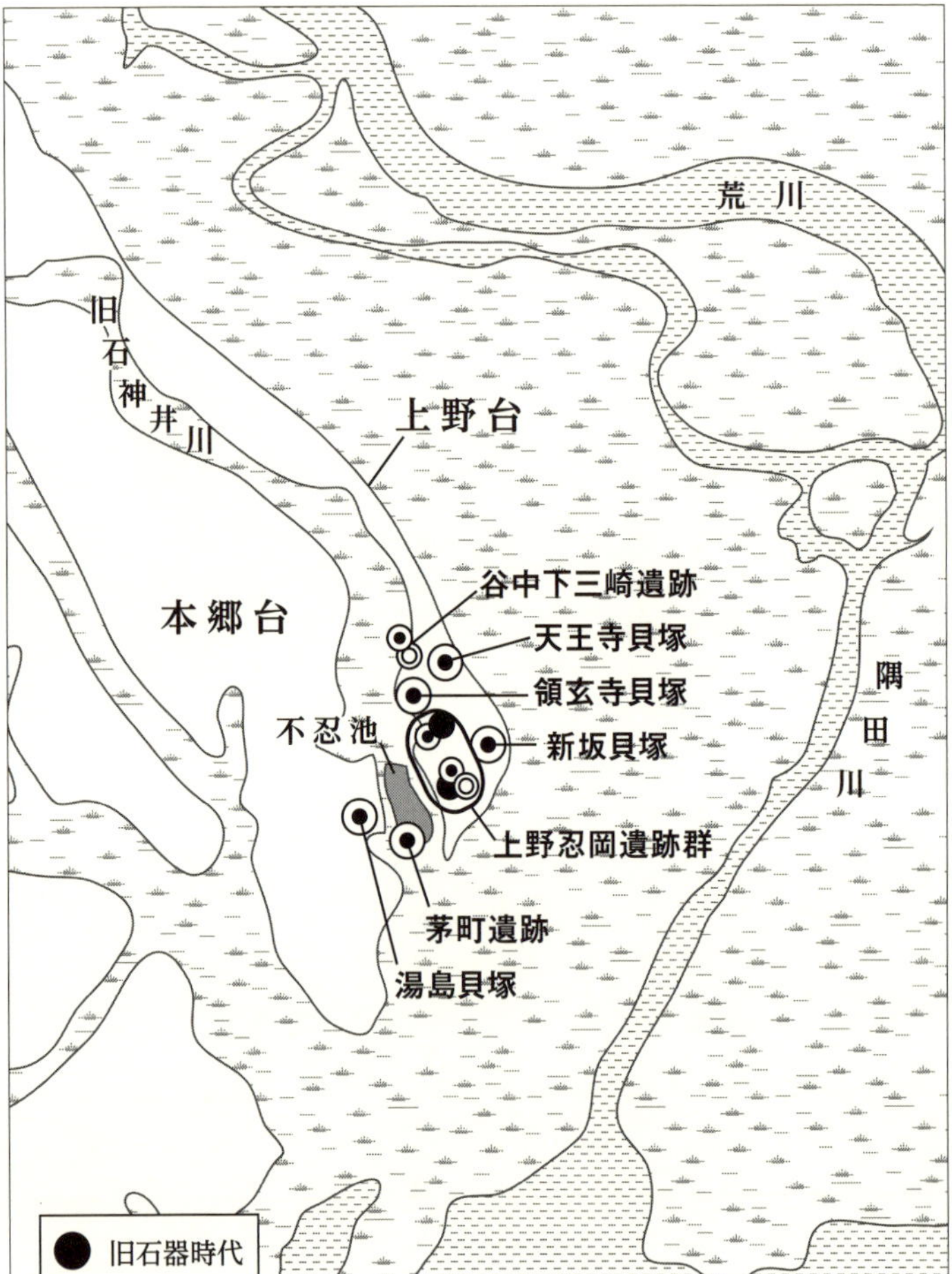

台地　湿地帯　川と海

『台東区の遺跡』より

縄文時代の地形と水の流れ

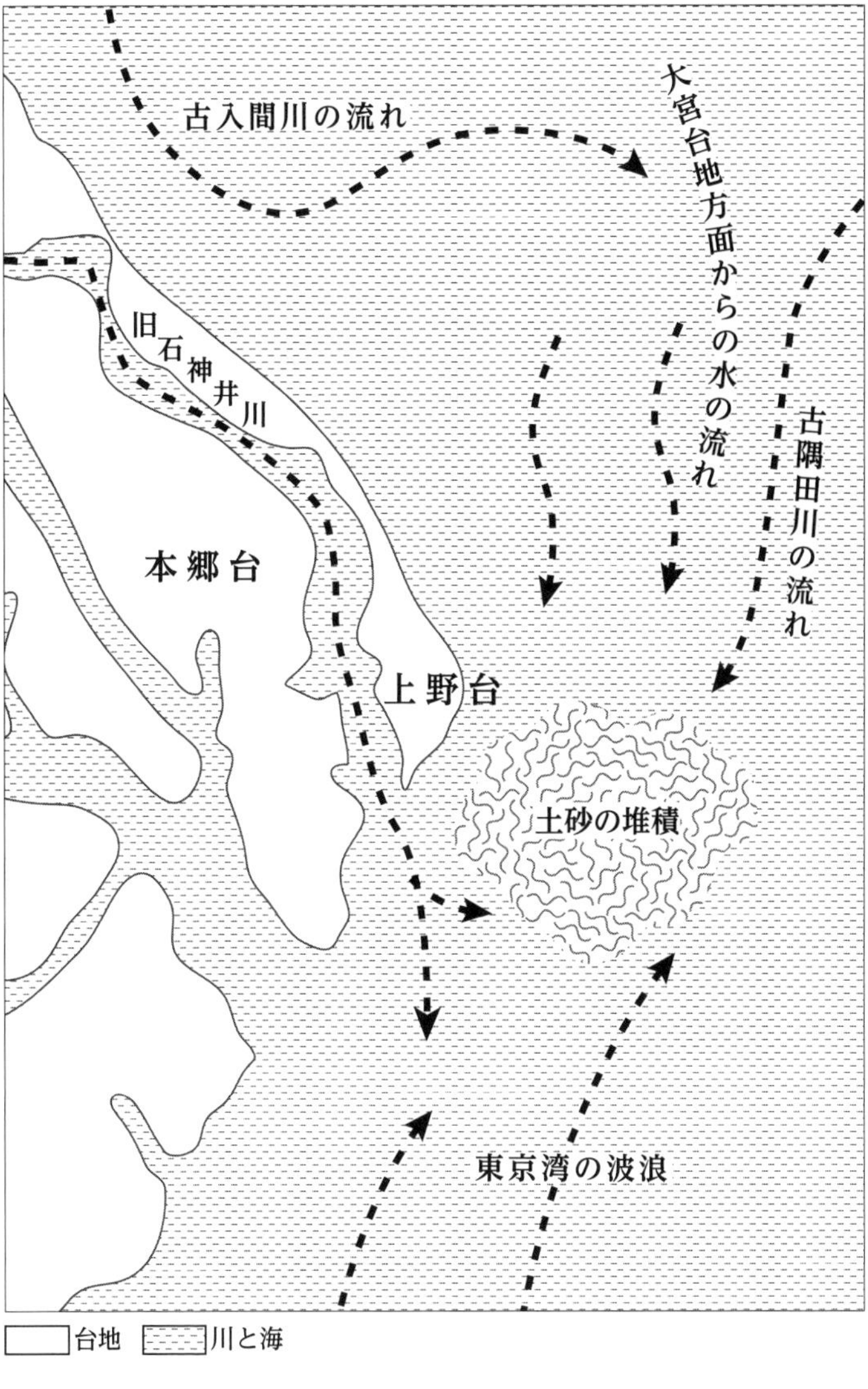

われる。

上野《うえの》忍岡《しのぶがおか》遺跡は、現在の上野公園周辺から谷中《やなか》にかけて広がり、旧石器時代の生活関連が出土した。黒曜石を加工したナイフ型石器、角錐《かくすい》状石器、黒曜石は上野の地盤である上野台の基盤層である。日本列島に人類が住みはじめた一万年以前までさかのぼり、上野台に日本人の源流である旧石器人が住んでいたことになる。

摺鉢山《すりばちやま》古墳は上野公園内にある小高い丘のような古墳だ。ここからは埴輪の破片や須恵器が出土し、千五百年前に築かれたと推測され、東京国立博物館がある所まで古墳群があったとされる。

上野のすぐ隣の湯島にも、湯島貝塚がある。縄文時代晩期の貝塚で、貝殻や魚骨の他に縄文土器、石器、耳飾が出土し人骨も出てきた。この地には江戸時代の大型井戸跡もあり、高台の斜面で日当たりのいい湯島に古くから人が住んでいたことがわかる。

下谷同朋町《したやどうほうちょう》遺跡は上野広小路に位置する江戸時代の遺跡であり、江戸庶民の暮らしを彩る陶器、茶道具、玩具、壺などが発掘された。このあたりは江戸時代に栄えた街があったことがうかがえる。北稲荷町《きたいなりちょう》遺跡は東上野にある江戸時代の遺跡で、寺院跡や陶磁器、木製品などが発掘されている。

これらの旧石器時代から江戸時代にかけて多くの遺跡が存在するということは、いつの世も上野がいかに住みよい環境だったのかということだ。

高台にあって日当たりがよく、海と川がぶつかる地点で、魚介類が豊富に採れたことが人々を惹きつけた。

台地をえぐり上野に流れ着く複数の川の記憶は土地に受け継がれ、明治時代にはいくつもの鉄道が上野駅に向かっていく。

水の流れのように人々が上野に流れてくる。まるでなにかに惹きつけられるかのように。

上野という土地は、古代から人々を惹きつけるＤＮＡが刻み込まれていた。

上野と『夕やけ番長』

上野は夕焼けがきれいだ。

駅前の大きな歩道橋、あるいは上野公園に立つと、西の彼方にゆっくりとオレンジ色の太陽が沈んでいく。

西郷隆盛像の肩に夕日が落ち、不忍池の湖面が輝き、揺れる。

上野と夕焼けというと、思い出すのは『夕やけ番長』（梶原一騎原作・荘司としお画）の主人公、中学一年生の赤城忠治だ。

赤城山近辺の野山で生まれ育ち、スポーツと喧嘩が強い赤城忠治は、正義漢で友情に厚い。そんな単細胞のガキ大将でも、両親を失ったときのトラウマで、夕焼けを見ると喧嘩する意欲がなくなる。キックボクシングや空手、レスリング、水泳、サッカーといった部活に助っ人として参加し大活躍する。番長連合のワルたちとも対決し、勝ち進んでいく。

三年生の秋、赤城の住まいが立ち退きを余儀なくされ、故郷に帰ることになるのだが、抜群の運動神経ゆえに推薦で高校進学を勧められる。住まいとなる寮も完備されているという。その気になる赤城。しかし、番長連合の元悪ガキが鉄棒から落ちそうになったところを助けた赤城は、アキレス腱を切ってしまい、スポーツ選手としての生命を絶たれる。罪悪感から元悪ガキは銭湯の煙突によじ登り、飛び降りようとするが、またもや赤城に助けられる。

スポーツ推薦の道が絶たれた赤城は故郷に去っていく。上野駅ホームに見送りに来る悪ガキや仲間たち。

駅のホームに夕日が落ちる。

本編が漫画月刊誌『冒険王』一九六七年から七一年まで連載され、テレビアニメにもなっている。ほとんどの梶原作品が悲劇で終わるように、『夕やけ番長』も成功譚では終わっていない。貧しい中学生だった赤城忠治が哀切きわまる別離をしなければならなかったように、貧しい庶民の別離は上野駅が舞台となる。

京浜東北線、常磐線、東北本線、高崎線といった東北方面から上野駅に集まる路線は、東北の豊かではない人々にとって東京までの希望の道のりであり、また上野駅から東北方面に去っていく人々にとっては惜別の道のりであった。

夢破れ上野駅ホームから去っていった赤城忠治は、いまなにをしているのだろう。

ミステリー作家が愛した街

ミステリーでも上野駅はよく登場する。巨匠・松本清張の作品には鉄道がよく登場する。『ゼロの焦点』では昭和三十三年（一九五八年）当時の上野駅ホームが出てくる。

主人公・板根禎子《いたねていこ》は二十六歳で鵜原憲一《うはらけんいち》という三十六歳の男と縁談して結婚した。鵜原の三十六歳という年齢が世間的にみると遅いと禎子の母が気にしたのも、昭和三十三年という時代背景がある。

鵜原憲一は広告代理店として中堅のA広告社の北陸地方出張所主任であった。東京と金沢を行き来する鵜原は、上野駅から金沢行きの汽車に乗る。昭和三十三年当時、上野駅は白煙たなびく汽車が行き交っていた。ベルが鳴り、鵜原は汽車に乗って去っていった。禎子はホームでずっと見送る。それが禎子が見た夫の最後の姿だった。

鵜原には戦後のきな臭い匂いがまとわりつく、訳ありの男だった。

昭和三十年代の上野駅は、終戦直後の浮浪児が夜露をしのいだ地下道がそのまま生き残り、いまよりも薄暗く、無骨な汽車の往来が絶えず、暗がりにたたずむ巨人のようでもあった。

上野駅には家出少年少女が寄りつき、言葉巧みに少年少女たちをさらっていく人さらいが徘徊しているといわれた。実際に作業現場のタコ部屋に連れていったり、風俗店に売り飛ばしたり、慰《なぐさ》み者にしようという輩が蠢《うごめ》いていた。

一九六三年、小学一年生だった私が毎週読んでいた『少年サンデー』、『少年マガジン』はいまよりはるかに読み物ページが多く、行方不明になった児童の記事がしばしば載っていた。私の記憶では、家出をして上野駅にたどり着き、そこから消息がつかめなくなったというケースが多かった。

家出して上野駅に寄りついた少年少女たちはその後、どうしたのだろうか。

不忍池で世を儚《はかな》み飛び込み、密生する蓮《はす》のために遺体が浮き上がらず鯉と蓮の栄養分になっている、という都市伝説もある。

江戸川乱歩も上野に愛着をもち、作品にもしばしば登場させている。

昭和六年（一九三一年）に発表された長編小説『盲獣』では冒頭、上野の美術館で盲目の男が彫刻の女体を撫でさする姿を、彫刻のモデルでもあるレビューの踊り子・水木蘭子が目撃してしまう。作者に盲獣と名づけられた変態殺人鬼のこの男は、触覚を味わいながら、水木蘭子をはじめ数々の美女を殺害し、バラバラにしてあちこちに置いて楽しむのだった。バラバラ死体を浴槽に浮かべて一風呂浴びる盲獣。「鎌倉ハム大安売り」としてバラバラにした手足を紙に包み船客に売りつける盲獣（さすがに乱歩は戦後になってこの「鎌倉ハム大安売り」の章をカットし、後にこの版を元にしたものでは鎌倉ハムの章だけ無い『盲獣』版があった）。陰惨な変態殺人の物語の発端が上野の展覧会というのも、まことに雰囲気に合っている。

同じく昭和六年に発表された『目羅博士の不思議な犯罪』では、上野動物園を出た私（乱歩）が、不忍池を見おろす高台の捨て石に腰かけ、青年から目羅博士のことを聞かされる。自殺者の連続する部屋と月光の魔術が妖しく青年の口から語られていく。

乱歩の最高傑作とされる『陰獣』（昭和三年）の冒頭では、寒川という探偵小説家が上野の帝室博物館で小山田静子という人妻と出会い不倫に陥り、犯罪に巻き込まれていく。

長編『黄金仮面』（昭和五年）では、上野の博覧会に黄金仮面が現れ、展示品の大真珠を盗み逃亡するシーンが登場する。

同年書かれた長編『魔術師』では、名探偵・明智小五郎が「蜘蛛男」事件解決の直後、保養地に出かけ、そこで令嬢・玉村妙子に恋心を抱く。帝都では魔術師事件が発生し、明智が急遽上野駅に到着すると、魔術師一味に拉致されてしまう。

いかに乱歩が上野好きであったのか、そして戦前の日本人にとって上野がもっとも華やかな場であったのかが伝わってくる。

乱歩といえば大正十二年、雑誌『新青年』（博文館発行・四月増大号）に発表されたデビュー作『二銭銅貨』が、わが国初の本格探偵小説とされ、無名の青年が書いたこの作品を誌面に載せたのが『新青年』編集長の森下雨村だった。言うなれば森下雨村は、日本の探偵小説興隆の最大の功労者であった。

その森下雨村が博文館を退社して隠遁《いんとん》生活に入る直前、慰労会を開いたのも、不忍池近くにあった「雨月荘」という中華店だった。

探偵作家と上野。

乱歩をはじめ探偵作家たちにとって、上野はミステリアスな空気が漂う異界だったに違いない。


上野に惹かれた作家には、宇野千代の元夫で、『人生劇場』作者である作家・尾崎士郎がいる。

大正後期、作家志望の尾崎士郎は、同じく小説家として世に出ようとしていた学生時代の友人二人が借りていた上野公園の小寺の一室に居候《いそうろう》として割り込んで、文学修行に励むのだった。

そのころ、寛永寺の僧侶たちが私宅として使っていた大小の寺が十軒くらいあった。

先に暮らしていた二人の学友は、生活費稼ぎのために、探偵小説の翻訳原稿を『新青年』に持ち込んだりしていた。

尾崎士郎が馬込に引っ越し、そこで宇野千代や山本周五郎、広津和郎、佐多稲子、吉屋信子、村岡花子、萩原朔太郎、室生犀星、三好達治といった作家たちと交流をもつ馬込文士村《まごめぶんしむら》の時代はその後であった。

不忍池にたたずむブラックデビル

不忍池は夏には蓮が湖面を覆い、冬は茫洋《ぼうよう》と水をたたえ、人々が惹かれてやってくる。

戦前、一人の長身の男がオーバーを着て不忍池にたたずみ、モノクロ写真におさまっている。男の名は高田宗彦という。

私たちから上の世代にとって、高田宗彦という名前は知らなくとも、ブラックデビルという名は忘れようとしても忘れられないものだ。

テレビドラマ『少年ジェット』（昭和三十四～三十五年放送）は、正義の味方少年探偵ジェットが怪盗ブラックデビルと戦う物語であり、「ウーヤーター」のミラクルボイスで敵をやっつける。

当時、映画が全盛期でテレビドラマに出るのは大部屋俳優と呼ばれる端役の役者だった。ブラックデビルを演じた高田宗彦は、大映の専属俳優であった。

大正五年九月十五日生まれ、長崎県島原市深江町で生まれ育った。母は日本人、父はスコットランド人、高田宗彦は日英のハーフだった。高田宗彦の母の姉が勉学のためイギリスに渡り、そこで現地の英国人と付き合い家庭をもった。高田宗彦の母も勉強のためにイギリスに渡り、そこでスコットランドの男性と知り合い結婚、生まれたのが高田宗彦だった。

マントにハット、アルセーヌ・ルパンのような格好のブラックデビルが少年ジェットに「ゼットよ」と、なぜか「ジェット」を「ゼット」と訛《なま》る口調がおどろおどろしく、昭和三十年代の路地裏にバタ臭いブラックデビルがまたよく似合った。

いまから二十年ほど前、端役をつとめてきた高田宗彦に関するデータはほとんど無く、唯一、一人娘が女優をやっているという情報をつかんで調べたところ、女優の松本留美が高田宗彦の一人娘であることをつきとめた。

留美さんと出会えたときにはすでに高田宗彦は地上から姿を消していた。昭和の昔に消えたのかと思ったら、二十一世紀になっても健在だったという。

留美さんから何枚か見せてもらった高田宗彦のセピア色の写真――そのなかの一枚にコートを着たダンディな写真があった。

ブラックデビルは不忍池でたたずんでいた。

高田宗彦青年は日大歯学部に入ったが、役者に興味をもち、芸術学部に転部して演技を学んだ。高田宗彦が不忍池で写真におさまったのは、上京初年の昭和十年ころ、コートを着ていることから冬だろう。翌十一年に帝都を揺るがす二・二六事件が発生して高田青年は反乱兵を目撃したというから、この冬に違いない。

青雲の志を胸に秘め長崎から上京した青年は、不忍池でポーズを決めた。

戦前、上京した人間は一度は上野を訪れたものだった。不忍池を眺め、上野の山に登り、西郷さんの前に立ち、東京を体感したのだった。

西郷隆盛像をめぐる謎

終戦後も上野公園は庶民にとって憩いの場であった。

実は私の両親の初デートも上野公園だった。

西武鉄道所沢車両工場という私鉄では珍しい自社で車両を製造する職場で出会い、初めてのデートコースが上野のお花見だったのだ。

昭和二十五年春――。

花見客でごった返していたので、上野公園の土手に腰かけて、人混みと桜を眺めていた。

「次の日会社に行ったら、偶然、わたしとお父さんが上野公園でデートしていたって見た人がいたの。その人も上野公園に花見に来てたんだよね」

いまよりも娯楽の少ない時代に、上野は人々を惹きつけるエンターテイメントの街だった。

両親は四年後結婚、二年後に生まれたのがこの本の筆者だった。

私にとっての上野初体験は、二歳になった昭和三十三年（一九五八年）、西郷隆盛像の前で記念撮影したときだろう。

上野に来たら上野公園に行き、西郷さんの銅像前で記念撮影する、という鉄板のコースである。

いまでもそのときの写真が黄ばんだアルバムに貼られている。西郷さんの銅像はいまとまったく変わらず、人々の服装や髪型が時代を映している。

たまたま私の隣で記念撮影していた学生服姿の眼鏡をかけた男子高校生が写真に映り込んでいる。修学旅行の途中なのだろう。いま現在、七十代後半くらいか。どんな人生を送ったのだろうとふと思う。

上野を見守るかのように上野公園の高台に立つ西郷さんは、これまでにずいぶんたくさんの善男善女たちを見てきた。

西郷隆盛が非業の死を遂げた二十一年後、明治三十一年（一八九八年）十二月十八日、除幕式がおこなわれた。

著者２歳（昭和33年４月19日）、西郷隆盛像の前で

西郷像は高村光雲の作。かたわらの犬は後藤貞行の作。

高村光雲は、『智恵子抄』の作者である詩人で彫刻家の高村光太郎の父であり、下谷出身、日本を代表する彫刻家だった。後藤貞行は高村光雲と同時代に活躍した彫刻家で、なかでも馬の彫刻が有名であり、皇居前広場の楠木正成像の馬像が代表作として知られている。

上野の西郷さんといえば、日本の数ある銅像のなかでも、もっとも有名なものに違いない。

だがよく見ると、西郷さんのこの像、どこか奇妙だ。そもそも銅像は偉人・元勲といった超大物を称えて建てるので、必ずといっていいほど正装をしているものだ。だが上野の西郷さんは浴衣である。

明治維新において西郷隆盛は薩長同盟を牽引し、参謀として戊辰戦争を戦い、薩長軍が江戸に攻め入ろうとしたとき、大きな犠牲が出るのは必至だった戦を回避させ、幕府側の勝海舟とともに江戸城無血開城という大偉業を成し遂げた。

さらに岩倉具視を中心とした岩倉使節団が欧米歴訪中にその留守を守るために組織された内閣を指導し、二年間で廃藩置県、陸軍省・海軍省設置、学制制定、徴兵制、国立銀行設置、地租改正、キリスト教弾圧の撤廃、といった近代日本の基礎を築き上げた立役者であった。

鹿児島に帰省すると、下級武士たちの不満を受けとめ、反乱軍のリーダーとして祭り上げられ、明治政府側と戦い、逆賊として自刃してしまう。

本来なら逆賊の汚名を着たまま歴史の末席にとどまるところを、それまでの業績を称え、明治天皇は西郷隆盛に正三位《しょうさんい》を贈った。

徳川家の菩提寺であり徳川家を精神的に支えた寛永寺の広大な領地は、維新後、明治新政府が国立博物館、上野動物園といった公共施設に変えさせ、徳川家の威光を奪い去った。

一旦は逆賊として汚名を着せられた西郷隆盛も、ここ上野で偉業が称えられ、銅像が建てられることとなった。

いままで同志として戦ってきたが、途中で逆賊となって命を落としたことは、ライバルの失脚として心中密かに諒《りょう》とした者もいたことだろう。だが薩摩藩出身者たちの具申《ぐしん》で銅像が建てられることになり、その建立場所として、西郷隆盛が彰義隊と戦った上野の地が選ばれた。多くの明治維新の功労者たちは内心面白く思わなかったに違いない。なにしろ明治天皇が西郷隆盛を死してなお評価しているのだから。

そこで銅像の除幕式――。

居並ぶ元勲たちの機嫌を損じてはいけないと、西郷隆盛は政治に影響力をおよぼす元勲ではなく、一庶民であることを象徴した意味合いで、浴衣姿という異色のスタイルにしたのだった。

除幕式で西郷未亡人が思わず口にしたとされる言葉がある。

「宿んしはこげんなお人じゃなかったこてえ」(うちの主人はこんな人じゃなかった、の意)。

正装の銅像を期待していたら、銅像としてはあまりにも異色な脱力感たっぷりの浴衣で散歩してるかのような姿だった。

この像は西郷隆盛が愛犬を連れてウサギ狩りに行く姿を表したものだった。腰にはさんでいるのは藁《わら》のウサギ罠《わな》だった。

西郷隆盛像と怨霊史観

銅像への違和感はさらにあった。

上野をはじめ日本史の裏面を研究している中村友紀夫というおそろしく博学の在野の歴史研究家がいる。ちなみに私と同じ埼玉県立川越高校卒である。

「西郷さんの顔写真というのは一枚も残っていないんですね。西郷隆盛と言われる絵がありますけど、あれは実は弟をベースに、明治のお雇い外国人エドアルド・キヨッソーネが描いたんです。だから西郷隆盛の顔って実は誰もわかんないんです。昔から〝西郷隆盛の写真発見〟みたいな話はよく出てくるんですけど、みんな違いますね。

明治維新の志士たちが写っているといわれるフルベッキ写真というものがありますよね。その写真のなかのうちの一人が西郷さんじゃないか、みたいな説もありましたけど、あれは偽物です。百パーセント偽物です。あれは当時の佐賀藩の藩士の集合写真です。長崎かどこかで撮ってるんです。だから本物の西郷隆盛の写真を見つけたら大発見です。いまだかつてどこにもないんです。銅像のように犬を連れていたというのも、西郷夫人は『主人はそんなことしてない』って言うわけですよ。だから西郷さんの銅像は、西郷隆盛をヨイショしてんだか貶《おとし》めてんだかよくわかんない。なんのために建立されたのかよくわかんないんですよね」

中学生のころ、図工の授業で隣同士の級友の顔をモデルに粘土で制作したとき、できあがった私の顔にどこか違和感を感じた。実物の顔が他の造形物に変換されたときの差異とでも言おうか。西郷夫人も生前の亭主の顔つきとはどこか違和感を感じたのだろう。さらに普段あまり見慣れない浴衣姿で犬を連れたスタイルなのだから、違和感は極限大だっただろう。

除幕式以降、西郷夫人は一度も銅像を見に来なかった。

上野公園に建つ西郷隆盛像のすぐ後ろには、戊辰戦争で薩長軍と激突した彰義隊の墓がある。

上野の山はかつて激戦地でもあった。

さまざまな誌面で日本史の裏面を掘り起こしている中村友紀夫によれば、上野公園に明治新政府への逆賊である西郷隆盛と彰義隊を一緒に祀《まつ》るのは、ある意味があるという。

「怨霊史観とか鎮魂という思想が日本人には深くあります。要するに恨みをもって死んだ者の悪霊が祟ると思われている。菅原道真《すがわらのみちざね》とか早良親王《さわらしんのう》とか崇徳《すとく》天皇とかみんな祟《たた》りをなしている。生前に徳の高い人ほど、ちゃんと祀らないと怖いんですね。それは庶民の感情ではなく、それこそ上の人たち、皇族、為政者のそういう感覚が昔から強いんです。

徳の低い人間が恨んだところでどうってことないけど、徳の高い人ほど、一度怨霊になるとより強力で怖いとされるんですね。菅原道真なんか典型なんですけど。それが天変地異を起こして疫病を流行らせたりするので、怨霊を鎮めるために神社を建てたりして祀るわけですよ。

そのもっともたるものが京都の御霊神社。失脚して亡くなった当時の皇族複数が祀られています。たとえば崇徳天皇や橘逸勢《たちばなのはやなり》。非業の死を遂げ、政略で敗れた人たちの怨霊を鎮める神社ですね。祟りがあったから、祀って鎮める。そして鎮めた後に強大な力で今度は守ってもらおうという思想が日本各地にある御霊《ごりょう》神社なんですよ」

罰した相手を死後、恨まぬようにと鎮魂し、なおかつ守護してもらうという、敵味方を溶解した、白黒つけない日本的な懐柔文化の一つであろう。

明治新政府に刃向かい逆賊となった西郷隆盛も、上野公園に祀られることで名誉回復し、銅像として上野を睥睨《へいげい》する位置に置かれ、新政府を守護する役目を担わされたのだった。

上野をめぐる霊的戦い

徳川家康は、天皇の影響がおよばないはるか関東の地に幕府をつくったものの、日本最大の平野である関東平野は未開発のままで、太田道灌《おおたどうかん》が築いた江戸城は質素なものだった。江戸の街を自由にデザインできる権力者にとってもっともやりがいのある作業にとりかかる。このとき家康は、信頼していた天台宗僧侶・天海を最高顧問に迎えた。天海は家康・秀忠・家光の三代にわたり絶対的な帰依《きえ》を受け、思うままに都市計画を任されることとなった。

建築学も都市工学も土木学もまだ無い時代、天海が頼った理論が陰陽道であった。古代中国で生まれた陰陽五行説が日本に持ち込まれてから独自の秘技となり、天文・暦法・占術といった学問的なものや思想、呪術、祭祀にいたる体系的なものとして陰陽道が成立した。陰陽説は森羅万象すべてが陰陽の二つに分けられ、構築されていると説く。男と女、火と水、明と暗、夏と冬、昼と夜。対立する概念ではなく、あくまでも相対である。

五行説は世界の構成を、木・火・土・金・水の五つから成り立っていると説く。

私の小学生時代、忍者物のブームが起きて『少年サンデー』、『少年マガジン』、『少年キング』では毎週のように忍者特集が組まれた。そのなかでしばしば登場したのが、甲賀、伊賀の忍者が用いた木遁《もくとん》の術、火遁《かとん》の術、土遁《どとん》の術といった忍術であった。木や火、土を利用する忍術であり、自然と一体になって戦う姿は五行説から来ている。陰陽五行説は忍者にまでおよんでいたのだった。

陰陽説と五行説を組み合わせることによって、あらゆる現象、事象、近未来がわかるとされ、古くから陰陽師が占術を使うようになった。

陰陽師・安倍晴明人気のおかげで陰陽師が注目を集め、安倍晴明と蘆屋道満《あしやどうまん》のオカルティックな対決で陰陽師ブームに沸いた。

オリンピック金メダリスト羽生結弦《はにゅうゆずる》選手が、フリープログラムの演目で安倍晴明を演じる「ＳＥＩＭＥＩ」を披露したことでさらに陰陽師が脚光を浴びるようになった。

安倍晴明を意味するセーマン、蘆屋道満を意味するドーマンは、陰陽師の呪術図形となった。陰陽師は密教とも結びつき、日本独自のオカルティズムとなった。

都市工学もなかった江戸時代、天海僧侶は陰陽五行説に基づき江戸をデザインすることになるのだが、昔もいまも、まず念頭に置くのは権力者の安泰である。

万鬼が出入りするとして忌み嫌われた方角を「鬼門」と称し、江戸城の鬼門（東北）にあたる上野の台地に寛永寺を置き、これを鬼門封じとした。

当の寛永寺公式ホームページにも書かれている。

〈天海大僧正は、徳川幕府の安泰と万民の平安を祈願するため、江戸城の鬼門（東北）にあたる上野の台地に寛永寺を建立しました。これは平安の昔（九世紀）、桓武天皇の帰依を受けた天台宗の宗祖・伝教大師最澄上人が開いた比叡山延暦寺が、京都御所の鬼門に位置し、朝廷の安穏を祈る鎮護国家の道場であったことにならったものです。〉

天海は、鬼門封じをなしえた京都を模倣し、不忍池を琵琶湖に見立てるため、琵琶湖の竹生島《ちくぶしま》にならって不忍池に弁天島（中之島）を築いた。

上野は結界となる聖なるエリアであり、徳川家とゆかりが深い増上寺もまた東京の守り神と言われ、増上寺から鬼門の北東に向けて直線上に寺、神社を並べ、不吉とされている鬼門を寺や神社で封じ清めた。

しかし鬼門封じの上野寛永寺は、戊辰戦争によって徹底的に破壊されることになる。

前出の中村友紀夫氏によれば——

「上野における戊辰戦争は、見方を変えれば仏教と神道の決戦だったっていう側面がありますね。日本はもともと神道の国じゃないですか。それが仏教が入ってきて、崇仏《すうぶつ》派の蘇我《そが》氏と廃仏《はいぶつ》派の物部《もののべ》氏で争論となり、戦争にまで発展した。

それで蘇我氏側が勝利したことで日本は仏教第一の国になって、奈良時代は鎮護国家として仏教が国教になった。それが神仏習合になっていくわけだけど、位置づけとしては神道より仏教のほうが格が上、という扱いでした。江戸時代がもっともたるもので、神社が全部、お寺の下に置かれましたよね。神社のほうがものすごく抑圧されてたんですよ。

江戸時代の檀家制度で、すべての日本人は必ずどこかの寺の檀家に強制的に組み入れられましたよね。寺は檀家に対し、寺院の建て替えや境内の整備などを理由にお布施（金銭）を要求します。檀家だから出資は当然とされますが、お金がなくて払えない人もいる。そこで寺は、集めた金を増やすという名目で高利貸しをします。農民が抵当に入れられるのは土地しかない。結果、寺は土地を取り上げて、もとの持ち主に貸して小作料を取るようになります。

また、人が死ねば仏事が行われるし、年に数回の法要もある。こうして庶民はなにかにつけて寺から

江戸の鬼門と裏鬼門

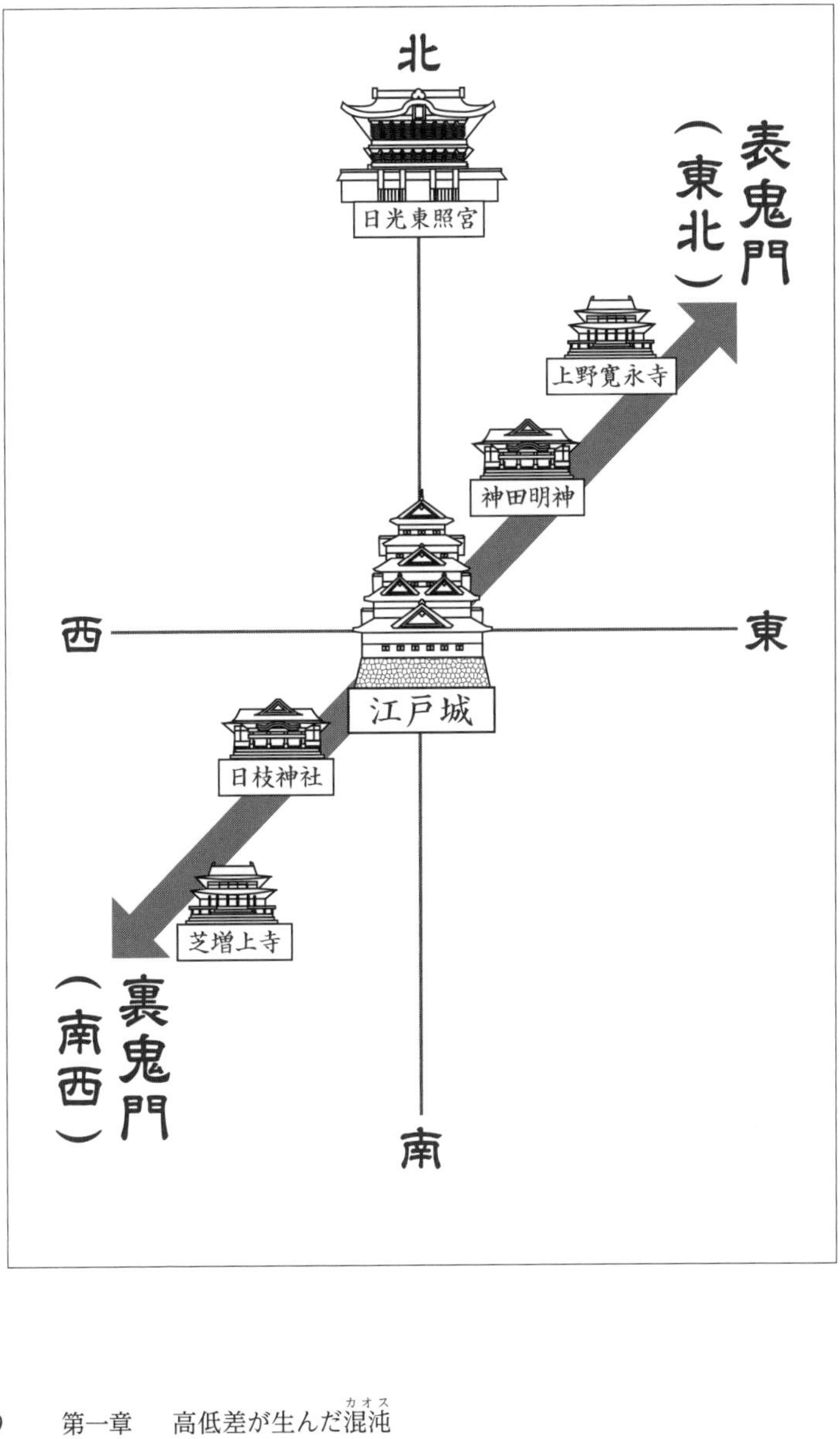

金銭を要求され、経済的にも徹底的に寺から縛られつづけていた。その不満が幕末はものすごくあったんです。

明治になって廃仏毀釈《はいぶつきしゃく》の運動がまるで暴動のように広まっていったのは、こうした背景があったんですね。そう考えると明治維新は、仏教による支配システムを根底から破壊し、天皇を中心とする神道の支配システムへチェンジさせようとする試みだったと言ってもいいかもしれません」

上野に隠された〝もう一人の天皇〟

寛永寺の境内に、輪王寺《りんのうじ》という寺がある。

江戸時代、この寺の門主（住職）は「輪王寺宮《りんのうじのみや》」と呼ばれ、京都の天皇家から選ばれ、江戸住まいをすることになっていた。輪王寺宮というのは、徳川家康を祀る日光東照宮と江戸の鬼門を護る上野寛永寺の両門主をも兼ねており、事実上、当時の宗教界のトップの座にあった。

幕末、この輪王寺宮の座にあったのが北白川親王《きたしらかわしんのう》である。

戊辰戦争では、輪王寺宮が暮らす上野寛永寺が戦場になった。

彰義隊は壊滅し、残党は奥羽越列藩《おううえつれっぱん》同盟のいる東北へと逃走する。維新軍は必死になって輪王寺宮を捜したが、どこにもいない。それもそのはず、輪王寺宮は上野を脱出し、品川から船で東北へと向かっていたのだった。

「輪王寺宮は天皇家のお方ですから、維新軍から危害を加えられるはずはない。なぜ上野を脱出したのか、彰義隊の残党に無理矢理連れていかれたのか、本人の意思があったのか、そこはよくわからないです。面白いのは、仙台の白石城まで逃れて、ここで奥羽越列藩同盟の会議に参加した宮は、一説によると周囲に懇願されて『東武皇帝』として即位し、元号も慶応から大政に改めたと言われています。東北政府の組閣表もつくられ、新政府が正式にスタートしていたと言うんですね。それを聞いた当時のアメリカ公使が、本国に『日本には二人のミカドがいる』と伝えたという話もあります」

そう中村氏は語る。日本史上、天皇が二人いた時代といえば南北朝だが、幕末から明治にかけても、ほんの一瞬ではあったが二人の天皇が存在した時代があったというのだ。教科書には載らない裏日本史である。

なぜこんなことが起こったのか。

すべては江戸時代初期の怪僧・天海が考えた仕組みだったという。

自分の死後、倒幕の動きが起こったときのことを恐れた家康のために、天海はこう約束したという。

関東へ親王を招いておいて、もしも西で逆徒が天皇を奉じて反乱を起こしたなら、関東の親王を天皇とし、将軍家が天皇家の敵とならないようにします。この秘策は、私の胸にしまってあります——そう天海は言っているのだ。

輪王寺宮は、そのための「保険」だった。もちろん、極秘中の極秘事項である。公《おおやけ》になれば、宮中から拒否される可能性もある。

だが、実際にその危機が訪れたとき、輪王寺宮を担いだのは徳川家ではなく、奥羽越列藩同盟だった。当時の徳川将軍である慶喜が天皇率いる薩長軍と争うことを拒絶したからだ。彼は水戸家の出身で、徹底的な尊皇派だった。こうして家康と天海の仕掛けは、皮肉にも子孫によって否定されてしまったのである。

私たちがそぞろ歩く上野公園も、江戸と明治の恩讐《おんしゅう》渦巻く歴史があった。

学生ホスト連盟誕生！

西郷さんの銅像前は、渋谷ハチ公前とともに東京のもっとも知られた待ち合わせポイントだろう。西郷さんの前で記念写真におさまった二歳の私は、二十三年後の昭和五十六年（一九八一年）、またもや西郷さんの前に立った。

いまでは整地され、丸ノ内にあるような空間に変貌している西郷さん前も、私がある人物と待ち合わせした一九八一年当時は、いまよりもずっと終戦後の雰囲気だった。

物書き稼業をはじめて二年目、週刊誌の連載記事を執筆していた私は毎週の締め切りに追われて、街のトピックスを探していた。毎週、そう簡単に記事になるような洒落たネタはない。

ある日、大学の後輩が、半分洒落のつもりで、「僕たち、学生ホストのサークルつくりましたから」と言ってきた。メディアでホストが取り上げられる時代はもっと後のことで、このころはホストといえば紫のスーツに派手なネクタイ、得意なのはチークダンス、といったのが主流だった。

そこに当時流行ったサーファー大学生が、アルバイトでホストをしようというのだ。もちろん洒落だったが、こういう洒落がきらいじゃない私は、後輩たちを集めて「学生ホスト連盟」結成の後押しをしたのだった。

男性週刊誌のコラムに、〝学生ホスト連盟誕生！〟といった記事を書き、暇をもてあます学生数名を被写体にさせたら、女性週刊誌から取材が殺到し記事になった。まだSNSもネットもiPhoneも無い時代だ。早稲田の大隈通りにあった喫茶店を連絡場所にして記事に載せたところ、ものすごいことが起きた。

全国の女性たちから、「わたしもお付き合いしたいんです」「割り切りで遊びたい」といった手紙が舞い込んだ。その数、数百通。

ごく普通のＯＬ、女子大生、看護師、主婦といった女性たちであった。

学生ホスト連盟の学生たちに会いたくて上京する東北、北関東の女たちは、待ち合わせ場所としてわかる所を聞くと、たいてい「上野公園の西郷さんの前」と言ってきた。

記事を書いた私もまた、時間が空くと大学院生のふりをして、地方から上京した人妻相手に腰を振ったものだ。

あのころは、いつも冗談が仕事になり、仕事が快楽になっていた。

地方から来る女たちだけでなく、都内に住む女たちも上野を指名し、落ち合う場所として西郷さんの前を指定してきた。新宿、渋谷、六本木といった繁華街では知り合いとばったり出くわすおそれもあるので、あえて外れた上野を選んだのだろう。

私が西郷さんの前で落ち合った女性たちの大半は主婦で、亭主のいない真っ昼間、後腐れのない大学生と秘密の遊びをしたい、というい けない奥さんばかりだった。

なかには浮気ばかりしている夫に愛想が尽き、新たな恋がしたい、という人妻もいた。

独身女性の場合は、看護師が多かった。昼間に休みがとれることと、仕事のストレスが溜まっているからか。

学生ホスト連盟の繁盛ぶりを知り、どう見ても大学生に見えない中年太りの編集者や頭の薄くなったカメラマンがにわか大学生になって女性たちを相手にした。

食い詰めていた漫画家も参加した。

私たちはあくまでも素人ということで、女性たちからカネはとらず、食事代、ホテル代だけを出してもらうことに決めていたのだったが、食い詰めた漫画家は懐事情がわびしかったので、遊んだときにお小遣いまでもらったことが後から判明した。この漫画家は後に大ヒットを連発、いまでは豪邸とメルセデスと愛妻を得て余裕の暮らしをしている。

西郷さんの前で待ち合わせた女たちと食事をして、上野や湯島のホテルに入り、そのたびに、女の欲望の奥深さを思い知らされたものだ。

そんな女の業と薄緑色の緑青に彩られた西郷さんの銅像が重なり、淫靡な思い出となっている。

ああ上野よ。

上野で暮らした「こまどり姉妹」

昭和三十四年（一九五九年）にデビューしたこまどり姉妹も、上野に惹かれた女たちだった。

昭和十三年四月一日、北海道釧路で双子の姉妹として生まれる。

翌年、樺太《からふと》に移り住み、終戦直後、引き揚げ船で北海道にもどった。炭鉱を渡り歩く生活をしていくうちに家賃が払えず両親、姉と家族五人で夜逃げ同然に家を出る。生活費のために姉妹は門付けという、民家の玄関で歌い日銭を得た。流しのお兄さんに誘われ帯広へ行き、十二歳から本格的な流しの生活がはじまる。

昭和二十六年二月、一家で上京、ドヤ街として知られる山谷《さんや》に寝泊まりしながら浅草で流しをはじめる。このころは庶民のもっとも手頃な息抜きの場として飲み屋がたくさんあり、客の前でギターや三味線で歌う流しは人気があった。

上京から六年後、昭和三十二年にはお座敷にも出はじめ、この年、遂に上野山吹町、現在の北上野に土地付き二階建ての家を建てる。購入資金は当時の金で百六十万円。現在の貨幣価値に換算すると四千万円といったところか。デビュー前、十九歳でこれだけの一戸建てを上野に建てるのだから、流しがいかに儲かったのかがわかると同時に、当時の不動産価格がいまよりはるかに安かったことがうかがわれる。

両親を呼び寄せ、上野の一軒家で暮らすようになった親孝行の双子は昭和三十四年、こまどり姉妹としてデューを果たす。

昭和三十六年、「ソーラン渡り鳥」が大ヒットし、紅白歌合戦初出場。以後、昭和三十年代を語る際に欠かせない歌手となる。こまどり姉妹と同じく双子で昭和三十四年デビューしたザ・ピーナッツが「恋のバカンス」「ウナ・セラ・ディ東京」といった洋楽指向の楽曲で都会的な歌手だとしたら、着物姿で三味線を弾き歌うこまどり姉妹は地方で人気があった。

ザ・ピーナッツは名古屋出身で、上京してから所属する渡辺プロダクション・渡辺晋社長の自宅、渋谷区広尾の豪邸に居候していた。

西日本出身者が東京駅、品川駅で降りて品川・渋谷といったエリアで生活圏をもとうとする一方、こまどり姉妹のような東北・北海道出身者は上野に降り立ち、上野かその周辺に家をもとうとする。

『駅前旅館』に見る昭和三十年代の上野

こまどり姉妹が上野に家を建てた同時期、名作駅前シリーズ第一回作品『駅前旅館』（豊田四郎監督・東宝）が公開された。

上野駅近くの旅館が舞台で、森繁久弥が番頭役、旅行代理店社員にフランキー堺、昭和三十年代の上野がカラー映像で登場する。

この時代、中学高校生による修学旅行が全盛期になり、多くの鉄道が集中する上野駅周辺には学生相手の旅館が林立していた。

旅館の番頭役・森繁久弥のセリフ——

「上野界隈百五十軒の旅館に修学旅行生。商売楽になったねえ」

昭和三十三年当時の上野には、百五十軒という膨大な数の旅館がひしめき合っていたことになる。

映画でも春と秋の修学旅行シーズンになると「八十人！　予約！」「はい！」と団体客が連日、予約を入れるシーンが出てくる。

〝カッパ〟という隠語で呼ばれる男たちは、駅前を徘徊する客引きのことだ。駅前の注意を喚起する立て看には「悪質な客引きについていかない！」という文字が大書きされている。

指定団体が予約を入れる旅館は、黙っていても大金が転がり込む。森繁がつい「楽になったねえ」と漏らすわけだ。

中学校教頭役の左卜全《ひだりぼくぜん》も「旅館は大分儲かるらしいなあ」と恨めしげだ。

旅行代理店の営業マン・フランキー堺は、「ロカビリー、見せてけれ」と旅館に泊まる長野から来た女工たちからせがまれる。宿泊客の女子高生からロカビリーを教わるフランキー。なんとロカビリーを教える女子高生は若きころの市原悦子だ。

昭和三十三年、ステージで身をくねらせ激しく歌い踊るロカビリーが大流行し、平尾昌晃、山下敬二郎、ミッキー・カーチスといった歌手が大人気だった。映画でも熱気が伝わるかのように、フランキーが旅館で激しく身をくねらせロカビリーを歌い踊る。

旅館では学帽をかぶった男子高校生が一階に泊まり、二階は東京見学にやってきた中学生の団体が泊まっている。

慰安旅行、修学旅行が全盛期の昭和三十年代の上野らしい。

とても珍しいシーンが出てくる。宿泊代が一泊三百五十円の旅館に修学旅行の生徒たちが到着する。その際、生徒たちが列をつくり、大きな袋に米一升をザーッと入れていく。

太平洋戦争に突入し、食糧生産と維持のために政府は米を完全に統制下に置き、米穀通帳を国民に持たせて決められた米穀店から決まった日に米を買うように統制した。

終戦後、食糧不足に陥り国民生活が混乱するのを防ぐために米穀通帳は生き残り、国民は旅先で米飯を食べるときは旅行者用米穀通帳を提出するか、現物の米を持参する必要があった。映画で生徒たちが米を袋に入れているのはまさしく現物の米を持参してきたものであり、昭和三十年代はまだ戦時中の食糧統制の影が覆っていたのだ。米穀通帳制度は形骸化されながらも昭和五十六年（一九八一年）まで生き延びていた。

上野駅前で旅館の番頭たちがノボリを立てて呼び込みをする姿が写る。

森繁は女中部屋で産み落とされた父なし子という設定になっている。

「番頭さんは単なる事務員でいいんですよ」と旅館の主から言われ、森繁は「おれは人買いじゃねえんだよ」と反発する。東京タワーが完成した昭和三十三年当時、上野の旅館業界もまた変化しつつあり、電話一本で団体客をとる時代になりつつあった。

上野で生まれた森繁はこんなことをつぶやく。

「上野はもっと気楽で住みいい街だった」

旅行代理店と旅館がタッグを組み、団体客を入れて儲ける時代に耐えきれず、森繁は一人、日光に向かい上野を去っていく。

映画では、上野の山でデートする女が、暗がりから出て来るホームレスに驚き、「だから上野、嫌いよ！」と悲鳴をあげる場面があった。

昭和三十年代になってからも、上野の山はいまよりずっと物騒で、劇中で森繁も女子高生たちに「上野の山のほうには行かないように」と注意している。

上野大仏の数奇な歴史

二十一世紀になったいまでも、上野の山はどこか霊気が漂う。

明治九年（一八七六年）に上野公園開設に伴い、不忍池畔の現在の地に「上野精養軒」が誕生した。ときは鹿鳴館時代の華やかなりしころであり、社交場としてエスタブリッシュメントたちが集う西洋レストランになった。

その上野精養軒の手前に、「大仏山」と呼ばれる小高い丘がある。

浮き上がったとんでもなく大きな顔はいったいなんだ？

大仏の顔の部分だけがレリーフとなって保存されているのだ。

いきなりこの部分だけを見ると、大仏の顔が大魔神のように怒り出すような不気味さがある。

寛永八年（一六三一年）、越後村上藩主・堀直寄《ほりなおより》が戦死者慰霊のため、約六メートルの漆喰の釈迦如来坐像を建立し、以後地震によって倒壊したり、火災にあったり安政大地震によって頭部が破損したりしながらも、なんとか維新の戦争にも耐えて生き延びてきた。

大正十二年（一九二三年）関東大震災で頭部が落下、昭和十五年（一九四〇年）には太平洋戦争による軍需金属資源として顔の部分以外が供出され大仏は消滅した。昭和四十二年、上野観光連盟により関東大震災五十回忌として大仏再建を願う祈願塔を建立、昭和四十七年、寛永寺に保存されていた顔の部分をレリーフとして元にあった場所に安置した——という満身創痍の大仏だったのだ。

それを思うと、顔の部分だけでも残ったのは奇跡だった。

数年前に整備され参拝客が増えるようになり、いつしか上野の大仏は、もうこれ以上落ちない、という意味に転じて、合格祈願の大仏として知られるようになった。


公園には大噴水が天高く水しぶきをあげ、今日のように天気がいい日には虹が見える。

上野公園には西郷さんの銅像以外にも、外国人の胸像が生き残っている。

ボードワン博士像——

オランダ一等軍医ボードワン博士は、医学講師として来日した。この地は寛永寺の敷地だったが、薩長軍と江戸幕府側の彰義隊との激しい戦いで荒れ果て、跡地に大学付属病院が建てられるはずだった。

夏期には不忍池に蓮が密生し花を咲かせる

現在は顔面部のみがレリーフとして残る上野大仏

ボードワン博士は上野の山に自然が色濃く残っていることから公園づくりを提言、明治六年（一八七三年）、日本初の公園が誕生した。

上野公園をそぞろ歩くと、平日の昼間だというのに人の波が絶え間ない。

春の上野はあらゆる国々からやってきた外国人でオリンピック閉会式のようだ。

中国人の撮影隊がチャイナドレスの女優にライトをあててなにかドラマを撮っている。

中東の若い男女が花見を楽しんでいる。

北欧系の男女が不忍池でたこ焼きを頬張っている。

正岡子規野球場近くのブルーシートはホームレスのねぐらであり、昼間は食糧を探し求めているのか、留守が多い。

少女が右指で空を指し、母親が幼子を右腕で抱きかかえながら、少女が指さすほうを見上げている。幸せそうな母子三人の姿が石像になっている。初代林家三平師匠夫人・海老名香葉子さんが自費で建立した東京大空襲の犠牲者の冥福を祈る塔「時忘れじの塔」である。

海老名香葉子さんは、昭和二十年（一九四五年）三月十日未明の東京大空襲で父・母・祖母・長兄・次兄・弟の家族六人を亡くしてしまう。その夜、東京下町からはるか五十キロ以上離れた所沢から、私の母も北西の夜空が赤く燃えていたのが忘れられないという。二時間で十万人の日本人を焼き殺す作戦を立てたのが、米軍最高位司令官カーチス・ルメイ少将だった。昭和三十九年、ときの佐藤栄作自民党内閣は、航空自衛隊の育成に貢献したという名目でこのアメリカ人に勲一等旭日章を授与している（自衛隊もいい迷惑だっただろう）。日本人十万人を焼き殺したアメリカ人に日本政府が勲章を与えるという、究極の自虐行為だった。

「時忘れじの塔」の母子三人の脇にそっと千羽鶴が吊されていた。

『東京五人男』に見る終戦直後の上野

上野は戦前から無宿人を受け入れる懐の深さがあった。

昭和二十年、敗戦直後の東京をそのままロケ地にした『東京五人男』（斎藤寅次郎監督・東宝）という映画がある。

昭和二十年代に大いに人気を博した喜劇人・横山エンタツ、花菱アチャコの名コンビが出演し、家を失ったサラリーマンを演じている。

封切りは昭和二十年十二月二十七日というから、玉音放送間もないころからもう撮影開始ということになる。

はるか彼方まで見渡せる焼け跡に立つバラックの家々。焼け跡は本物であり、おそらく東宝作品だから撮影所があった砧《きぬた》付近、あるいは渋谷あたりか。行けども行けども瓦礫《がれき》ばかりで、煙がくすぶっていそうな焼け跡が広がる。

映画人のたくましさだろう、終戦直後にもう撮影を再開していたとは。

エンタツ、アチャコは都電の運転手と車掌で、実際に焼け跡の丸ノ内、銀座を走っている。

エンタツとアチャコの暮らすバラックは地主から立ち退きを命じられてしまうのだが、二人は「いくら地主様の命令だからって、僕ら行く所ありませんよ」と抵抗する。すると地主が「上野の山にでも行ってらいいんだ」と冷たく言い放つ。

昭和二十年秋にはもうすでに、上野の山が避難民たちの居場所として有名だったことがわかる。

二人が仕方なく引っ越し作業をはじめると、女房が「どこ行くの？」と尋ねてくる。

「上野の地下道さ」

戦火が止んでから、上野の山とともに上野駅地下道が火急の宿になっていた。

終戦から三年たった時点でも、上野駅地下道には冬期は二千人、春から秋には千人という無宿人が暮らしていた。

「上野の地下道は日本の恥である」と政治家も新聞も発言していたほど、上野地下道の人々の群れは社会問題になっていた。

空襲で家を焼かれた人々、戦地から帰還したものの家族が全滅し行く先を無くした復員兵、中国大陸や太平洋諸島から帰国した引き揚げ者、親を亡くした孤児たちが集まり、命をつないだ。

当時の写真を見ると、狭い地下道に十代前半の少年たちがうたた寝をしたり、キセルで煙草を吹かしたり、落ちているシケモクをうまそうに吸っている。幼い孤児たちが並び米兵からもらったチョコレートをうれしそうにかじっている。疲れ切った若者たちが駅の壁に背中をもたれさせて絶望の眠りについている。

上野駅周辺で売られている物はすべて闇の商品だった。

物資が欠乏し配給制になった時代、米、味噌、醤油、砂糖、マッチ、調味料、石鹸、ちり紙といった日常品が配給品となり、各家庭に人数分の引換券が配布されて商品と交換した。配給品以外は闇物資で売買は法律違反になった。

配給品だけでは生きていけないので、庶民は闇物資に頼らざるを得なかった。

終戦直後の名残をとどめる上野駅地下道

敗戦から二年後の昭和二十二年十月には、東京地方裁判所の山口良忠判事が法律違反の闇物資を買うことを拒否し、配給の食糧だけで生きようとしたため栄養失調で死亡する悲劇が起きた。

現在生きている私たち日本人のおそらく全員は、過去に法律違反を犯した祖先をもつことになる（したたかに生きよ、ということだ）。

闇市には不良グループ、いわゆる愚連隊が誕生し、悪事で稼いでいく。上野の逆さ読み「ノガミ」という不良たちの隠語が流行り、多くの不良がノガミに集まった。

愚連隊の収入源は、ゆすり、たかり、かっぱらい、すり、闇ブローカーへの恐喝、たちんぼのみかじめ料、賭博、置き引き、といった不良行為だった。

湯島天神のラブホテル街

幻のラーメンはどこへ消えた？

取材の合間、私は義父が上野駅を降りて食したパンダの写真が飾られていたラーメン屋を探してみたが、なかなかそれらしき店は見つからない。

その一方で私たちは、次々と現れる上野の刺激的なスポットを探訪した。

不忍池、上野動物園、国立博物館、アメ横、キムチ横丁、パチンコ村、ミリタリーショップ、昼間からやっている大衆居酒屋、古着屋、中国エステ、メンズアロマエステ、出会い喫茶――。

取材がいつ終わるのかまったく見当がつかない。

上野は大人のディズニーランドだ。

いつ来ても飽きない街だ。

「上野って好きな街なんだけど、あまりいい思い出がないんですよね」

『東京最後の異界　鶯谷』『迷宮の花街　渋谷円山町』の取材で私とともに現地を歩き取材してきたフリーランス編集者・杉山がぼやいた。付き合っていた彼女と永久の別離となったのがここ不忍池だったという。それともう一つ、口を濁しているのだが、アメ横でなにか嫌な思い出があったらしく、疑念を抱いているのだ。

私、杉山両名と初めてタッグを組むK編集長は大きな体躯ながらも腰が低く、締め切り日を強く迫ってこない。それをいいことに私は気になる場所が見つかると、熱心に通っていくことになる。

西郷さんの前に立って上野を見渡すと、上野は高低差に富み、たゆたう水とともに、人々を呼び込む異界があちこちにあり、私たちを手招きする。


K編集長、杉山の二人と別れて、私はマルイ正面入口である女性と落ち合った。

以前取材で知り合った、二人の子どもをもち小学校の父兄会役員をしている三十代後半の人妻である。

住まいは上野のすぐ隣の池之端、最寄り駅は千代田線湯島駅だという。

「湯島は学問の神様・湯島天神があるから文教地区なんですよ。専門学校が五つか六つあるんで、女の子が多いんです」

「文教地区だけどラブホテルも多いんですよね」

「よくご存じなんですね」

二〇一三年夏——湯島のラブホテルで、佐田玄一郎自民党衆議院議員が上野のキャバクラで知り合った壇蜜似の女子大生と一回四万円で二十回以上買春していたことが、『週刊新潮』で暴露された。佐田玄一郎自民党衆議院議員は還暦ながら、いつも二回セックスをすると当の壇蜜似の女子大生に暴露され、ラブホテルに入る前の寿司店と、一戦終えラブホテルから出る背広姿の佐田玄一郎議員の姿が写されていた。

結局、佐田自民党議員は衆議院運営委員長を辞任に追い込まれた。

聖と俗は隣り合わせにある。

湯島にはもう一つ思い出があった。

一九八〇年、二十代前半のまだ駆け出し記者だった私は、大学時代に手記を送った小さな出版社から書き下ろしで大学生活を愉快に暮らすここだけのノウハウ集、といった本を出さないかと打診され、天にも昇る気持ちで受けたのだった。

種は蒔《ま》いておくべきだ。忘れかけたころに芽を出してくれる。

『ザ・キャンパス　学生生活を面白おかしくツッパッて生きる悪知恵集』というタイトルだった。

〝ツッパッて〟というフレーズに八〇年代の匂いが感じられるし、〝悪知恵〟にいたっては七〇年代初頭の新書版風の匂いが感じられる。大手出版社から独立して自分で出版社を立ち上げた編集長がタイトルを考えた。

私は二十四歳で自分の本が出せる高揚感を感じながら、十六階建ての大きなマンション・湯島ハイタウン内にある編集部に足繁く通った。

まだファックスもワープロも普及していないか誕生すらしていなかった時代だから、編集長にはいつも手渡しで手書きの原稿を渡した。目の前で読まれる緊張を毎回味わいながら、私は編集部を出ると近くの不忍池までそぞろ歩き、火照った体を冷ました。

あのころは不忍池と上野公園、上野駅といった位置関係がよくわからず、東京はいまよりずっと広くて未知の街だった。

そんな思い出を胸に秘め、待ち合わせした人妻と湯島の甘味処「みつばち」に入った。

この店は創業百年を迎える老舗で、大正四年に小倉アイスを考案したとされる。

お汁粉を食す。うまし。

隣の七十代夫婦の亭主のほう、ずずずーっとお汁粉をすする音がいただけないが、他山の石と思って静かに食する。

以前、K編集長と杉山の三名で訪れた上野公園前のあんみつ「みはし」は昭和二十三年創業、上野に三店舗あり、ここのあんみつも絶品だった。

私と落ち合った湯島在住の人妻は、英会話学校の講師をしていた独身時代から複数の愛人がいる。結婚してからも愛人関係はつづいているのだが、亭主は蚊帳の外だ。

「(愛人との)待ち合わせは(上野)公園です。だいたいみなさん美術に関心があるから、デートコースは国立博物館とか都立美術館、西洋美術館が多いんです。あと上野広小路にある『梅の花』という豆腐懐石のお店、ここは個室がたくさんあるから、愛人同士の密会に使われるんです」

三菱財閥の創業者・岩崎弥太郎の長男で、三代目社長の岩崎久彌の本邸を一般公開した観光スポット「旧岩崎邸」が池之端にある。

個人の邸宅にしてはスケールがあまりも大きすぎるもので、往事は一万五千坪、現在はその三分の一になったものの、広大な芝生が広がり、高校のグラウンドを十面ほど合わせたかのような広さだ。人が三人手をつないでも足りないくらいぶっとい木々が空高く伸び、樹齢も百年近く経っているものばかりだ。

本館の洋館は木造二階建で地下室付き、鹿鳴館《ろくめいかん》の建築家として有名な英国人ジョサイア・コンドルの設計で、近代日本住宅を代表する西洋木造建築である。離れにある家はビリヤード専門の建物だ。個人の邸宅というよりも、もはや古城であろう。明治の財閥人がいかに巨大な利益を得ていたのかがうかがわれる歴史的建造物だ。

私と湯島の人妻が訪れた五月は、青空に白い雲が早く流れ、まるで軽井沢で避暑しているかのようだ。人妻からは上野に関する色々な情報をもらった（これが後に役にたつ）。

忘れ去られた石碑

上野動物園を三人で訪れるのはこれで何度目になるだろう。そろそろ原稿を完成させないといけないのだが、歩くたびに再発見があり、なかなか完成原稿を送れないでいる。

「あ、ここですね！」

K編集長が指さす先に目当ての石碑があった。

鮮やかな紅色のフラミンゴが群れる檻のすぐそばに、木々と雑草で覆われた石碑を発見した。よく見ないとわからない、長年にわたり人々の記憶から忘れ去られた石碑だ。

「栽松碑」と彫られている。

旧岩崎邸の荘厳な洋館建築

芸をみせる上野動物園の象たち

動物園のすぐ目の前に広がる不忍池は、明治二十八年（一八九五年）十二月九日、日清戦争戦勝祝賀会が開かれた場所だった。

ラジオもテレビもネットも無い時代、庶民にとっての最大の娯楽は広場での祭りであり、近代日本が初めて戦火を交えた日清戦争を勝利で飾ったことは国民中を熱狂させ、祝賀会が催された。

その沸点がここ上野だった。

栽松碑には、明治二十九年四月二十五日に樺山資紀《かばやますけのり》自ら祭主となり、戦病没者を追悼し、松を植えたことが記されている。

樺山資紀は薩摩藩出身、海軍大将、大臣、警視総監を歴任した政治家で、日清戦争では軍令部長として活躍した。あの西郷さんの銅像を建設しようと発起人になったのも樺山資紀だった。

戦争が終わり、樺山資紀の胸に去来したものは戦勝の高揚とともに侘びしさだったのかもしれない。


上野公園ではゴリラの人気が高い。

人間の行動パターンと社会がゴリラのそれとよく似ているからだろう。感情移入ができると好意を持ちやすいものだ。

平日の昼間、上野動物園は来園客で賑わっている。地方から来た小中校生たちが頭にパンダ帽をかぶって愉快そうに走っている。パンダ帽で観覧するのは、ディズニーランドの影響だろうか。上野動物園のチケットに押される入場スタンプもパンダの足跡だ。

小学生たちが賑やかに見学しているこの動物園でも、もっとも悲劇的な出来事だったのが、太平洋戦争末期、空襲にそなえて猛獣が外に出て暴れないようにと、ライオンや象を仕方なく殺処分したときだろう。象のジョン、トンキー、ワンリー三頭は、注射器で薬殺しようとしても皮膚が硬く失敗し、餌に毒物を入れてみたが気づかれて食べてくれず、結局、餓死させることになった。痩せ細っていく象は、芸をすれば餌をもらえたことから、飼育員を見ると何度も芸をした。ジョン、トンキーの順に餓死し、最後のワンリーは三十日かかったという。

上野動物園内に動物慰霊碑がひっそりたたずんでいる。

昭和四十七年（一九七二年）に来園したパンダは、いまだに上野のシンボルになっている。土産物店で売られる人気商品はパンダ関連ばかりだ。パンダ焼き、パンダまんじゅう、パンダ食パン、サクラパンダ、パンダマカロン、パンダせんべい、パンダクッキー、パンダチーズ、デニッシュパンダ——。

パンダの顔がなぜあのように可愛いのか、解説板がある。

パンダの顔が丸くて大きいことが可愛さのポイントで、本来、パンダは肉食動物であり、主食の竹を消化する胃腸をもっていないために、強い力で竹をかみ砕くように頬から顎にかけての筋肉が発達して顔が大きく丸くなったのだった。

私はそれよりも目のまわりが黒くなっているのが可愛さのポイントだと思うのだが——。

とにかくパンダは上野をたちまち占領し、人々を虜にした。

西郷さんの銅像がいったいどこを見ているのか、顔の部分まで棒の先にカメラを設置して撮ったところ、左手のヨドバシカメラの大看板のパンダの絵が入った。

やはり上野はパンダと西郷さんだった。

義父が食した幻のラーメン

湯島の人妻から上野に関係がある人妻を紹介してもらった。

この奥さんには別章で登場してもらおう。

K編集長、杉山のトリオによる上野散策は本日も敢行される。

相棒・杉山の奥さんの体調がおもわしくない。愛妻家の彼は、アメ横の薬局で奥さんがいつも買っている薬を購入しようと、爆買い中国人に混じって探している。

私は女房の亡父、私にとっての義父が食した幻のラーメンを探し歩く。

義父と初めて会ったのは、私と女房が結納を交わすために、目白のフォーシーズンズホテルに部屋をとったときだった。

女房になる女性は、コンパニオン、レースクイーン、ナレーターをこなしてきた。べつに美脚に惚れたわけではないが、知人の紹介で出会ったとき、好印象だったのだ。

一見派手に見えるが、納豆が好きだったり、一人でラーメン屋に入るという意外な点がよかった。

フォーシーズンズホテルで出会うご両親は二谷英明・白川由美夫妻のような洒落た夫婦を想像した。

エレベーターが開き、私の女房になる女性の両親が現れた。

二谷英明・白川由美夫妻はどこにも見当たらず、お菓子のカールおじさんそっくりの男がいた。長年の農作業と出稼ぎ労働のおかげで腰が曲がり、見事ながに股だった。義母になる女性のほうも長年の農作業と超炭水化物摂取の食事のためか、見事な体型をしていた。二人とも、はにかみ、言葉が出てこない。顔が真っ赤になった。

個室で結納を交わすうちに、すっかりうちの両親とも打ち解けていく。

女房になる女性の出身地が津軽ということも私が気に入った一つだった。津軽地方はあくまでも俗称だと思ったが、津軽というのは行政上の地名として生き残っていたのだ。太宰治の『津軽』が急に我が身に染みてきた。

義父は北津軽出身で、私と女房を連れて、太宰治の生家であり「斜陽館」という名称で一般公開されている大豪邸を案内してくれた。

まわりは小作人の貧弱な農家ばかりのなか、こんな城のような豪勢な家に住んでいれば、まっとうな精神だったら有産者階級の自分を否定したくなるはずだ。太宰治がまっとうに思えた。

隣接する食堂で昼ご飯を食べたとき、義父がラーメンをすすりながらこんなことを言った。

「出稼ぎで毎年、秋から春先まで東京さ行ってあったんだ。上野で食ったラーメン、めぇしてあったなぁ。あのラーメン屋、どごさあったんだべかぁ。パンダの写真あったんだぁ」

北の玄関口である上野駅は、義父にとって故郷津軽をいったん忘れるための異界の地だった。

上野のラーメン屋で食べた一杯のラーメンは東京の味となって、忘れられないものになっていた。


「台東区の中央図書館に行ってみませんか」

K編集長の誘いで私たちは、入谷鬼子母神に近い台東区立中央図書館に上野に関する資料を探りに向かった。

上野はなお、広く、深く、謎めいて、私たちを惑わせる。

次になにが私を待ち受けているのか。

第二章　上野〝九龍城《クーロンじょう》ビル〟に潜入する

中国エステの淫靡な世界

アジアの熱い風が風俗業界に吹き荒れている。

中国洗体エステ、中国回春エステ、韓国エステ、台湾式、バリ式、タイ式――。

私とK編集長、杉山の三人が上野をそぞろ歩くと、否が応でもアジア式マッサージのネオン看板が目に留まる。

上野駅すぐそばの歩道にずらりと林立しているネオン看板には、チャイナ服や水着を着た若いアジア人女性たちがマッサージしている写真が映し出されている。濃厚な色気がアジアの風となって伝わってくる。

アジア的というと、マルクス経済学におけるアジア的生産様式というものが想起される。アジアにおける後進性をカール・マルクスが『資本論』で指摘した用語であり、西欧諸国がいち早く近代化を成し遂げたことに比べ、アジアの農業生産が農奴的であり、地主階級からの搾取が西欧に比べてはるかに過酷であることを意味していた。

一方、風俗業界における〝アジア的〟という用語は、淫猥性を象徴するものである。さまざまな外国人が上野のもたらす磁力で引き込まれるように、ここ上野では中国、韓国、台湾、フィリピン、タイといったアジア女性のマッサージが盛んであり、なかでも中国エステが人気を博している。

中国エステとはいかなるものか。

知人の編集者で、元ミリオン出版社長、レディースのバイブル誌『ティーンズロード』、元祖サブカルチャー誌『GON!』、アンダーグラウンドの世界を扱う実話系雑誌『実話ナックルズ』といった伝説の雑誌を創刊させたカリスマ編集長で現在は編集制作会社・V1パブリッシングの比嘉健二代表は、中国エステの熱烈なファンでもある。

「年をとっていくといろんな遊びもしてきたし、仕事でもいろんなことやってきたから、だんだん刺激がなくなってきて、いざとなっても元気にならないんですよ。そんなとき大久保通りにあった『アリラン』というピンク色の怪しいネオンを見て、これはなにかあると思って飛び込んだの。そしたらばあさんが出てきてマッサージして、ぼったくりの不安を感じながら最後は手で抜いてくれた（笑）。いまから十五年くらい前。それから韓国エステにハマった」

韓国エステの隆盛を知った中国人が中国エステを開き、手による放出、いわゆる手コキだけではなくサービスがエスカレートし、本番までするようになった。比嘉編集長も中国エステに足繁く通うようになった。

「中国人留学生は日本に来て最初はラーメン屋とかうどん屋でアルバイトするんだけど、日本にはおしゃれな服や美味しい食べ物が溢れているでしょう。ラーメン屋のバイト代だけでは不満になってくるわけ。そこで『中国エステが（給料）いいよ』と言われて働き出すんです。最初は呼び込みでいいからと言われて、外で客にチラシ配ったりするんだけど、そのうちエステで働き出す。それから本番するようになる。でも抵抗感がない。日本でいけないことしても向こうでは罪にならないから。

いまから十年くらい前、中国エステは〝たけのこ剥ぎ〟がよくあったんですよ。『お触りするなら五千円、服を脱がすならあと五千円ね』とか言って、なかなか脱がない。裸にしたときは何万円も取られてる。中国エステでプレイ内容が細分化されている店は、抜き無し。あと紙パンツ履かされてやる店もあるけど、たいてい抜き無しの純粋なマッサージ店。そう思ったほうがいいです」

日本の男たちは、東アジア圏の女性に心惹かれるところがある。たどたどしい日本語を聞かされると、父性本能を刺激されるのだろう。それに日本の風俗嬢のようにふて腐れるそぶりも見せず、恋人のように甲斐甲斐しくプレイする。かくして日本人男性と東アジア圏エステ嬢との関係は深まっていく。

「真冬でも外に出て薄着でチラシ配ったりしている中国エステの子たちって、『寒くないの?』って尋ねると、こんな寒さは寒いうちに入らないって。中国のほうがもっと寒いから」

もう一人、中国エステにはまる山田勤という四十代の既婚編集者がいる。童顔、小柄、三人の子どもたちの父でもある。

「中国エステの女の子たちって、マッサージを学んで日本にやってくる子が多いですからね。僕が通うのは、お互い全裸になってマッサージを受ける店ですね。基本、本番はしないことになってるんですが、そういう店で最後までもっていくのが醍醐味なんですね。本番できる子は乗りがいいんです。もちろん追加で本番料金なんて払いませんよ。九十分一万三千円ぽっきり。僕が先週遊んだ中国人は内モンゴルから来た子で、すごいきれいでした。離日するとき、歌舞伎町のドンキのすべての階でカゴいっぱい買い物して、親戚にプレゼントすると言ってました」

中国エステ通の山田勤は、中国女性の良さについて熱弁をふるう。

「仕事熱心なんですよ。彼女たちってジャパンマネーを求めて来日するから、サービスするんですよ」

中国人でも韓国人でも男たちは女性を誉めないので、日本人男性が彼女たちを誉めてやると効果大、口説きやすくなるとのこと。

中国エステをはじめとしてアジア式マッサージには、回春、洗体、リラクゼーション、エステといった名称がついている。洗体はもともと沖縄が発祥で非本番系、リラクゼーションは非本番系と本番系が混在、エステとうたう名称の店は意外と本番系が多い。

洗体とは女の子が水着になって、体を密着しながら泡でマッサージしてくれる。回春とは男性機能をアップさせる若返りのマッサージであり、俗に〝メンズエステ〟とも言われる。基本的に風俗店ではなくあくまで健全なマッサージ店を表向きはうたっているが、なかには手で放出してくれる店もある。

最後までいけることにこだわるなら、ネットではアジア式マッサージの体験報告サイトがあるので、それを参考にするのもいいだろうが、山田によれば、店によっても違うし、女の子によってもサービスが違うし、そこは通ってみないとわからないという。先週まで最後までやれた店でも、摘発を恐れて突然手コキもなくなったという激変ぶりもある。そこがまたアジア式マッサージの妖しく淫靡な世界なのだ。

本番風俗の〝総本山〟

ところで上野だが、山田勤によれば――。

「上野ですか。九龍城《クーロンじょう》みたいなビルに本番系の中国エステが数十軒入ってる話、聞いたことありますよ。そこって闇金系の怖い事務所もたくさん入ってて、ちょっとやばくて行ったことないですね」

九龍城とはかつて香港に存在した〝東洋の魔窟〟と呼ばれた世界一人口密度の高い一大スラム街で、外部の人間が立ち入るのはあまりにも危険過ぎると言われた建物である。もとは砦《とりで》であったが、住民が居つき勝手に電気を引いたり水道を引いたりしているうちに治外法権化した建物としてあまりにも有名だ。

その九龍城状態にあるビルは、上野駅のすぐそばにあり、住民が住んでいたり、飲食店も営業している大きな建物だという。

風俗通の間では〝中国エステビル〟〝風俗マンション〟と呼ばれ、全二百三十室のうちおよそ半数以上が本番系中国エステ店として営業し、その他にも闇金や脱法ドラッグ販売、なにをしているのかよくわからない事務所が軒を連ねているという。言うなれば上野の九龍城ビルだ。

一万円を切る安さと若くて可愛い中国娘が最後までやる過激なサービスが受けて、風俗通たちの熱視線を集めるようになった。

この九龍城ビル内は、中国エステで働く中国人女性たちが、大陸的なふるまいとでもいうのだろうか、通路にゴミをまき散らしたり、非常階段を物置代わりにしたり、夜になると通路で放尿したり排便までするという。

五年前、上野九龍城ビルに一斉捜査が入り、本番中国エステは壊滅したとされる。

だが私たちがその九龍城ビル前を歩くと、中国エステの美女が妖しくマッサージするネオン看板が道路にずらりと並んでいるではないか。

死んだと思わせて諸葛孔明のように復活したのだろうか。

「大小便禁止」の張り紙

全二百三十室のうち半数以上が本番中国エステ店だったという上野の九龍城ビルはいまどうなっているのか。私たちはそのビルを探ってみることにした。

十二階建てのかのビルは、上野駅徒歩一分のところにあった。上野のメインストリートである昭和通りに面した堂々の大型ビルである。

一階、二階に飲食店やスポーツ系店舗が入り、一見するとどこにでもあるビルに見える。

このビルが曰くありげなのは、歩道に林立したアジア系エステのネオン看板である。その数ざっと二十以上。

画像編集ソフトによって、目が大きく卵形の顔に変身したアジア系美女がねっとりからみつくようにマッサージをする看板ばかりだ。

入口はオートロックで関係者以外立ち入りができない。

そこで私たちは、小さな建設設計事務所を立ち上げるため、オフィスを探しているという名目で、このビルを内見できないか、地元不動産会社を訪ねてみることにした。

「ああ、ここは空いてますよ。ご案内しましょう」

若い営業マンに案内され、私と杉山は九龍城ビルに向かった。

階段の入口付近には、早春の肌寒さというのに、引退した力士のようなオヤジがランニング一丁で自転車にまたがり浪曲を唸っている。

不動産会社の青年が道案内するので、オートロックもなんなくスルー。エレベーターに乗って八階に向かう。

ドアが開き、通路を歩くと、壁に「大小便しないこと！」「風俗業禁止！」の張り紙が目に飛び込む。落書き禁止、といった注意書きは他のマンションでよく見受けられるが、大小便禁止の注意書きは初めて見た。

日本語の下に中国語と韓国語で同じことが書かれ、ご丁寧にも小便小僧とウンコのイラストに×マークが付いている。この辺で大小便をする輩が本当にいるのだろう。

ビルの真んなかは吹き抜けになっていて、まわりを錆び付いた手すりが囲っている。汚れたままの壁とドア、光の差し込まない通路、かび臭い匂い。外からはうかがい知れなかった荒廃ぶりである。

あちこちの部屋のドアに、アジア系エステ店の看板が堂々と掛かっている。なかには日本人が営業していると思しき「リラクゼーション」という看板もある。

一見すると、疲れた客を癒やす健康エステと見間違うかもしれない（いや、ないか）。「マッチングサービス」という看板は、いったいなにをしているのだろう。他にもなにをしているのかわからない看板が目にとまる。

「この部屋が空いてます」

不動産会社の青年がドアを開けると、かび臭い匂いが鼻をついた。

案内された室内は六畳ほどで、築三十五年。

使用部分面積十四・九一平方メートル。礼金六万三千円、敷金十二万六千円、賃料六万三千円。

北側にある、人一人がやっと入れる玄関を抜けると、すぐ左手に洗面台。南向きの窓のあるワンルームマンションである。

狭い。それに日当たりがよくない。

「上野の賃貸事情といいますと、上野公園と商業地帯が大きな面積をとっているために、住居区域が意外と少ないんですね。その分家賃も割高で、上野駅から徒歩十分圏内で二十五平米以上なら十万円以上します」

不動産会社の青年が解説する。

そこへいくと、築三十五年とはいえ、上野駅から徒歩一分のワンルームで家賃六万三千円というこの九龍城ビルは破格である。

狭い室内に不釣り合いなものを発見した。古びた大型円筒形の無骨な装置で、一九五〇年代のハリウッドSF映画に登場しそうなロボットのようでもある。不気味な姿だ。

「ああ、それ、給湯器ですね。深夜電力でお湯を沸かして貯めておくんです。昔のマンションで最先端いってたとこって、たいていこんな装置だったみたいですよ」

南向きの窓からは上野の夕景は望めず、灰色の雑居ビルが視界を塞ぎ、そっちのベランダにも例の大型給湯器が窮屈そうに備えられている。なぜか私が幼いころ豊島園で見かけた明治チョコレートのロゴがペイントされた長椅子がベランダに置かれている。

窓からは下着姿の中年女が暇そうにあくびしている。

どこからか聞こえてくる中国語、タイ語、タガログ語。

ここもまた二十一世紀の日本なのである。

窓から異国風の景色を眺めていると、案内してくれた不動産会社の青年が、「ここは警察が巡回しますので安心です」と客である私たちの不安を打ち消そうとした。

「ときどきトラブルがあるんですか？」と私が質問すると、

「ええ、まあ、店の従業員とお客とか」と返ってきた。

なにやら危険な香り——。

部屋から出ると、上野の雑音が吹き抜けから渦巻き、不機嫌な交響楽のように鳴り響いている。どこからか猫の鳴き声が聞こえてくる。

案内してくれた青年にお礼を述べて玄関を出ると、先ほどの自転車にまたがっていたオヤジが牛乳パックを入れたコンビニ袋をぶら下げてまだ浪曲を唸っていた。

問題の中国エステに潜入

冒頭の中国エステ通・比嘉編集長によると、中国エステの二大潮流は福建省と吉林省出身者に分けられるという。

ウーロン茶でも有名な福建省は中国大陸南東に位置している。日本で稼げるからと福建省出身者が数多く来日し、最近ではここ出身の中国マフィアの犯罪が問題になっている。

もう一つ、吉林省や黒竜江省のハルビンからも多く来日する。この地は戦前、旧満州国があったエリアで昔から親日家が多く、日本で働くことにためらいがないという。

中国エステが儲かると聞きつけると、中国人マフィアや残留孤児の二世三世による不良グループ怒羅《ドラ》権《ゴン》がカネを奪いにやってくる。比嘉編集長が中国エステで熱心に遊んでいた十年ほど前は、中国エステが強盗団に襲われる事件が相次ぎ、比嘉編集長自身がプレイ中にも店内に強盗団が入り、危うく難を逃れたのだった。

「地下一階の中国エステは危ない、と言われたんですよ。襲いやすいから」

調べてみると現在、この九龍城ビルには、中国エステを中心に韓国エステ、日本人女性だけのエステもあり、合計二十一店舗のエステ店が営業している。

そのなかから店のホームページを検索して、中国エステらしき店を絞り込んだ。

奇妙なことだが、店のサイトにはどこにも〝中国〟なる言葉もそれに関連する用語も出てこない。在籍する女の子たちも、美奈、和恵、美織里、といった日本人名である。

警察の摘発を警戒しているのだろうか。

私が選んだ店が中国エステなのか日本のエステなのか、とにかく電話してみることにした。

エステ店「S」に電話を入れてみた。

電話には愛想のない中年女が出た。

——ホームページで見たんですけど、アイミさん、お願いします。

「アイミ、今日はお休みね。でも細くておっぱい大きな子、他にもいるよ」

日本人にはない中国訛り風のアクセントだ。中国エステに間違いないだろう。

「カンナがいいよ。すぐ入れるよ」

——ではカンナさんでお願いします。

「うん。それがいいよ。アイミとカンナ、同じ」

――同じって？

「同じ子だよ（笑）」

アイミとカンナが同一人物なら、最初からアイミで予約を受けてもいいではないか。

この店のママさんの頭のなかには、今日出勤したのはカンナだという思い込みというか、自身の決まり事があるのだろうか。

わからん。大陸的だ。

電話案内の女は、私たちが訪れたあの九龍城ビルの名前と部屋番号を告知した。

七十分八千円。

安いことは安い。

もっとも、これから体験する中身次第だが。

「この店はどこまでできるんですか？」

さっそくビルの前に立ち、モニターの部屋番号を押すと、先ほどの女の声が響いた。ドアが開き、エレベーターに乗る。

四階フロアに到着、「大小便しないこと！」「風俗業禁止！」の張り紙がここにも貼られている。

部屋番号を探し出すと、右手前方のドアがギイイイイイと開き、半開きのまま中から女がおいでおいでのポーズ。吸い込まれるように入る私。

六畳一間のワンルームマンションは、窓がカーテンで閉ざされ、オレンジ色の薄暗い照明のみで、ピンク色のバスタオルが敷かれている。限りなくぼったくりに近い匂いがしてくる。

「わたし、さっき電話に出たよ。女の子が来るまでわたしがマッサージするね」

先ほどの愛想のない女がこの店のママさんだった。

金髪で体格がよく、実際に接してみると愛想は悪くない。話し方が、来日してまだ日本語が片言のころのアグネス・チャンに似ている。

素っ裸になってユニットバスに入ると、ママさんが服を着たままバスの外から窮屈そうに私の体を洗う。お湯の温度調整がうまくいかず、ぬるい。

ユニットバスから出て薄暗い室内にもどると、「寝て」とママさんが指示を出した。バスタオルの上に寝ると、ママさんがマッサージをやりだした。

「おにいさん、肩凝ってるね。仕事、なにしてるの？」

「デザイン関係」

「ああ、そんな感じするよ。ほら、肩凝ってるよ」

ママさんは体格がよく、力が少々入りすぎている。

ショートパンツから伸びた太ももが私の体に当たりながら、マッサージが進行する。

「ママさん、出身は？」

「わたし、大連《だいれん》ね」

ママさんは二十代のときに来日し、横浜中華街のウエイトレスをしていたところ、日本人男性に見初められ結婚。夫は理髪師で、神奈川県で理髪店を経営している。

「いま不景気よ。千円カットに押されてお客さん減ってるよ。ほんと大変よ。それでワタシがこの店の雇われ店主《ママ》になった。オーナー？　四十歳くらいの日本の男の人だよ。ちゃんと台東区に納税している って自慢してるよ」

九龍城ビルに入る中国エステのオーナーは、日本人が多いという。意外な経営実態だ。安い賃貸料金と開店資金で営業ができるので、日本人にとっても手がけやすいビジネスなのだろう。なかには中国人が分譲物件を買い取り、そこで中国エステを開業するケースもあるという。

力任せのマッサージがつづく。

「この店はどこまでできるんですか？」

私の質問に、ママさんは意味ありげな微笑を浮かべた。

「おにいさん、日本ってなんで本番がダメなの？」

「それは昭和三十三年にできた売春防止法によるんですよ。それまでは赤線といって限られた区域で本番することは認められてたんです」

「おにいさん、なんで詳しいの？　物知りね。中国来たことある？」

「いえ。でも、毛沢東が亡くなったころ、ちょうど大学生で中国研究していたことあるんですよ」

「毛沢東！　古い（笑）。わたし、全然知らない。でもおにいさん、面白い」

「安倍総理、中国でどう？」

「うーん……。安倍さんでも誰でも景気が大事。景気がよくなかったら」

「日本人、やさしい？」

「やさしいよ。ほんと。あ、そろそろ女の子来るね。代わるね」

ママさんが消えて、入れ替わりにカンナが入ってきた。

中国エステのピンク看板が乱立する一角

〝九龍城ビル〞の中国エステ嬢

小柄で胸の谷間が見える白いボディコンを着ている。

ママさんの紹介では二十二歳ということだったが、三十手前というところか。つけまつげ、胸の谷間を強調したライン。

「おにいさん、この近く？」

「いえ。新宿のほうから来ました」

「おにいさん、いくつ？」

「五十八」

「うそ⁉」

カンナは私の背中を押しながら、ボディコンを脱がず話をつづける。

「今日から一週間、ここで働くよ。いつもは横浜中華街で働いてるね。兄が先に日本に来て中華料理店やっているから、わたし、手伝いに来た。一週間上野にいるときは、この近くの池之端の友だちの家に泊まってるね」

「中国ではお仕事なにしてるの？」

「小学校の先生。休職して日本に来たよ」

ジャパンマネーを求めてやってきたのだろう。

「わたし、日本の人と結婚したい。やさしいから。中国人、やさしくない。それに日本人エッチが上手。紹介して」

先のママさんのように、日本人と結婚して永住する覚悟でいるのか。

この店がどこまでできるのか先行き不透明のまま、私はカンナの太ももに手を伸ばした。

抵抗無し。勢いづいてそのまま胸に向かう。

「今日生理でダメ。太ももならいい」

しばらく太ももタッチの後、さらなる接触をおこなおうとすると、「今度ね」。

制限時間は七十分、すでに半分が経過している。

どうもこの店は非本番系のようだ。

妖しい本番系の中国エステが集まるビルだと聞いていたのだが——。

まさかこの後、比嘉編集長が証言していたように、昔の中国エステによくあった〝たけのこ剥ぎ〟のように、裸になるたびにチップを要求されたりしないか。

部屋の薄暗さが私の不安を増幅させる。

遠くでクラクションの音。

「おにいさん、ちょっと待ってね」

カンナがなにやらこちらに背を向けなにかを探しだした。

「あ、あった。これ使って」

ローションの入ったボトルを取り出して私に渡した。カンナがローションを使って手コキするのかと思いきや、カンナは私の手の平にローションを垂らし込むではないか。手の平の冷たいこと……。

「おにいさん、やって」

「やってって……、自分でするの？」

「そうよ」

まさかここで自ら手コキするはめになるとは。

「リンパマッサージしてあげるよ」

カンナは私の太もも付け根に指を押しつけ、リンパマッサージなるものをやりだした。残念ながら官能度はまったく上がらず。その間もカンナは断固として服を脱がず。

私は手コキを放棄し、カンナと話をつづけた。

カンナも先のママさん同様、大連から来たという。

「ここはエッチしないね。お手伝いするだけ」

「みんなそれで満足して帰るの？」

「うん。日本の人だけじゃないよ。外人も来るよ。昨日は上野に観光に来たアメリカ人も来たよ。すごい大きな人。ね、おにいさん、わたし、日本の人と結婚したいよ。おにいさん、結婚してるの？」

「うん」

「だったら友だち紹介して。日本人やさしい。中国の男、やさしくない。ね、紹介して。今度来たら、いろいろサービスするよ。外で会って食事しよう。連れてって」

「わかった。携帯のアドレス教えて」

「お店の電話があるから。そっちで、ね」

最後までカンナは服を着たままだった。

「このビルの店、本番無しね。だから警察が来ても大丈夫」

カンナの発言は間違っていないようだ。だからこそ上野警察署がすぐ近くにありながら、歩道に中国エステの看板を立てていても平気なのだ。

服を着て部屋を出ようとすると、カンナが私の肝心な箇所にそっと手を添えた。

「今度ね」

アジアンスマイルを浮かべた。

ビルの外では、入口に薄着のオヤジが今日も腹を突き出して暇つぶしに浪曲をがなっていた。

デリヘルの事務所にて

「あのマンションは曰くつきで、昔は闇金の事務所がたくさん入ってたんですよ。それから中国エステが入り出して、一時期四十店は営業してましたよ」

上野で「回春サプリ」というデリヘルを経営している勅使河原守《てしがわらまもる》オーナーが打ち明けた。

私が潜入した店では最後までプレイせず、カンナがこちらの気を引くようなそぶりをみせたのだったが——。

「それは〝三回ルール〟といって、三回行くと本番やれたりするんですよ。ちゃんと顧客管理してて、この客は三回目だというと、(本番が) できるんです」

ということは、日本人と結婚したいから紹介して、と私に甘くささやいていたのも、私をあと二回は通わせようとする営業テクニックだったのか。

「たぶん、次に行ってもまだできないですよ。三回目でやっと (笑)」

私が潜入したビルは、五年前まで本番中国エステの総本山と化していたが、警察の手入れが入り、いまでは非本番系の中国エステだけが生き残っていた。

築三十五年のあのビルが風俗ビルに変貌した背景には、もともと分譲マンションだったのだが、築年数が増えるうちに管理会社がマンションの共有部分を登記して持ち分にしてしまったために不動産価値が下がったこともあって、なかなか借り手がつかず、そのうち闇金や中国エステが入りはじめてアンダーグラウンド化したのだった。

「いま上野（の風俗）は景気よくないですね。もともと上野よりもお隣の湯島のほうがいいんですよね。湯島は文京区なんですよ。上野はマルイやアメ横もあるんで夜八時までは栄えてるんですけど、店が終わるのが早いんですよね。風俗ってどっちかっていうと夜が主流なんで、夜の早い上野は商売するには弱いんですよね。人がいなくなっちゃう。朝まで動いてる街は湯島のほう。飲食店も湯島のほうは朝五、六時までやってますからね。逆に湯島は昼間はまったく閑散としてますよね」

勅使河原オーナーは高校生のころから上野に通っていた。

「上野っていうと、いま思い出すのは、昔、『聚楽《じゅらく》』が入ってたところ（現在のＵＥＮＯ３１５３ビル）ってわかります？　あの一階に大人のおもちゃ屋と精力剤を売ってる薬局が隣り合わせにあったんですよ。高校生のときによく見てて、この二つを複合させたら面白いなって思ってたんですよ。ドラッグと大人のおもちゃ。これは切り離せないなと思って。そこにお客さんいっぱいいたんですよ。ビジネスとして面白いなとずっと思ってました」

高校は上野にあったわけではないが、学校が終わると自然と上野に足が向いていた。あらゆる人々を惹きつける上野というエリアに、勅使河原守も吸い寄せられた。学校帰り、アメ横からＡＢＡＢ《アブアブ》、聚楽を流した。上野にはさまざまな店があり、料金が安いのが最大の魅力だった。

大学を卒業し、不動産会社、旅行会社で働き出すが、独立心が旺盛で脱サラすると、高校生のころ見ていたドラッグとおもちゃをやってみようと、アダルトグッズ、ダッチワイフ製造にはじまり、温泉コンパニオン派遣、交際クラブ、SMパートナー紹介などの事業を展開し、一九九九年からは風俗業にも進出。持ち前の商才によって現在二十四店舗の派遣型風俗店（デリバリーヘルス）を経営、年商十億円の一大風俗チェーンを築き上げた。

風俗店経営だけではなく、『職業としての風俗嬢』（中村淳彦と共著・宝島社新書）を刊行したり、風俗開業セミナーを催したり、風俗業界の地位向上に努める男でもある。

喫茶店を出ると重く垂れ込めていた上野の空から、ぽつりぽつりと冷たいものが降りだす。

私たちは、上野にほど近い勅使河原オーナーの事務所を見学させてもらった。

ここはマンションの一室で、部屋には数台のパソコンに向かいスタッフがキイを打ち込んだり、かかってくる客からの電話に応対している。壁には傘下店のプレイ内容が事細かに書かれた紙があちこちに貼られている。スタッフはみな若い。

風俗業界の男たちは本当によく働く。私の知り合いの渋谷で箱型ファッションヘルス店の一大チェーンを築き上げた当時まだ二十代前半の若者も、平均睡眠時間二時間で働きっぱなしだった。休日はゼロ。点滴を打ちながら店に出ていた。裸を扱う世界は、男を禁欲的にさせるエネルギーがある。

女の子たちの控え室は、事務所の隣にある。ステージの楽屋裏のような狭い通路を通ると、広々とした待機室が控え、女の子たちがiPhoneをいじったり、ファッション誌を開いている。スナック菓子やペットの猫の餌が置かれている。

別の部屋には鉄柱が天井まで伸び、吊り輪が掛かっている。ここでSMプレイの研鑽に励むのだ。

「女子の待機室はオープンスペースにしてあるんです。女子同士が情報を共有できるようにするためと、秘密の話ができないようにするために」

密室だと何事もよくない方向に行くのだろう。

勅使河原オーナーの店「回春サプリ」は、派遣型風俗（デリヘル）で、七十分から百八十分のプレイ時間によって一万二千円から三万七千円になり、主に湯島から上野のホテルに派遣される。通常のオイルマッサージと睾丸マッサージ、それに手コキ。在籍は日本の女の子たちである。

池袋、渋谷、新宿といった大歓楽街の風俗業は落ち込んでいるが、ここ上野は新幹線や、成田空港に向かうスカイライナーが通っているために潜在的な客は多く、不景気ながらも勢いはあるという。旅の途中、出張ついでに気分も開放的になり、つい股間も開放させようというのだろう。

九龍城ビルとマゾ男優

勅使河原オーナーの仕事仲間の中国人が、十五年前、かの九龍城ビルで八部屋借りてエステ店を営業していたという。

勅使河原オーナーが意外な名前を口にした。

「その中国人オーナーが、従業員で金子真一郎を使ってたんですよ。観念絵夢《かんねんえむ》」

観念絵夢！

久しく遠ざかっていた懐かしの名前をまさかここ上野で聞こうとは――。

真性マゾ男優・史上最強の特殊ＡＶ男優として知られる彼は、立正大学哲学科卒業後、大手商社で働くものの退社、みずからの真性マゾを高めようとしてアダルト系出版社の編集者として働きだした。熟練編集者という触れ込みで入社したものの、「トレペ（トレーシングペーパー）持ってきて」と上司に言われ、持ってきたのがトイレットペーパーだったという天然ぶりと、東大が一番難しい大学だと知っていたら東大に入っていました、と公言する自信過剰ぶりが仇《あだ》となり、出版社を退社して、マゾ男優〝観念絵夢〟となって数々のAVに出演。根っからのいじめられっ子体質ゆえに、万人に眠る加虐嗜好をもろに刺激し、あらゆる虐待にあってきた。唾液強制受飲、顔面便器、公衆の面前での罵倒、折檻、顔面グーパンチ、陰毛焼き、尿道・肛門異物強制挿入、往復ビンタ、足蹴り、磔《はりつけ》――。

なかでも伝説となっているのが、バクシーシ山下監督作品『全裸のランチ』（V&Rプランニング）で、包茎手術をして切り取ったみずからの皮を味噌焼きにして食べさせられた件であった。

『マゾバイブル―史上最強の思想―』（太田出版）を刊行し、『野獣系でいこう!!』（朝日新聞社）という対談集では、社会学者・宮台真司と激論を交わし、単なるいじめられっ子ではなく、マゾを高度な思想にまで高め（そこなっ）た男。

華奢《きゃしゃ》な体でプライドは高く、たとえて言うなら、休み時間中にいじめっ子にいたぶられ、授業開始の鐘が鳴ると、いじめっ子の背後からあっかんべーをしてみたところ運悪く見つかり、次の休み時間にまたいじめられる、そんな懲りないマゾ男。

その観念絵夢は一時期、SMクラブやファッションヘルスを開業していたが、いつしか消息がつかめなくなっていたのだが――。

ちなみに本書の担当であるフリー編集者・杉山は、かつて渋谷のマンションヘルスで観念絵夢が店長をしていたとき、一度遊びに行ったことがあると証言した。

勅使河原オーナーが語る。

「観念絵夢が渋谷かなんかのマンションヘルスやってて、そこ失敗して、その金主《きんしゅ》に叩き出された。お金が無くなっちゃってその食いつなぎで『一日吉野家の牛丼一杯でいいから働かしてくれ』とか言ってきたらしいんですよ（笑）。実際に吉野家分だけしか払ってなかった。でもそのカネも使わないで貯めてたらしいですよ、吉野家も行かないで。観念絵夢が店辞めたとき、最後にココ壱番屋のカレー、全部トッピングで五千五百円分食べさせてあげたって言ってましたよ。最後の日だけ」

「いま観念絵夢はどうしてるんですか？」

「下水工事やってるみたいですよ。なんか観念絵夢がよく出演していたV＆Rの撮影現場と同じ匂いがするなんて言ってましたよ」

上野の磁力は、観念絵夢まで招き入れたのであった。

「あ、彼です。あのビルで中国エステ経営していた男です」

経営者が語る中国エステの内実

九龍城ビルで中国エステを経営してきた、まさしく今回の取材にもっともふさわしい証言者が登場した。取材しているとこんな僥倖《ぎょうこう》に巡り会えるときがある。

四十代ゴルフショップ店長といった風情である。

「あそこのビルはですね、もともと弁護士とか行政書士とかの事務所がいっぱい入っていたんだけど、その後、闇金が流行ってた時代に、手軽にできるっていうんで個人個人が一人で闇金業を自営するようになってあのビルに事務所を構えたんです。あそこ、分譲でなかなか借り手がないのよ。部屋狭くて、洗濯機も置けないから、借りてくれない。もともとそっから中国エステの総本山化が始まったんですよ」

闇に包まれていた姿が見えだした。

「あそこの建物って昔っから、古い給湯器のままなんですよ。大家さんが替えてないんですね。当時八十万円くらいしたらしいんだけど深夜電力で沸かす給湯器で、あれ撤去交換するとものすごく高いんですよ。あの給湯器、連続十回使うともう空になってダメなの。使えるお湯の量に制限があるの。だから一部屋にお客さん何人も来ても困るんですよ」

私がカンナとシャワーを浴びたとき、なかなか温かいお湯が出なかったことを思い起こした。

「もともと上野自体、ぼったくりとかそういうのが多いんですよね。中国人の昏睡強盗とかもありますから。そういうのが流行ってまして。上野って新幹線停まるからやっぱりお客さん多いんですよね。そこからどんどん風俗店が増え出して、十五、六年前に韓国式エステが一気に流行ったんですよね。そこから中国人が、こりゃ儲かるっていうんで上野ですぐ中国エステを始めたんです。上野は中国人、韓国人が多いから。

韓国式エステって手コキが標準サービスだったんですけど、そこからだんだんハードになって、初めてエステ嬢が脱ぐサービスを始めたのが新宿の『ベリー』って店なんですね。そこからどんどん広まっていって、本番が当たり前という流れになっていくんですけど」

回春エステというのは、本来、男性機能をアップさせるためにおこなわれるマッサージであったが、体に直接触ることから徐々にサービスがエスカレートして、男性器のキワまでぎりぎりを攻めるようになった。

韓国エステが大流行したときはこれに手コキが加わり、マッサージついでに放出させてくれるとあって爆発的に流行。韓国エステは十五、六年前、稼ぎに稼ぎまくった。

「東京駅のなかにあった韓国エステ店なんて十カ月で三億円の売り上げですもん。本番なし手コキだけで。一万円でマッサージもあって抜いてくれるからってことですよ。なにせ駅ビルのなかでしたから客も多いし」

風俗の法則――サービスは過激になる。

儲かることを知った中国エステはさらに過激度を増して、ついに一線を越えて本番サービスをおこなうようになった。

マッサージをおこないながら最後に手コキで終わらせるよりも、さっさと本番してしまったほうが回転率もいいから、儲けも大きい。

本来六十分のプレイ時間でも、本番すると、昂奮した客は三十分程度で事が済んでしまうので、回転率も倍になる。低料金の本番サービスが売りの中国エステに韓国エステは駆逐され、かくして中国エステが市場を牛耳った。

「稼げるからというんで、中国からいっぱい女の子たちが来日するから。いやあ、半端ないですよね。危険をおかそうがなにしようが、お金が稼げれば十二時間でも十五時間でも平気で働くんですよ。日本の女の子は違いますでしょ。嫌な客だともう絶対ヤダ、お金なんかいらないって言う。そこが違いますね」

駆逐された韓国側も負けておらず、上野の隣町・鶯谷で低料金、本番サービスが売りの本番系韓国デリヘル、略して〝韓デリ〟が風俗業界の黒船となるのはここ十年近くの流れだ。東アジアの女たちは働き者だ。

かくして街中にはアジア系エステの氾濫となった。

「だいたい上野は中国の北部出身者が多いですよね。湯島のほうは上海。錦糸町にいくと福建省。新宿はあちこち混ざってる」

アジア系マッサージ店の本番・非本番の見分け方を元経営者側から解読してもらったところ、本番を見極める単純なポイントはないという。

中国エステ通の山田勤が証言したように、店によって女の子によって、まわりの環境によって刻々と変化するからだ。ただし、こんな見極め方もあると店長は証言する。

「〝一回戦〟という言葉を使ってるところは、本番ですよね。〝洗体〟は最後まではないです。それと、チカチカカチカチカ光ってるホームページの店は基本的に本番できますよね。〝出張〟って書いてあるけど、実際はプレイルームを持っていて、『近くに来たら電話ください』っていう店も間違いなくできる。あとは店を構えている場所。鶯谷、日暮里、これ確実」

そしてこう付け加えた。

「中国エステはこれから淘汰されていきますけど、無くならないですよね。なぜかっていうと結局、日本人のサラリーマンって疲れてますよね。心の癒しを求めても拠り所がない、奥さん含めて。じゃあ日本人の風俗店行って癒しがあるかっていったら、日本人の風俗嬢は表面上の笑顔だけなんで日が笑ってないんですよね。中国の女性ってそういう裏表がないんです。心から笑ってるんですね。だから(中国エステに)行っちゃうんです。結局そういうやさしさに惹かれてしまって、お金を使っちゃうんです。で、ハマっちゃってときどき事件になる」

二度目のスケベチャイム

翌週、再チャレンジで中国エステを十軒ほど選び直し、品定めした。

どれも画像編集ソフトで顔を修正してあるために、在籍女性たちの顔がみな卵形のサイボーグみたいな人造美である。

各店からスタイルのいい女性を選び、上野駅の歩道橋から電話を入れてみた。電話口に出てくるのはどこも中国人らしき中年女である。

鶯谷の〝韓デリ〟では、電話口に出るのは中年の韓国人女性である。韓デリの場合は過去に風俗や水商売を経験してきた在日コリアンの女性が経営するケースが多いが、中国エステも似ているのだろう。在籍する女性たちの気持ちを理解するのはなんといっても、過去に同じ体験をしてきた同郷出身者がいちばんだ。

電話がつながった。

「はい。いま、どこですか?」と若い女の声。

「上野駅の前です」

電話口の女は、私が以前潜入したあの九龍城ビルの名前を告げた。

「そのビルを背にして上野警察署前を通って……」

女は九龍城ビルをスタート地点に、別のビルへと電話で誘導する。以前は九龍城ビル内に店舗を構えていたが、現在は諸事情により別のビルへと移ったという。

上野警察署の前を通りしばらく歩くと、比較的新しい小奇麗なビルに誘導された。奥のエレベーターに乗り八階へ。ドアが開くと、曇り空の上野が一望できる。

似たようなドアをいくつかたどると、指示されたルームナンバーを見つけた。

スケベチャイム。

するとドアが開き、微笑を浮かべた女が出てきた。

白いボディコン、小柄で細身、髪は昔流行ったワンレングスである。篠原涼子に少し似ている。サイトに紹介されていた写真とはまったく別人だが、悪くない。合格。

部屋に入ると暗くオレンジ色の照明で、やっと自分の位置がわかる。女の源氏名はアイ、年齢二十八歳。

「おにいさん、ここ初めて?」

「うん」

「何分にする?」

「六十分」

「では九千円ね」

この金額でどこまでできるのだろう。

服を脱ぎ、シャワータイム。

ていねいに洗ってくれる。

床に敷かれたピンク色のバスタオルに全裸で寝て待っていると、シャワーを浴びたアイが脱いだ服で窓をふさいだ。よけい薄暗くなった。

アイのマッサージを受ける。テクニックは素人の域。そのうち肝心の部分に手が伸びていく。

下着を脱いだ。細身でいいラインをしている。肌は中国陶器のような輝きを放っている。乳房の下に違和感がある。おそらく偽乳だろう。最新技術によって昔のようにすぐわかるようなものではない。

薄暗い室内のため、こちらも多少の警戒心が芽生え、サービスを過激にするたびに追加チップを要求されるのでは、という危惧も感じる。

桃源郷のような舌戯と指のタッチ。官能的な感覚になる。

アイは揚子江の流れのごとく自然にまかせるかのように本能的な動きをみせ、私の上に乗って合体。しがみついて快楽を味わおうとするアイの本気度を確認しつつ、こちらも上り詰めてたちまちニイハオ。

終わってからも追加の要求はない。

九千円で最後までいってしまうとは——。

価格でいえば、風俗業界は昭和三十年代の物価指数にもどったということだ。中国エステの人気の秘密をこの身で思い知らされた。

部屋に籠もっていると人恋しくなるのか、アイは片言の日本語でよく話す。

「ハルビンから来ました」

アイによると、大連、上海、福建省、ハルビンから来た女性たちは、本番系エステに入るという。それだけこの土地の出身者はハングリーさがあるのだろう。

北朝鮮との国境に位置する吉林省の一部の中国人は韓国語が話せるので、日本に来たら韓国人だと偽って韓国デリヘルで働くケースも多いという。

「四年前に日本に来たよ。ほんとはワタシ、結婚してた。二十歳で。でもバツイチ、男の子がいる」

「どうして離婚したの？」

「うーん……。お菓子の工場でワタシ、働いていた、夫は同僚ね。工場はお米やトウモロコシでお菓子つくるの」

ポン菓子のようなものだろうか。

「夫が事業するんで工場辞めちゃったよ。自分で会社やっていろんなお菓子つくってみたけど、失敗してワタシの親から借金したね。でも事業失敗したから、返せない」

「それで夫婦の関係がぎくしゃくして、別れたの？」

「そうでもない。これ（iPhoneを持って）メール見ちゃった。そしたら浮気してたよー。アタマ来たよー」

「許せなかった？」

「許せないよ」

中国は女性の地位も高くなったのか、亭主の浮気は日本以上にまずい結果になるらしい。

「離婚して子ども引き取って日本に来たよ。名古屋に来た。ハルビンにいてもなかなかお金稼げない」

アイは大きな自動車工場で働き出した。元夫は借りていたお金も返さないまま消息が途絶え、アイ一人が返済するはめになった。

「二年前、上野に来た。稼げるから」

「それで中国エステで働き出した？」

「そう」

「初めてお仕事でエッチする。抵抗なかった？」

「大丈夫だよ。日本の男の人やさしい」

「みんなやさしい？」

「やさしい」

「スケベ？」

「うん、スケベ（笑）」

「中国人と日本人のセックスの違いってある？」

「日本人、舐《な》めるの好き。みんな舐める。中国人は舐めるときもあるけど、あんなに舐めない。体位はだいたいどこも同じよ」

中国もいま晩婚化が進んでいる。

アイによれば、同じ晩婚化でも、中国エステに来る日本の四十代、五十代男性はほとんどが結婚をあきらめているか、しないと決めているが、中国ではいくつになっても結婚したがり、あきらめる男はほとんどいないとのこと。日本では廃れたお見合いも、中国では盛んだという。

「今年の正月、ハルビンから両親来たね。日本の炊飯器、中国ですごく人気あるから、両親それぞれ二個ずつ買っていったよ（笑）。炊飯器は一番のお土産。中国製の炊飯器もあるけど、日本製のほうが壊れにくい。安心ね。わたしも中国に帰るとき、必ずお土産に炊飯器買っていく。いままで六個買ったよ（笑）」

両親が来日したとき、親孝行のアイはアメ横を案内して、化粧品をたくさん買って両親にプレゼントした。アメ横の地下食料品売り場で中国食材を買って、親子水入らずの夕食をつくった。

「日本で買う中国食材はどこも同じ値段。北京ダックはやっぱり中国のほうがおいしいね。日本のお寿司、アメリカや韓国で食べるより日本で食べるほうがおいしいのと一緒」

アイの持つ iPhone には、ディズニーキャラクターの画像がたくさん保存され、そのなかにドラえもん、クレヨンしんちゃんが混ざっている。

「中国ではドラえもん、クレヨンしんちゃんが人気あります」

そして iPhone に保存されている音楽を流し出した。どこかで聞いたメロディだ。

「徳永英明だね」

「ちがうよー（笑）。これ台湾の歌手。ジェフ・チャン（張信哲）」

「いや、歌手はたしかに中国人だけども、このメロディは徳永英明の『壊れかけの Radio』だよ。カバーだよ」

アイは原曲とカバーの違いをあまり理解していない様子だ。

薄暗い室内で二人、素っ裸で話していると、恋人同士のような気分になっていく。

「また来て」

約束して、ドアを明けた。

薄曇りの空だ。

昭和通りを流すと数人の中国人女性たちが手に炊飯器をぶら下げて、陽気なおしゃべりをしながら歩いていた。

上野駅前歩道橋にさしかかると、曇り空はより黒さを増していた。

ぽつりと冷たいものが降ってきた。

第三章　男色の街上野

真夜中の摺鉢山《すりばちやま》古墳にて

上野は男色の街である。

古くから男同士の性愛がこの地に宿ってきた。

二十一世紀の現在、古墳のてっぺんで、男たちは今夜も性愛を求め、登り詰める。

摺鉢山古墳という小高い山が上野公園にある。すり鉢を伏せた形に似たことから名付けられた山で、その昔、埴輪片が出土したことから、千五百年前の前方後円墳ではないかとされている。

摺鉢山のてっぺんは、さほど広くない平地となり樹木で周囲が囲われている。

由緒ある摺鉢山古墳で毎夜九時過ぎに、男たちのある交流がおこなわれていると聞きつけた。

夜九時ともなると、ここ上野公園も昼の喧噪《けんそう》はどこかに消え、無音の闇になる。

私とK編集長、杉山の三名が頂上に近づく。私たちもやはり男を求めてやってきたと思われるのだろうか。

街灯のわずかな明かりをたよりに、一歩ずつ登っていった。

薄明かりの頂上にたどり着いた。

すでに男たちが、一名、二名、三名……総勢七名が先着している。

一人ずつ、間隔を空けて立ったり座ったりしてなにかを待っている。

七十代後半の老人、六十代のサラリーマン風、五十代の自営業者風、四十代のサラリーマン風、年配者ばかりだ。木陰にいてわからなかったが、三十代の肉体労働系の男もいる。私たちはばらばらになって、その場に溶け込もうとした。

するとまるでなにか示し合わせたかのように、七名の男たちは頂上から無言のまま降りてしまったではないか。

私たちはあきらかに浮いていたのだろう。ホモセクシャルの男というオーラを感じなかったせいか。

先ほどの七人は、顔見知りの間柄なのだろうか。とにかく警戒されてしまった。

彼らの安寧を乱してしまったことを私たちは反省しなければならない。

男性同性愛者のことを、ゲイと呼び、女装した男のことを古くからオカマ、女性言葉を使う男性をオネエと呼ぶ。

先ほどの男たちは、身なりは普通の男であったから、ゲイだろう。

日本最大のゲイタウンとして知られる新宿二丁目のゲイたちは、週末の夜になると、道を埋め尽くすかのように街頭にあふれ出し、気ままに声をかけあい性愛を謳歌している。それに比べると上野は世の中に知られたくない、控えめなゲイたちが中心となる。

摺鉢山を降りて、真下にある不忍池をそぞろ歩いてみる。

漆黒の湖面に蓮の葉が揺れる。

池を囲む遊歩道の石垣に腰掛ける男たちがいた。五十代の男が二人、中学校教師といった風情のワイシャツ姿の二人だ。お互いの股間を手で刺激しあっている。

暗がりの中気分が盛り上がったのか、男同士、唇をふさぐ。唇を押し当ててしばらく互いを味わううちに、口がもごもごと動き舌がなにやら軟体動物のように求め合う。

近くのベンチでは六十代くらいの男同士がベンチでキスをして、そのうち一人が股間に顔を埋めた。しばらくすると激しく顔を上下させる。座っている男のほうが股間に顔を埋めている男の頭をしっかりつかんだ。埋めていた男が喉を鳴らしてなにかを飲み干している。

不忍池周辺は男たちのナンパスポット、いわゆるハッテン場になっているのだ。

陰間茶屋《かげまちゃや》で栄えた上野

上野と同性愛の関係は古い。

地名には、はるか彼方の謂れが塗り込められている。

上野には都立忍岡《しのぶがおか》高校の校名がいまも残るように、忍岡には秘めた歴史が埋まっている。

忍岡という地名は平安時代から呼ばれ、名前の通り、男女がお忍びで出会う場所であった。

江戸時代、この地には陰間茶屋という淫靡な施設があった。

「陰間」とは江戸時代の男娼の呼び名であり、茶屋で客を相手に体を売る十代の青少年に人気が集まった。客には男だけではなく、年下の少年と交情を結びたい女性客も少なからずいた。「陰間」とは、もともと歌舞伎でまだ一人前でない修行中の役者のことを「陰の間」の役者と呼んだことに由来している。

上野に陰間茶屋が多く存在したのも、上野には寛永寺があり、女色禁制だった僧侶が少年愛に走り、陰間と遊ぶことがあったからだった。さらに上野という土地は花魁《おいらん》の本場である吉原の近く、浅草の歌舞伎小屋の近くでもあったので、陰間茶屋が栄えた。

「オカマ」の語源は、陰間から来ているという有力な説もあるほどだ。

陰間たちは客の前で踊りや笛、軽業といった芸を見せ、気に入ってくれた客と寝た。

人形町にも陰間は多く、彼らは歌舞伎の本場でもあった日本橋の劇場に出るのが目的だった。

本来の目的のために発展したのは人形町であり、なかなか歌舞伎にスカウトされなくなって男娼になった者たちの街が上野だった。

本来の夢が叶えられないとなると、花魁に負けないぐらい稼いでやろうとする男娼が増えた。二十歳を過ぎれば年増として扱われるから、主な客は中年女になる。だから上野の陰間は女にもオネエの男にも普通の男にも、すべてがこなせる稚児《ちご》でなければならない。オールマイティゆえに稼ぎは大きかった。

上野と隣接する湯島、鶯谷もまた陰間茶屋が多かった。

いまもこのあたりにラブホテルが栄えているのも、昔からの名残である。

男尊女卑の江戸時代にあって、女性というのは意外と小銭をもっていた。いまでいう便利屋のような細かい仕事、引っ越し、掃除を女がやっていた。小銭があるから陰間茶屋に買いに行く。ごく普通の主婦が美少年の芸を観たあとで買うのだった。男女の密会には出合茶屋《であいちゃや》という、いまでいうラブホテルのような店が使われた。出合茶屋もまた江戸期、上野界隈に多かった。

江戸時代の性愛は自由奔放で、男女はもちろん、男同士もあれば女同士もあった。

武将に付き添ってお世話する若い男子を御小姓《おこしょう》と呼び、よく同性愛関係になった。その妻もまた若い女子の御小姓を持っていた。時代劇では侍女《じじょ》と呼ばれるその多くは御小姓だった。江戸時代にはすでに張り型も普及していたので、女同士、張り型合戦となった。

幻の漫画家・山川純一

江戸時代の陰間から明治・大正になって、上野公園は男娼が姿を見せるようになる。

上野駅というどこからでも来訪できる地の利と、上野公園を中心にした誰でもいつでも受け入れてくれる開放的な空間がよかったのだろう。

ゲイも同様であった。

戦後は進駐軍の米兵相手の男娼もいた。

平日の午後、私たちは上野の成人映画上映館「オークラ劇場」付近まで来た。

ピンク映画、成人映画、あるいはポルノ映画と称される十八歳未満鑑賞禁止、男女の肉交を描いた映画は、いまも消えることなく細々とだが生き残っている。

上映中のピンク映画は『女弁護士 揉ませて勝訴』。

タイトルが秀逸だ。

ピンク映画専門館が相次ぎ消えていくなかにあって、ここ上野オークラ劇場はいまなお健闘している。

昔は成人映画の他にゲイ映画も上映され、館内ではゲイたちの交流の場として、知る人ぞ知る場であった。

劇場の隣にコインロッカーがある。そこでなにやらスーツを脱ぎだして、トレーニングウエアに着替えようとしている四十代サラリーマン風の男がいた。スーツの下は真っ赤なビキニパンツだ。着替え終わると夜陰に溶け込んでいった。

私はふと、『オール讀物』の若い女性編集者から教えてもらった幻の漫画家・ヤマジュンこと山川純一の作品を思い出した。

山川純一は一九八三年から八八年のわずか六年間にゲイ雑誌『薔薇族』で漫画を発表していた幻の漫画家である。

代表作『くそみそテクニック』のストーリー――男に興味がある予備校生・道下正樹が尿意をもよおし公園のトイレに入ろうとしたところ、ベンチに座っていた二枚目・阿部高和が目にとまった。阿部はいきなりファスナーを下ろし「やらないか」と声をかけてくる。いい男に目がない道下はトイレで阿部に抱かれる。尿意を我慢できなくなった道下に、阿部が「オレのケツの中でしろ」と誘い、道下は阿部の肛門に挿入したまま放尿、ついでに射精してしまう。今度は阿部が道下の肛門に挿入、すると道下は便意をもよおして幕を閉じる。

作品としての統一感を放棄した悪趣味に彩られた作品である。考えようによっては前衛的な作品とも言えるが、絵柄がまるで七〇年代の『マーガレット』の漫画のような少女漫画風、登場人物は長髪の男で、前衛的という画風ではない。

山川純一作品は『薔薇族』編集者たちから好まれなかった。編集部が好むのは、短髪で筋骨隆々とした男臭いタイプであり、山川作品に登場する長髪に細面の男はもっとも受け入れられないタイプだった。

そんななかにあって『薔薇族』の伊藤文学編集長は山川純一作品を評価していたのだったが、いつしか山川純一は創作活動を辞めて消えていった。

山川純一再評価が高まったのはネットの世界からだった。

統一感を放棄した、前衛的な作風になってしまった作風を肯定する読者が増え、一度その悪趣味な味を知ると、ヤマジュンファンになってしまうのだ。

『くそみそテクニック』のなかで、予備校生・道下正樹が阿部高和を見たときの「ウホッ！　いい男」、阿部が道下に声をかけた「やらないか」はゲイだけではなくネット世界で流行語となり、「ウホッ」はゲイ的な世界をイメージする隠語にまでなった。

上野公園は今宵も、密かに「ウホッ！　いい男」「やらないか」状態になっていたのである。

ところで山川純一はいまいずこへ――。

終戦後に開校した「オカマ学校」

上野公園の「ウホッ」状態は終戦後すぐ高揚し、昭和二十九年七月六日発行の夕刊紙「内外タイムス」には、「オカマ学校繁盛記」なる特集記事が組まれ、公園内に男娼が棲息していることがわかる。

デフレ不況（当時もいま同様にデフレだった）によって、食い詰めた男たちが思案の末に男を廃業し女になって一稼ぎしようと、女装して上野公園で男娼になった。

男娼を養成するために台東区某所で男娼学校を開校し、その様子が書かれている。

男娼学校の場所は上野駅から徒歩十分、都電通りを横に逸《そ》れた二階家、一杯飲み屋だった家を使用して、授業は昼間おこなわれていた。男娼学校で男娼志願者にオカマの道を教える先生たちは、校長T子姐《ねえ》さん、副校長L子姐さん、教授のS子姐さん。〝姐さん〟と呼ばれているが男である。

二十一名の生徒たちの内訳は、平均年齢二十八、九歳。最高が四十五歳、最低が十五歳。前職は会社員、鉄道員、郵便局員、バーテン、学生、ドサ回り役者。大半が同性愛者で、その多くが間違って男に生まれてきたと嘆くのだった。

いまより同性愛者にとって生きづらい時代だった。

記事では、授業の第一課としてお化粧を学び、第二課は和装洋装の着こなし方、第三課では声の出し方。そして仕上げは第四課・男娼の心構えと方法。

記者がどういうことを学ぶのか質問すると、男娼学校の先生は「ご推察ください」と意味ありげな答え。

ヤマジュン作品のように、ゲイの好みはさまざまで要求は細かい。女装した男娼もいれば、男の格好をした男娼もいる。

男娼学校の目つきが鋭い役者風の若い優男《やさおとこ》は、乳パットの付け方を先生から教わるのだが、なかなかうまくいかず泣きべそをかき、「こんなもの付けないで注射で大きくならないかしら」とぼやくありさま。脱力感たっぷりだ。

記事全体はこんな風に、男娼になるため必死かつコミカルな男たちの奮闘記に仕上がっている。

戦後の混乱期、庶民は娯楽を求め、性欲もおおっぴらに開陳されるようになった。

軍隊では女代わりに男を抱く行為が公然とおこなわれ、戦後、その名残もあって、男娼を買うことはさほど抵抗もなかった。戦時中に押さえ込まれていた性欲も終戦後の自由な空気によって開放され、それほどきれいな男娼ではなくても、化粧すれば買い手がついた。

男娼学校の賑わいも、男娼人気の熱気に押されてのことだろう。

記事中の写真では、和装の男ががに股で歩く練習をしているが、「ただしこれは別の男娼養成所の写真」のキャプションがつき、もう一枚の写真は、男娼学校の外観が載っている。「内部の撮影は断られた」というキャプションもついている。

ここまで読んでふと、疑念が生じた。

面白い記事には違いないが、どうもこの記事、架空記事とまでは言わないが話半分の匂いがする。男娼をテーマにショーアップした疑いがある。記事中に写真が一枚もないのが怪しい。

いまも昔も、オカマネタは面白おかしく膨らませてもいい扱いだったのだろう。


上野の男娼を一躍有名にした事件がある。

昭和二十三年（一九四八年）十一月二十二日夜、上野の山にいた男娼、浮浪児、街娼を保護する名目で視察中だった田中栄一警視総監一行が男娼の一群と遭遇、新聞カメラマンがフラッシュを焚《た》いたところ、男娼たちと揉めだした。騒ぎのなか、おきよという三十二歳の男娼が警視総監を殴りニュースになった。

〈〝夜の男〟の集団暴行　警視総監殴らる　上野で記者ら袋叩き〉（「毎日新聞」）

殴られた警視総監は「断固取り締まる」と、怒り心頭のコメントを発している。

警視総監と男娼。

このミスマッチ感がうけたのだろう。

『警官の血』（佐々木譲・新潮社）にも、このエピソードと上野公園のオカマが登場する。

終戦後の上野公園はまさしく男色の王国であった。

「男ビデオ」の秘境

男酔いした私たちは公園から遠ざかり、上野駅方向に歩いていった。

春の宵は肌寒く、駅前に段ボールで囲っているホームレスも体を丸めている。

幾重にも重ね着しているのは、女性のホームレスだ。品のいい顔立ちをした六十代くらいの女性だ。

上野駅のほど近く、東側一帯には、ゲイ専門のスナックが密集している。その数、九十店。

不思議なのは、ゲイスナックの看板が白いネオンということだ。

上野が男色の街だとわかるもっとも目立つ象徴といえば、駅前にあるアダルトショップ「黒猫館」の、「男ビデオ」と書かれた大きな看板だろう。

男ビデオとは、その名のとおり、男だけが登場するアダルトビデオである。

狭い店内にはぎっしりアダルトビデオが並べられ、一般のアダルトビデオとゲイビデオが半々で売られている。

『グッバイノンケ』『オヤジの弱点』『ホスト系男子』『潮騒に発射』『和熊ＶＳ洋熊』『課長は顔面発射が好き』『男同士』……他店ではまず見られない、それらしきタイトルのＤＶＤがずらりと並んでいる。

ノンケとは、ゲイではない異性愛をもつノーマルな男の意。ノンケを好むゲイも多い。『菊門祭り』では、杉作Ｊ太郎に似たふんどし姿の中年坊主男がアニマル浜口に似た中年男とからんでいる。

新宿二丁目に比べて、上野は年配のゲイが主流のようだ。

店内には四十代の店員がレジに座っている。年配の男たちに配慮してか、いまどき珍しい旧式のＶＨＳテープ作品もかなりある。

ビデオに混ざり、金玉カップという不思議なグッズがある。空手や野球のキャッチャーが急所をカバーする防具のようなものだ。ゲイたちの間でこれを装着してプレイするのか。

店内に三人組が入ってきた。二人はスーツ姿のサラリーマン風、一人は作業着を着た運送関係風、中央の棚にあるニューハーフビデオを手にとって品定めしだした。

一見するとわからないが、人それぞれ、秘めた情熱があるものだ。

掘ってよし、掘られてよし

上野公園にはかつて、男娼が客を呼び込む「オカマ長屋」と呼ばれるスポットがあった。

正式名称「竹の台会館」と呼ばれるその施設は、上野公園口から鶯谷方面へ百メートルほど歩いた国立西洋美術館のすぐそばにあった。

約四百坪、建物面積六百坪、木造の建築物は東京都が昭和三十一年（一九五六年）に建設したもので、太平洋戦争後、上野駅や墓地に住み着いた浮浪者を収容する施設として一年間の限定期間であった。

「もはや戦後ではない」とこの年（私が生まれた年）の経済白書でうたわれる一方、上野は戦後の風景が色濃く生き残っていた。

上野公園の整備、美術館建設のために住民たちに立ち退きを迫ったが、住民とともに男娼もこの建物に居つづけて三十年以上が経過した。

この建物は昭和が終わるころまで健在で、一九八六年の週刊誌記事では、戦後の匂いが残る男娼の営業ぶりがレポートされている。

二メートルほどもない狭い通路沿いに春をひさぐ飾り窓のような店が十軒ほど並び、黒いシミーズ姿の男娼が客を見かけると、おもむろに飛び起きて「おにいさん、ちょっといいことしましょ！」と野太い声で呼びかける。

竹の台会館には十人ほどの男娼がいて、オカマ特有の玉抜き処理をしている男娼は一人もいないと書かれている。

男娼を買う客は、男娼のアナルに挿入するだけでなく、男娼に挿入してもらう客も少なからずいて、その際にはサオは必要になる。特に上野の客はそういう性向が強く、上野の男娼は掘ってよし、掘られてよし、攻守バランスがとれていた。

竹の台会館では、客をとる男娼とともに、この建物で暮らす住人もいた。

男娼が共同洗面所でぺっぺっと口から客の精液を吐き出してうがいすると、激しく抗議する住人。戦後四十一年が経っても、上野には戦後焼け跡の匂いがまだ色濃く残っていたのだ。

竹の台会館は記事の翌年一九八七年に取り壊され、現在は東京都東部公園緑地事務所になっている。

オカマ長屋の面影などみじんも無く、花壇の花々が陽光に照らされていた。

ゲイ映画界のレジェンド来たる

そろそろあの男がやってくる。

桜が満開の午後二時、上野駅前のマルイ正面入口で私たちはある男の登場を待っていた。

山科薫《やましなかおる》。

いくつもの顔を持つ男。

官能作家・舞台俳優・ピンク映画男優・ＡＶ監督・声優・歴史研究家。

山科薫にとって上野は、いかなるときでも彼を温かく迎えてくれる街だった。

上野を語る前に、この男がいかに〝持っている男〟であるかを語らなければならない。

一九五七年生まれ。父は都庁勤務、家族四人は東京郊外の一戸建てで平和な暮らしを送っていた。

俊足強肩の山科は、中学二年のときには百メートルを十一秒八で走り、東京都代表で出場したほどだった。中学からは野球に打ち込み、高校野球の名門・早稲田実業高校に進学、野球部に入部した。同学年には早大野球部時代に首位打者をとり、後に阪急・中日でプレイした有賀佳弘がいた。

山科薫は大好きな中日ドラゴンズに将来入る夢を持ち、日夜過酷な練習をしてきたが、疲労で腎臓を壊すと激しい運動を医者から禁止され、プロ野球への道を十六歳で断念せざるを得なくなった。

早すぎる挫折――。

絶望の山科少年を救ったのは合気道と演劇だった。

一浪後、武蔵大学経済学部に合格。劇団に所属し、児童劇上演で小学校を回ったり、得意の合気道を活かし、仮面ライダーの着ぐるみを着て、デパートの屋上ショーに出た。

中日ドラゴンズの選手にはなれなかったが、役者の道が開けてきたかに思えた。

だが、芝居で飯が食えるほど演劇の世界は甘くはなかった。

大学を卒業すると、コンピューター会社に就職した。机に向かって仕事をしているふりをして官能小説を執筆していた。

ある日、飲み会があった。劇団仲間たちはサラリーマンや公務員になっていた。

「そういえば、あいつだけ芝居つづけてるけど、おしまいだよな。あんなことしてんじゃ」

劇団仲間は、Yという男がロマンポルノに出演していると言った。山科は尋ねた。

「ポルノって台本があるんだろ?」

「ああ」

「だったら立派な演劇じゃないか」

「でもなあ」

「舞台の上で死ねたら本望って、みんな言ってたじゃないか。役のためなら死ぬのはよくて、脱ぐのは駄目なのか。どんなもんでも役者は役を演じられてこそ役者だろう。おれ、やってみるよ」

山科薫はポルノ映画に出演した。初出演作は一九八三年二月、大蔵映画『縄で悶絶』だった。

お公家さんを思わせるのっぺりした顔と大仰な演技は、ピンク映画にはうってつけだった。出演が相次いだ。そのなかにゲイ映画からの誘いがあった。

たとえどんな役でも、芝居ができるのだから山科はためらわなかった。すでに会社は退職していた。

一九八三年四月、ゲイ映画『巨根伝説　美しき謎』(中村幻児監督)にお小姓役で出演した。主演男優は、北野武監督作品で人気を博する前の大杉漣だった。

山科薫とのからみで、山科は大杉に抱かれ接吻された。山科は役になりきり大杉漣の舌を吸った。すると大杉もこたえ舌をからめてきた。役者魂がぶつかりあう。

これをきっかけに山科薫は数々のゲイ映画に出演。なかでも上野の映画館オークラ劇場がその趣味の男たちで連日埋め尽くされたゲイ映画『乱菊伝説』(大蔵映画)は、毎年正月になると特別上映されるほどの名作となった。

山科は、皮ジャンの不良刑事役で、男たちを可愛がった。

一九八九年四月、山科薫が上野のオークラ劇場で舞台挨拶したときの男たちの熱い騒ぎは伝説となっている。館内を埋め尽くした男たちから胴間声《どうまごえ》が飛び交った。

「薫ちゃーん!」

「カオカオカオカオカオカオちゃーん!」

「しゃぶらせてー!」

「お尻貸すわよー!」

山科がトイレに行こうとすると、男たちから格好のターゲットにされる危険性があるので、ガードマンが山科を囲みながら用を足した。

映画デビューの同年、山科はアダルトビデオデビューを果たす。初AV出演作は、『スチュワーデス愛子』。キザな変態青年役だった。前貼りもした。ギャラは映画と同じ一日二万円だった。

田中角栄から言われた一言

一九八三年十月。『六本木でナンパ』という、後にAVの主流になるドキュメント風作品に山科薫が出演したときのことだった。

撮影の日、フジテレビの人気深夜番組『オールナイト・フジ』という番組から、女子大生レポーターが取材に来るという。

山科薫がナンパしたモデルとホテルでからもうとしたとき、テレビクルーが入ってきた。そのなかに

2015年春、上野オークラ劇場前の山科薫

ピンク映画男優全盛期の山科薫

上野オークラ劇場

二人の女子大生がいた。番組で新作AVを紹介し、片岡鶴太郎から「おかわりシスターズ」と名づけられた二人の女子大生、山崎美貴と松尾羽純だった。

テレビ向けに山科とモデルがベッドで全裸になってからみだした。山崎美貴と松尾羽純は部屋の隅から覗きながら口々に「いやー!」「お嫁に行けなくなっちゃうー!」と恥ずかしそうに悲鳴を発した。

「じゃ、山崎さんにいまから演技やってもらいます。山科、最初はソフトに口説いてみて」

監督の指示通り、山科は山崎美貴とベッドに二人腰掛けて口説きだした。

「ねえ、きみ彼氏は?」

女子大生が固まった。

「荒々しくやってください」

監督の指示で山科は女子大生の肩を抱き寄せた。

「おれはおまえが好きなんだよっ! なあ、いいだろ!」

がらりと態度を変えると覆いかぶさり、頬ずりをして胸をまさぐる真似をした。

「カーット!」

山崎美貴が泣いていた。

「ごめんごめん」

撮影が終了してもまだ泣いている山崎美貴に、山科は謝りつづけた。

「いいんです。大丈夫です」

しばらくして山崎美貴は松尾羽純、深谷智子の三人組で「恋をアンコール」でレコードデビューを果たし、おかわりシスターズは女子大生タレントとして日本中を湧かせた。そして、山崎美貴が泣いたシーンは、フジテレビで何度もオンエアされる伝説のシーンになった（Facebookで山崎美貴とつながった私はこのことを本人に確認すると、よく覚えておられた）。

ピンク映画、ゲイ映画に出演しながら、山科薫は官能小説の執筆を並行させた。

都職員の父は、息子のポルノ男優熱を冷まさせるために、ある人物に相談しようとした。

「明日、神楽坂に行って、田中の叔父さんと話し合ってこい」

田中の叔父さん、とはあの目白の闇将軍、政界を支配する戦後最大の権力者、田中角栄元総理大臣のことだった。

田中派は木曜クラブなる派閥を形成し、一時期は衆参両院合わせて百名を超える自民党最大派閥となり、田中角栄はその領袖《りょうしゅう》であった。ロッキード事件で逮捕され刑事被告人になり離党して無所属になっても、派閥の領袖として君臨し、大平・鈴木・中曽根・海部といった歴代総理大臣就任を決めた影の最高権力者であった。角栄の了解がなければ総理大臣にはなれず、まさに政界の闇将軍、最強のフィクサーであった。最近では田中角栄再評価が高まり、空前の出版ブームにまでなっている。

神楽坂の愛人・辻和子《つじかずこ》邸は田中角栄がプライベートでくつろげる空間であり、国会や記者たちの前で見せる姿とはまた異なる私人になっていた。

山科薫の父は田中角栄の愛人・辻和子の実兄であり、山科薫はしばしば神楽坂の叔母・辻和子邸に遊びに行ったものだった。辻和子と元総理の間には二人の男子がいて、田中姓を名乗らせ、従兄弟同士の山科薫とは兄弟のような仲だった。

闇将軍が扇子をぱたぱたせわしなくあおぎ、あのダミ声で「山科の坊主、来たのか」と話しかけてくれる。

田中派には大物政治家が数多く所属し、後に総理大臣になる超大物がいた。橋本龍太郎、小渕恵三、小沢一郎、渡部恒三、金丸信、梶山静六、後藤田正晴――。大物政治家たちも田中角栄の前では緊張しっぱなしだった。

田中角栄研究の際に必ず登場する幻の愛人として、数多のジャーナリストたちが辻和子の存在を追っていたが、詳しいことはわからなかった。田中角栄個人の政治団体・越山会《えつざんかい》の責任者であり田中派の金庫番、愛人でもあった佐藤昭子女史は、ジャーナリスト・児玉隆也の迫真のレポート「寂しき越山会の女王」(『文藝春秋』一九七四年十一月号)によってその正体を明らかにされたが、もう一人の愛人、辻和子だけは厚いベールに閉ざされた謎の女とされていた。

山科薫にとって辻和子は、神楽坂の芸者をしていた人の良いおばさんであり、父の妹という血のつながった親しい叔母であった。

いまでも山科薫が記憶している生々しいシーンがある。

奥座敷で田中角栄と側近たちがなにやら小声で話していた。普段とは異なり、秘密めいている。母と一緒にいた山科薫は、二階にある田中角栄の書斎が気になったが、母がいつもとは違う顔で「行ってはいけません」と制した。

自民党総裁選で、まだ田中角栄が佐藤栄作の派閥の一員だった。

山科はふと階段を上がった。すると書斎から田中角栄のダミ声が聞こえてくる。いつもより声を抑えている。「佐藤先生」「佐藤のオヤッさん」といった、「佐藤」という名前が出ていて、切迫感のある電話だった。廊下でつい聞き耳を立てていたら、母と辻和子、お手伝いさんに見つかるところとなり、「だめ。すぐに下に降りなさい」と叱られ、連れもどされた。

すぐに田中角栄が「どうした、うん？」と笑顔で階下に降りてきた。

電話の立ち聞きのことを山科の母が謝ると、田中角栄は「いい、いい、そんなこと、どうってことない。わけのわからない理由で子どもを叱っちゃだめだ」とまわりの大人たちを諭した。

当時の日本の総理大臣は佐藤栄作、自民党幹事長は田中角栄、政界では危ないカネの話が流れ、黒い噂が浮かんでいた。田中角栄は佐藤栄作の政治資金について重要な部分を任されていた。

山科薫は子ども心ながらも、きな臭い話をしていたのだなと感じた。

その後、母が珍しく強い語調で言ったことがあった。

「田中さんは佐藤先生のためにどれだけ働いたことか」

決して人に言えない部分を背負っていたのだろうと山科は感じた。


神楽坂の角栄別邸。

山科薫は父に言われて田中角栄の前に正座した。

父は今日こそ息子のピンク映画男優を廃業させようとしていた。

「なんだ。山科の坊主」

「叔父さん。おれ、実は……役者をやってるけど、ポルノ映画とかビデオに出てるんです。親父は反対してるんだけど、おれはどんな役でもやっていきたいんです」

闇将軍は、扇子をあおぎながら、宙を見つめた。元総理大臣は、義甥がポルノ映画に出演しているのは耳にしていた。

しばらくして元総理は切り出した。

「大学出っていうのは、理屈ばかりいって社会に出ても役に立たんこともある。それよりもだ。若いうちから手に職をつけるってのは、大賛成だ。まっ、そのー、ヤクザでもオカマでもなんでもいいから、やるからには一番になれ！　よっしゃよっしゃ」

闇将軍は、肩書きや職業だけで人間を差別するちっぽけな人物ではなかった。

昼飲み居酒屋にて

「お待たせしました」

上野駅前のマルイ正面に山科薫が到着した。山科に会うのは三年ぶりだった。

私が山科薫と知り合ったのは、ある撮影現場だった。大仰な演技で役をこなす不思議な男で、あたりを凍らせるギャグが彼の持ち味でもあった。

「お待たせしました。ちょっと銭湯に寄ってきまして」

都内温泉巡りが趣味の山科薫は、本日も上野の歴史ある公衆浴場で一風呂浴びて、やってきたのだった。

私、杉山、K編集長は山科薫の案内で上野公園へ歩き出した。

桜満開の上野は本日も快晴である。

私たちは上野公園隣のオークラ劇場に到着した。

ここはピンク映画上映館として有名であり、以前は二階でゲイ映画を上映し、男たちの交流の場となっていた。

映画館前には上映中のポスターが所狭しと貼られ、顔の部分をくり抜いた女優の看板があって、そこに顔を出して記念写真を撮る男女もいる。

ワンピース姿の若く色気のある女性とスーツ姿の男が劇場に入っていった。山科薫が小声で「あの子、共演したことあるんです」と教えてくれた。マネージャーと劇場にあいさつに来た女優だろうか。

「久しぶりに来ましたねえ。配置は当時のままですな」

山科薫がふと上映中のポスターを見た。

「あれー！　おれ、出ちゃってる。出ちゃってるよ」

ポスターはつい最近出演した作品だった。出演者欄に堂々と山科薫の名前が載っている。

官能小説からピンク映画俳優まで、五十七歳になるこの独身男は、いまもなお現役感たっぷりである。

山科薫にとって上野の原体験は一九八五年であった。

成人映画『赤い実験室　私を虐めて下さい』（大野裕司監督）に出演したときのことだ。

山科薫は脱獄囚を演じた。軽井沢に逃亡した脱獄囚は警察の捜査から逃れ、恋人とともに金持ちの別荘に立て籠もる。恋人役は人気女優の早乙女宏美。恋人は息子を溺愛する母親が息子へあてがっていた。母親役は泉ゆりというかつての人気女優だ。そこに山科薫演じる脱獄囚が転がり込んでくる。エロスとバイオレスが弾けるピンク映画だった。

「それがね、脱獄囚のワルの演技ができなかったんですよ。すごいおっかないワルの演技が。私の出番が終わって、切符を渡されて軽井沢から一足先に帰ってきたんだけど、演技があんまり下手くそすぎて、上野駅で降りてやけ酒飲んだんですよ。三軒ほどハシゴしたのが上野にハマった最初なんです」

私たちは駅近くの飲み屋街に行った。

「この通りの、なんて店だかわかんなくなっちゃったけど、とにかく薄暗い居酒屋。こういう雰囲気に慣れないと大人になれねえなあ、大人の芝居ができないなあと飲んだくれてました」

山科薫が飲んだくれた飲み屋はすでに消え、新たな店ができていた。

時は過ぎゆく。

「飲むと明るくなるほうだから、嫌な奴がいなくなるんですよ。そのときは悔しさで飲んでたから、三軒ハシゴして、上野駅から電車に乗ったら寝過ごしちゃって終点の八王子駅まで行っちゃった。それでもどる電車がもう無くなっちゃったんですよね。頭きてゴミ箱蹴飛ばしたら、『おまえ、そんなことやっちゃいけねえぞ』って注意してきた奴がいたから、『うるせえ！　おめえには関係ないだろ！』って喧嘩になっちゃって、映画でできなかったワル演技全部そこでやっちゃった。アハハハハ」

警察が出動し、山科薫とその男が事情聴取されることになった。

すると話は意外な展開をみせる。

「私に注意してきた男って、前科がたくさんあって警察が指名手配してた男だったんですよ」

思わぬ形で逮捕に協力した。

この男、やはりなにか持っている。


上野の昼間からやっている居酒屋はどこも満席である。

「上野の特徴は朝から飲める立ち飲み屋が三軒あるんですよ。カドクラとタキオカともう一つなんでしたっけ……」

「肉の大山？」

やはり上野立ち飲み屋を愛する杉山が付け加えた。

「そうそう、肉の大山」

「僕もその三軒、好きで行きます」

「ああ行きますか。夕方から行くとこじゃないですよね。昼間からですよ、そのほうがムードがある。アメ横で一番有名な『大統領』もそれに合わせて午前中からやるようになりましたし。自分はサラリーマンじゃないから、安定性はなくて不安定だけですよね。でもそれを快感に感じないと生きていけないじゃないですか。じゃあそれをハンディじゃないと感じるには、やっぱりサラリーマンができない、朝から飲めるときは飲もうと（笑）。だから朝から飲める店というのは嫌いじゃないですよ」

平日昼にもかかわらず人気店はどこも満席で、やっと四人分空いている海産物居酒屋に入れた。

男同士の世界はプラトニック

私たちは山科薫を座の中心に据え、話のつづきを聞くことになった。

異性愛嗜好の男・山科薫に私はこんな質問をしてみた。

「ゲイ映画出るときは抵抗はなかった？」

すると生ビールをぐいとあおり、答えた。

「無いどころか、やっぱり役者を始めること自体、人より目立ちたいってことですから。目立ちたいのに、普通のピンク映画だと女が主役で男は刺身のツマですから。たまに女優より目立ってやりたいって思うときあるじゃないですか。そんなときにゲイ映画でしょ。こっちが主役じゃないですか。こっちをみんな見るわけだから、それはもうやりがいがある。出るしかないと思ったわけ。男とベッドシーンやるのが気持ち悪いとか、そんなことで出ないなんてふざけんじゃねえってぐらいの気持ちがあったんでしょね」

「それは役者魂だよねえ」

「うん。だからね、気持ちが悪いのは当たり前、役になればできるだろう、キスぐらい平気だって思ってやったわけですよ。でもね、気持ち悪いのは我慢できたけど……」

山科薫は、体験者でなければわからないリアルな感触を告白しだした。

「男とからむと、くすぐったい。男の肌ってキメが荒くてね、ガサガサしててくすぐったいの。気持ち悪い以上にくすぐったいんですよホントに。女性と質感が違う。もともとね、自分は女子プロレスラーと付き合ったりしてて、男みたいな女は好きだから平気だと思ったんですよ。男以上に力があって、もろ筋肉質の骨格のしっかりした女って嫌いじゃないんですよ。だから男も平気だと思ったの。ところがそういう問題じゃないの。

男と女の違いは、骨格とか筋肉の問題じゃなく皮膚の問題なんですよ。骨格とか筋肉がしっかりしてる女性アスリートだって、肌が滑らかですから。どんなにたくましいがっちりした力のある女でも、男と女のからみは、磁石でいえばプラスとマイナスの関係性なんです。だけど、男と男のからみはプラスとプラスなんですよ。皮膚感覚はまるっきり違います。男とからんでも、くすぐったくてしょうがない。どんなに役作りして入ったつもりでも」

ゲイ映画はゲイ嗜好のある監督とスタッフが撮るのではなく、普通のピンク映画の監督とスタッフが撮っている。ゲイ映画のほうが客が入るので監督料も少し高くなって、ベテラン監督でないと撮らせてもらえない。それゆえに台本もしっかりして、女性客が観れば泣けるストーリーも珍しくなかった。

山科薫がオークラ劇場で舞台挨拶したとき、客席を埋めたのはどんな男たちだったのだろうか。

「見た目にはね、普通のあんちゃんですよ。ガラの悪そうなあんちゃんもいたし、ちょっとワイルドで女にモテそうなあんちゃんもいましたよ。普通の人と全然区別がつかないです。私がトイレに行くとき、言ってましたよ。『山科薫ちゃんね、かっこいいけど芝居は下手ね、相変わらずね。そこがいいのよ』みたいな会話も聞こえてましたよ（笑）。もちろん男同士」

山科薫によると、新宿二丁目のゲイたちも、上野オークラ映画のゲイ映画を観に来たりするという。ゲイタウンとしての上野と新宿二丁目の差異というのは、新宿二丁目は本格的なゲイの街であり、上野はバイセクシャルが多いという。男と女の付き合いが基本であり、なかには男同士もあっていい、というタイプが上野にもっとも多く集う。

「昭和三十年代の女装した男娼は、かなりきれいだったといいますよ。若いころは僕もバイセクシャルが理想だと思ってたんですよ。両方愛せる。そのほうが視野が広がるし、男女平等だもん。僕は女が大好きなことは最初からわかってたから、男もできるんだったらそっちもいいやって思って、そのつもりもあってゲイ映画も出たんですけどね。でもなんかね、やっぱダメだった。自分は凡人だと思った」

上野の地にゲイ映画専門館が建った背景をこう解説する。

「ピンク映画専門のオークラ劇場がゲイ専門の映画館を増設したのは、私の記憶だと昭和五十八、九年あたりですね。きっかけは当時『薔薇族』っていうゲイ雑誌がすごく売れていて、関西の映画館が〝薔薇族映画〟ってのをつくったんですよ。それがものすごい勢いで大ヒットしたの。それが一番最初。

宝塚がやる、理想を追求した美辞麗句のストーリーって、実はゲイも共通でそういうのが好きなんですよ。宝塚的なことを男同士がやるのが憧れみたいな。あまりゲイネタを追求するんじゃなくて、男女の話に置き換えてもウケるようなストーリーが、ゲイ映画でも一番ウケるんですよ」

「ということは、ゲイの世界はプラトニック?」と私が質問すると、山科は「意外とありますよそれ」と答えた。

「ある霊媒師によると、男同士のセックスって生殖行為にならないから、情念が溜まって独特の空間になって、ハッテン場というのはある種の魔界、そういう空気が横溢してるって聞いたんですが」

杉山がそう質問した。

すると山科薫が熱く語り出した。

「情念が溜まるのはね、男同士の性愛者というのは全体数が少ないから。男と女の色恋だと、あの女に振られてもまた他の女がいるとか、あの男に振られてもまだ他に男なんていくらでもいるじゃん、となるでしょ。でも男同士、女同士は一人に振られちゃうと次探すのが大変なんですね」

「ああ、だから一箇所に集まるわけだね」と私。

「そうそうそう。だから集まるし、殺傷沙汰も多いわけよ。ねちっこい」

山科薫がかつて舞台挨拶した上野オークラ劇場別館、俗称「ゲイ映画館」は、ゲイたちの交流の場、ハッテン場だった。

「そりゃやってるでしょ。だって男と女よりも手間がかかんないもん。両方ともそれが目的の人間が来てるんだから。結婚相談所じゃないけど、それだけが目的の出会いの場だからね。やっちゃうって当たり前でしょ」

そのオークラ劇場別館は、二年前に閉館した。

現在、日本ではゲイ映画の制作はおこなわれなくなった。

「だけどね、また復活させようって話もあるみたい。話が来たら？　出ますよそれは。ただ、アタシの裸はもう売れないし（笑）」

ゲイの世界では、やはり若い男の裸がウケるのだ。

ゲイ映画衰退の原因は、ゲイDVDがたくさん出て映画館に向かう客足が減ったというよりも、山科薫によれば、テレビではるな愛、ミッツ・マングローブ、マツコ・デラックスといったオネエと呼称される著名人が活躍するようになって、いままで秘めていたことも堂々とできるようになったためという。

何事も秘密めいた世界だからこそ、人間は関心を持つのだろう。


ゲイもノンケも自由に移動する山科薫は、ゲイの気質を私たちにわかりやすく解説する。

「人間って、男のなかにも女性ホルモンが三十〜四十パーセントあるわけだし、女のなかにも男性ホルモンが三十〜四十パーセントあるんです。男性ホルモン百パーセントの男とか、女性ホルモン百パーセントの女ってのはいないいんですよ。

男なのに男性ホルモンが足りない人は、たしかにオネエになるかもしれないけど、逆にね、女性ホルモンが足りなすぎる男ってのもいるわけですよ。そうなると女と接点が持てないわけ。それがハードゲイです。女性ホルモンが欠落した男性っていうのは、精神的にも肉体的にも女性をまるで受け入れられないの。男になりすぎちゃって、女っていうものが別世界になっちゃうわけですよ。

これは私の意見なんだけど、男と女は相容れない存在なんです。男には女がわからない、女には男がわからない。だけど、違いすぎないからわかりあおうとするわけじゃないですか。まったくわからなかったら興味ももたないし恋愛にもならないでしょ。ある程度まではわかるから、わからない部分が謎になって、喧嘩したり求めあったりするわけでしょ。違いすぎないから違う部分を求めあって、恋愛になったりセックスになったりするわけですよ。

ところが、女性ホルモンが足りなすぎる男は、女性がまったくわからないわけですよ。まったくわからないと興味がない、だから異性と恋愛のしようがない。ほんとにオンナオンナしすぎた女って男が怖くてダメじゃないですか。そういうのは女同士になっちゃうんじゃないですか、百合《ゆり》みたいな。ある程度異性の部分が最低限自分のなかに入ってないと、異性と恋愛できないと思いますよ」

池袋のホステス〝ちとせ〟の正体

田中角栄に励まされ、書籍と演劇で官能の世界を遊泳してきた男。

彼にはまた、ある秘密があった。

山科薫はもう一つの秘密を打ち明けた。

一九八七年に起きた大韓航空機爆破事件の女スパイ・金賢姫《キム・ヒョンヒ》に日本人化教育した日本人女性・李恩恵《リ・ウネ》の人相書きが発表されたことがあった。まだ北朝鮮による日本人拉致事件も北朝鮮側は認めず、拉致事件自体もあったのかなかったのか半々、いやむしろなかったというほうがパーセンテージとして多い状況だった。ところが山科薫は熱心に「自分は李恩恵を知っている」と当時からそう言っていた。

「僕が武蔵大学の学生だったころ、一九七八年六月ですよ。池袋のキャバレー『ハリウッド』のケイちゃんって子と付き合ってたんですよ。ピンク・レディーが人気あったころで、ホステスもケイとかミーって名前が流行ってね。僕が付き合っていたケイちゃんは体が大きくて、M気のある僕好みだったんですよ。ケイちゃんと店の子たちと仕事が終わって一緒に池袋で飲んでいたとき、遅れてやってきた子がいたんです。〝ちとせ〟っていう子。ケイちゃんに負けず劣らず背が高くて、彫りが深い美人ですよ。完全に私の好み！

たまたま私の隣に座ったんですね。ちとせは『美容師になろうとしてたの』と言ってました。家族関係がうまくいかなかったのか、家を飛び出して水商売の世界に飛び込んだみたいでしたね。『もう一度、美容師を目指そうと思ってる』って言ってました。彼女の本名はタグチヤエコさんでした」

山科薫は〝ちとせ〟ことタグチヤエコとまた会う約束をした。

だが彼女とは二度と連絡がとれなくなった。

あれから二十四年が経過した二〇〇二年九月十七日。

小泉純一郎総理の訪朝によって、いままで全否定してきた北朝鮮の拉致疑惑も、実は北朝鮮特殊工作員によっておこなわれてきたことを北朝鮮側が公式に認め謝罪した。あの李恩恵こそ、山科薫が一九七八年六月、池袋「ハリウッド」のホステスをしていた〝ちとせ〟こと田口八重子さんその人だった。

山科と飲んだ翌週、北朝鮮特殊工作員によって拉致され、北朝鮮で特殊工作員・金賢姫の日本人化教育係・李恩恵となった当人だった。

ハリウッドの源氏名〝ちとせ〟は、池袋にほど近い明治通りと目白通りが交差する「千登世橋」から来ていた。

北朝鮮による拉致事件が公になる前から、山科薫はしきりに李恩恵と田口八重子の話を力説していた。山科薫こそ、田口八重子さん失踪直前の姿を知る数少ない日本人だったのである。

彼女が無事に帰国したら、山科薫はあのとき言い残したことを伝えようと思っている。

「僕と結婚前提で付き合ってください」

上野は山科薫をいつも懐深く迎えてくれる。

午後のひととき、持っている男は居酒屋でしきりに回想し、話が終わるとまたもや近くの大衆浴場に入湯しようと私たちに別れを告げたのだった。

〝会員制〟ゲイサウナに潜入

三十数年の物書き稼業において、潜入取材はいつしか私のもっとも得意とするものとなっていた。

人一倍用心深いからこそ、いままで危ういエリアに潜入しながらもこうして無事にいられたのだろう。世の中、なんでもイケイケではやっていけないのである。

用心深さがあってこその潜入取材なのである。

さて——私が上野の出会い喫茶に潜入（第四章にて詳述）していたまさに同じ時間帯に、我らが杉山茂勲がある場所に潜入しようとしていた。

本来なら私が潜り込まなければならないのだが、取材スケジュールの都合上、どうしても無理になったのだった。

杉山が潜入しようというのは、他でもない上野名物・ゲイサウナである。

「上野駅界隈に同性愛専門サウナ、いわゆるゲイサウナは三軒ほどあるようです」

そう報告する杉山は、まずインターネットのハッテン場サイトでそれらしきサウナを探し、当たりをつけた。

サイトにはゲイたちの書き込みで溢れかえっている。


〈とにかくしゃぶるのが大好きです。今晩久しぶりに福岡から行きます。22時くらいに入館する予定です。お風呂で陰毛のお手入れをしてから、寝待ちします。俺の淫乱なアナルをたっぷり犯してください。ケツ出して寝てますので、よろしくお願いします。ずるむけデカマラなら誰でもOK。ところてんで発射しますよ。短髪ムチデブ尺犬です！　投稿者・＊＊＊＊ウケ〉


ゲイ世界の隠語が散見される。

ゲイサウナを訪れる時間帯をサイトに投稿し、そこで同好の士と交接しあうのだ。

「ところてん」とは、その世界の住人に聞いたところ、陰茎をアナルに挿入され、前立腺、精嚢を刺激されて射精することだという。

「尺犬」とは、犬のように懸命にしゃぶって奉仕するの意。

「ウケ」とはその名の通り、プレイ中に受け身になるタイプをさす。

我らが杉山の潜入である。

だが彼はどこか気が乗らない様子だ。

「イケイケだよ。忘れちゃいけないのは」

私の無責任発言に杉山、仕方なくうなずいた。

かくて私は出会い喫茶に潜入、ノンケ杉山はゲイサウナに潜入となった。

四時間後——。

私が出会い喫茶の潜入から無事帰還し、駅前の喫茶室でほっこりしていると、頬を上気させたノンケ杉山が帰還した。

どこか気恥ずかしさを漂わせている。

「行ってきました」

処女を失ったばかりの女子高生のような表情になっているではないか。

彼が今回行ってみたのは、東上野三丁目のサウナ。上野駅浅草口から徒歩三分ほどでキムチ横丁からほど近い場所にある。事前にこの店の掲示板の書き込みを見ると、かなり本格的な男が集まっているようだ。

杉山が撮ってきた店の外観は、「サウナ」の看板が掛かっている。やはり看板も白い。

このサウナのある通りには、男名前のそれっぽい名前のスナックが集まっている。

「サウナのネオン看板を発見して入口まで来ると、自動ドアの前に『会員制』の文字があるんですよ。ノンケが間違って入ってこないように予防線を張っているんでしょうか。入口は擦りガラス、その奥は二重のカーテン、なかがまったく窺《うかが》えないようになってましたよ。恐る恐る自動ドアをくぐって、靴を脱いでなかに入りました。

下駄箱で入れ違いとなった男、あのほら、ラジオＤＪで英語がめちゃくちゃうまい小林克也に似た五十代のオッサンが『おっ、なんだよ、イケメンちゃんが来たなぁ！』と、僕を見るなりいきなり声をかけてきました。え？　え？　挙動《きょど》りまくって『は、は、初めてなもので……』と僕。『もっと早く来てくれたら可愛がってあげたのに！』とオッサン。この先、無事で帰れるんでしょうか……。体を張ってレポートするのはかまわないんですけれど、妻がいる手前、尻の穴まで提供はできませんよ」

「提供するのもいいと思うんだが」

「そんな……。靴箱の鍵をフロントに渡して、『初めてなんですけど……』と告げると、『ここがどういうところか、ご存知でいらっしゃいますか？』とフロント係が言うんです。『あの、なんとなくは……』って答えたら、『ではまず、券売機でチケットを買ってください』って言われて……」

二十三時までのサウナコースは二千百円、二十三時以降は三千百円。

我らが杉山は二千百円のチケットを買ってフロントに渡すと、タオル、バスタオル、ロッカーのカギを渡されるのだった。フロントのある一階フロアは一見、普通のサウナとまるで変わらないが、マッチョな男がパンツを脱ごうとしている姿を描いた大きな絵画が飾られていたり、エイズ撲滅キャンペーンのポスターが貼られていたりして、ここは男たちの世界なんだということを再認識させられるのだった。

男たちの酒池肉林

サウナルームは地階にあった。

杉山は勇気を出して服を脱ぎ、バスタオルを腰に巻き階段を一段ずつ降りていくと、五十代のマッチョ兄貴風、白肌ぽっちゃりの五十代、八十代のヨボヨボのジイサンなど見た目も年齢も多様な男たちが十人ほどいるではないか。珍しいものが来たような目で新参者を品定めしだした。

「すれ違いざまにじろじろ見られたり、立ち止まって露骨に観察されたり……。初めての体験なんで怖さがありますよ。とくに風呂場の入口の椅子にずっと腰掛けているオッサンの目線が強烈でした。

サウナは二種類あって、乾湿サウナとミストサウナです。乾湿サウナは十五人くらいは入れるスペースでテレビが設置されている普通のタイプですが、すごいのはミストサウナのほうなんです。扉には『エチケットを守って楽しいサウナに致しましょう』と意味深な注意書きがあって、なかに入ると照明が一切なく、真っ暗な洞窟のようなんです。かすかに男たちの足だけがぼんやり見えてなにやら蠢《うごめ》いています。奥がどうなっているのか霧と暗さでまったく見えないけれど、この奥で男たちが足を絡めていました。奥に入ったら引き返せなそうで、僕は恐怖でこの暗闇サウナを利用できませんでした」

杉山がしばらく目をこらすと――そこには男同士が互いに求め合う光景が……。もう一人男が寄ってきて、参加する。さらに一人、また一人。男同士の肉体の輪だ。

初めて目撃する異様な光景に我らが杉山は、言葉を失った。

「しばし風呂場で観察していると、週末ということもあってか、どんどん男たちが増えて二十人近くになるんですよ。短髪でヒゲを生やしたマッチョ系が多い気もしますが、見た目は全員が普通の男たちです。共通するのは皆、目線がそれっぽいのと、股間をしっかりとタオルで隠して歩いていること。二十人もいるのに、誰もが無言なのが不気味です。ここにいる裸の男たち全員がゲイなのかと思うと、なんだかクラクラしてきました」

風呂とサウナを無事に終え、せっかくきたのだから休憩所を覗《のぞ》いてみようと二階へ移動したら、階段にはこんな注意書きがあった。

〈公衆の面前でのいかがわしい行為、そばで見ている行為は禁止されています。そのすじに注意されないよう気をつけて、皆さんで楽しいサウナに致しましょう〉

階段を上がると二階は暗くて、テレビルームはテレビの灯りとオレンジ色の常夜灯のみ。男たちの欲望はまさにこの場で蠢いていた。

「五、六人の男が椅子に鎮座してテレビに見入っていて、そのなかの太ったヒゲのジイサンの股間を、横から太った男がまさぐっています。ヒゲのジイサンは『あああっ』と天をあおいでかすかに声を漏らし、背後からは数人の男たちがその様子を見学しています。こんな年老いたジイサンまでもが性的対象となるとは、相当に間口が広いってことかもしれません。あるいはここでは熟年のほうがモテるのかも？

テレビルームの奥は薄いマットを敷き詰めたいくつかの部屋に分かれていて〝ウケ〟と思われる男たちがマグロ状態で寝そべっている、いわゆる狸寝入りをしています。それを〝タチ〟と思われる男たちが、ぐるぐると見回りながら物色しています。狸寝入りをする男の顔をチェックし、気に入ったら声をかけるのではなく、無言で股間をまさぐって相手の反応を窺っていました」

男たちの性欲が爆発する異界がこの奥に待ち構えていた。

「覗きに行くと、見学者が二人、行為している者は、見せつけでやってるように見えます。チュバチュバと音を立てる深いキスから、乳首を舐めながら手コキ。ウケの男は『んふっ、んふっ』と時々嗚咽が漏れています。三階は、薄いマットが隙間がないくらいにびっしりと敷き詰められており、部屋がパーテーションでいくつかに区切られています。馬乗りになって愛撫している巨漢の男、正常位でケツを掘っている男など、十人くらいの男たちが入り乱れてそこらじゅうでやりまくっていて腰を抜かしそうになりました。中年のオッサンがこちらにケツ穴を向けて尻だけ高く持ち上げる姿勢になって寝ていました。掘ってくれる男を待っているのでしょうか。僕が行った週末夜の時間帯で、客は六十人ほど。かなり繁盛していました。あたりは精液臭に満ちていて、とても長く居られませんでした。

ゲイにとってはまさに酒池肉林の天国のような世界です。普通の男にとっては、裸の女がそこらじゅうにいて手を出し放題、やり放題と同じことです、多分。サウナ料金のわずか二千百円でここまでできるとは、ゲイってうらやましい！とさえ思いました」

館内を一時間ほど見学していて気づいたのは、相手を無理矢理やるようなことはなく、慎重に相手を選んでいること。積極的に声をかけるような者もいない。まずはじっくり相手を見極め、軽いボディタッチで相手の反応を見てから、慎重に事が進んでいく。

杉山が歩くと、背後についてくる気配が……。尻をまさぐられる。思わず立ちすくむ。だが相手もそれ以上はタッチしてこなかった。

上野公園の摺鉢山古墳の男たちのように、意外とデリケートなのだろう。

「お尻を何度か触られただけで、無事帰還しました」

「そうか……。最後までいったんじゃないんだ」

「あ、その後、もう一軒行ったんですよ」

マルイの裏あたりにあるサウナにこの後、杉山は潜入したのだった。

取材熱心である。

「こちらは『会員制』でなく、表向きは普通のサウナでした。五階にある『専科仮眠室』という定員二十名ほどの部屋がハッテン場となっていて、覗くと先のサウナと同じように、狸寝入りしている男たちを、タチのおじさんがうようよパトロールしてました。ここは店黙認となっているそうです」

そう報告すると、あとは言葉を濁した。

「その後、なにかあった?」

「いえ……。無事に帰りました」

「いや、なにかあっただろう」

「なんにも無かったですよ」

そう言うと、男は押し黙った。

上野の夜が更けていく。

第四章　秘密を宿す女たち

個室型出会い喫茶に潜入

上野は駅周辺に出会い喫茶が密集する。

ノンケ杉山がゲイサウナに潜入しているころ、私はアメ横近くにある某出会い喫茶に潜入した。

狭い階段を一段ずつ上がりきると、受付があった。

「初めてです」と私が告げると、四十代の店員が説明しだした。

出会い喫茶とは、男性と女性に会話の場を提供する会員制の店である。テレクラや出会い系サイトとは異なり、男性と女性が直接顔を合わせて会話する。店内では男性席と女性席がマジックミラーなどの仕切りで分離されており、店を介して男性会員が気に入った女性を指名し、交渉次第で店に外出料を払えばデートができる。

この店では、朝十時から午後六時までは「逆ナンタイム」といって、客が個室に入って女たちがマジックミラーの小窓から覗き、指名する。男のほうが受け身なのだ。まさに現代の草食系男子を地で行く遊び方である。

おそらく池袋の出会い喫茶で逆ナンタイムをやったところ大ヒットしたので、その形式が普及しているのだろう。

自分が部屋で待機している姿を通路からさまざまな女たちがこっそり覗くという形式に、どうも抵抗がある。時間を見たら午後六時ぎりぎり過ぎていた。逆ナンタイムからは免れた。

入会金と入場料合わせて七千五百円。女の子と会話をするトーク料は別途三千円。個室に待機している女の子何人とでも話すことができる。

客の待機室に入ると、ソファに浅く腰を落とした四十代から六十代までの男たち五、六人が、なにをするでもなくぼんやりしている。ヒマというかお好きというか。

私がすぐ上の階にある個室を覗こうとしたら、店員が「身分証明書を提示しないと会えないんです」という。

「風営法によってパソコンを置いてある店では身分証明書を提示しないと駄目なんです。運転免許証をコピーさせてもらってます」

こちらは潜入取材で、後からこの体験を原稿にするので連絡先は知られたくない。

すると店員が――

「身分証明書提示は義務でないので、そのままでも入れます。大丈夫です。ただし個室にいる女性にしてみたら、身分証明をしていない男性、ということになりマイナスポイントがつくかもしれません」

身分証明書の提示無しでチャレンジする。三階まで上がると、客は私一人、薄暗い通路を歩きながら、三つの狭い個室のマジックミラーをそっと覗く。

セミロング、白いブラウスを着た清楚なＯＬ風が暇つぶしのためか、店のノートパソコンを開いてな

マジックミラーの小窓を覗いて女性を品定めする男たち

来店女性のプロフィールが貼られた店内

にか閲覧している。

向こうからはこちらが見えない（はずだ）。女性にしてみたら、ドアの向こうの人の気配はどう感じるだろう。もしも会社の上司が見ていたら……。女はこの辺、度胸がある。

次の個室はショートヘア、黒いブラウス、白い素肌が薄暗い照明に映えている。『女性セブン』を開いている。

次は——久しぶりに見る長い黒髪、露出度も控え目なスレンダーＯＬ風が、パソコンを開いている。

部屋にはこの三名が男からの声かけを待っていた。

会社帰りのＯＬが部屋に

さて、誰にする。

三人とも悪くないが、飛び抜けていいわけでもない。

迷った末に三人目のスレンダーＯＬ風を選び、下に降りて店員に報告。しばらくしてまた上に上がり、奥の狭い部屋で二人きりになって当たり障りのない会話をする。

上野駅を通る路線の会社で働くＯＬだという。

「あの……食事までですけど、いいですか？」

ＯＬが条件を提示した。

一緒に食事をする報酬として五千円を約束する。この部屋で客と女性がどこまでの関係になるか、直接交渉するのだ。

このＯＬはなんで出会い喫茶にいるのだろうか。

「会社が終る時間が早くて、五時半には帰れるんですよ。時間が余るから、このお店に顔出すんです。ここならパソコンもできるし、読書もできるし、気に入った男性とお食事もできるし」

後は外で話そうということで、まず私が下に降りた。

待機室には先ほどの男たち五人衆がソファに座っている。気に入った子が店に入ってくるまで、ずっと待つのだろうか。

外で二、三分待っていたら指名したスレンダーＯＬ風がやってきた。

人懐っこい笑顔を浮かべている。

私たちは近くのレストランで食事をすることにした。寿司セットを頼み、談笑する。

彼女が語るプロフィールは、墨田区に住む二十六歳。親元を離れ一人暮らしをしている。

「朝は六時に出勤するんですよ。経理の仕事してるんですけど大変。でも仕事が楽しいから彼氏が海外赴任して付いていくのを断ったんですよ」

「あの店にいた男たち、いつもいるんですか？」

「ええ（笑）。初めて見る女の子をみんな狙ってるんです」

松方弘樹ばりの大海の超大物マグロ釣りみたいなものか。

「あなたって出会い喫茶にいそうなタイプじゃないですよね」

「ああ（笑）。みなさん、そう言われますね。なんでだろう」

援交オーラを発していないからだろう。

「上野は来やすい街だから、出会い喫茶が多いんですよ。通勤通学で上野駅使うでしょ。あのお店、わたしみたいに食事だけっていう子もいれば、最後まで付き合う子もいますよ。会社では仕事のできる上司に見込まれて、必死になってやってます。でも最近、わたしのことを見る目が違ってきてるんです。残業してるとき、帰ったはずなのに残って、わたしにずっと付いてるんです。肩に手を回したりして、息も荒くなったりして……」

上司よりこっちの客のほうがいいのだろう。

マジックミラーで見られることに居心地の悪さを感じないのだろか。

「それは大丈夫、慣れました」

「でも女性のほうがチャレンジャーですよね。怖いもの知らず」

私が正直な感想を口にすると、「ほんと、そうですね！」と同意した。

新しいムーブメントや危険の匂いがすることに、女のほうが飛び込んでくる。

メアドを交換し、五千円札を渡して別れる。

バブル期に流行語にもなった言葉をふと思い出した。

メッシー君。

あの店は何度でも外出できるので、再度アタックをかける。

進行中の完全犯罪

二人目は、ふくよかなＯＬ風の女性だ。

柳原可奈子になんとなく似ている。

個室で二人、顔を合わせる。するといきなり向こうから核心を突くコメントが発せられた。

「あのー、どこまでできるんですか？」

「いけるとこまで」と私。

「いけるとこって、ニューヨーク？」

「もっと先」

「ってことは大人の関係？」

「大人です」

「いくら？」

私は指を二本立てた。という禅問答で成立。

外に出て、途中の自販機で私は緑茶を、ＯＬは果実系のペットボトルを買った。

ホテルにチェックイン。

柳原可奈子似の女性は二十三歳のＯＬ。

「高校時代から上野で遊んできたんですよ」

「なんで上野なんですか？」と私が質問すると――。

「鉄道が集まって、交通の便がいいから。それに女子高生たちの溜まり場があるから」

上野ＡＢＡＢ《アブアブ》最上階にある食べ放題のスイーツが女子高生たちに人気があるという。

「アメ横のチョコレート売りのおじさんと仲がいいから、遊んだりしてた」

「入れちゃえ入れちゃえ」といって、袋にどんどんチョコを放り込む、独特の売り方の店だ。

「不忍池で足こぎボート彼氏と乗ったり、お金がなかったらベンチでぼんやりするとか。上野はいいですよ、すごく」

女子高生にとって、上野は渋谷よりもお金のかからない楽しいアミューズメントパークだった。

「渋谷は怖い。キャッチが多いから。その点、上野は安全ですよ。キャッチが減ったしね。でも外国人が増えてそっちのトラブルが増えたの。駅前のマルイは警備員がたくさんいるから安心なんですよ。なにかあったらすぐに駆けつけるでしょ。ABAB《アブアブ》は警備員が少ないから危険なの。マルイ前って、腕に竜の入れ墨した中国人がウロウロしてて、『いくら？』ってナンパしてくるの。無視すると、〝これ〟って入れ墨を見せつけるのよ。他の中国人も同じことする。『お金払うって言ってるんだから、付き合いなよ』って。柄が悪い。酔っ払い介抱するふりをして抱きつきスリの韓国の女スリもいるの。

アメ横で、おっきな黒人が道を塞いでナンパしてくるんだよ。高校生のときから黒人にナンパされる。中国人観光客はマナーが悪いから、串刺しパイナップル振り回したり、ソフトクリーム舐めながら歩くんで服にくっつくの。中国の人、立ちションよくしてるし、中にはおばさんがしゃがみこんでウンコしてるんだよ（笑）」

聞いていると、渋谷より上野のほうが危ない気がするのだが。

柳原可奈子似のOLが「先にいただけますか」と切り出してきた。

援交慣れしている。

「出会い喫茶で何人くらいこんな感じになったの？」と私が切り込むと――

「えー、二人」

いや、過少申告だろう。と口には出さず、話を進める。

「上野で遊んでいるといろんな人と仲良くなるの。おばあさんと親しくなって、いろいろ話聞いたんですよ。アメ横では刺身を買わないように、とか。地下の国際親善マーケットは品質ちゃんとしているとか」

可奈子嬢は上野からさほど遠くない山手線のある駅を利用して、ファッション系企業に勤めているという。

「結婚はしたくない……」

「どうして？　仕事一筋の人生を選ぶの？」

「ううん」

可奈子嬢の父は数年前にガンで他界、残った母と同居する姑の仲が最悪で、緊張感漂う家の空気に耐えきれず舅《しゅうと》（姑の夫）は沖縄に脱出、南国の地で七十代の未亡人と同棲し、遅咲きの春を味わっていた。

沖縄にいた舅は七十代の愛人にせっつかれて毎夜、熱帯夜のもとで肉欲を貪り、ことの最中にショック死、巣鴨の実家には可奈子の母と姑が暮らし、より緊迫感が増すようになった。

「おばあちゃん、高血圧で何度も倒れてるのね。お母さんが面倒みてるんだけど、やっぱりそこは嫁と姑だから……」

可奈子が口を濁した。

私はさらに話を掘り起こそうとした。

すると――

「高血圧って、塩分に要注意でしょ。どうもお母さん、去年あたりから料理の味がすごくしょっぱくなったの。明らかに。ビンの中の塩の量も前より減るのがめちゃくちゃ早いし」

「おばあちゃん、なんか言ってる？」

「ううん。もう歳だし、味覚が麻痺してるみたいだし。この前、『ちょっとしょっぱくないかい?』っておばあちゃんがお母さんに言ったら、『おばあちゃんの体は糖分取り過ぎがよくないの。甘さ控え目がいいんですよ』って言うわけ。それは糖尿病でしょ? わたしがそれを言おうとしたら、お母さんがさえぎるのよ。塩分取り過ぎ食のせいか、このごろおばあちゃん、ぜえぜえ言って血圧がすごい上がってるの」

限りなく完全犯罪に近い夜ごとの塩味のきいた食事——。

口に含んだペットボトルの緑茶がやけにしょっぱく感じる。

「おばあちゃんの具合が悪くなって、寝たきりになっちゃったのね……」

毎夜、能面のような表情で塩を味噌汁やおかずに振りまく嫁。

「いま、うちは北千住の賃貸アパートなの」

我欲がもたらした顛末に、可奈子嬢は人生の哀歌を感じている。

「みんなお金に汚いの。お金で人間が変わっちゃう。お金なんてどうだっていいのに」

先ほど前払いを要求した可奈子嬢が憤《いきどお》る。

「出会い喫茶は昼間のお仕事が終わってから、週に半分くらい来てる。お食事おごってもらったり、時間つぶしたり」

「最後までいった二人というのは?」

「最初の人はアキバ系で、お店の人から、『あのお客、朝からいるんだけど、誰も相手してくれないんだ。頼むよ』って言われて、お相手したの。コンピュータ関係の仕事してるって言ってた。四十代で独身だって。ホテル行ったら、『添い寝するだけでいいから』って言うんで、よしよしって添い寝して、途中お触りしてるうちに寝ちゃった。その後、不忍池でボート漕いだ。お付き合い？　ううん、してない。そのまま別れた」

二人目は五十代、公立高校教師だった。

繁華街にたむろしている女子高生たちを厳しく生活指導しているうちに、ミイラ取りがミイラとなって自ら出会い喫茶に顔を出し、いけない先生になってしまった。

「あ、おしゃべりしすぎた。あんまり時間残ってないけど」

デリヘル嬢のようにプレイ時間に細かい。

話をたっぷり聞いたので、お開きとしよう。

本人も意外な顔をしたが、もらうものだけもらったので、さっさと部屋から出た。

外はすでに更けていた。

熟女系出会い喫茶のカオス

上野の駅前を歩いてきた莉奈《りな》は、百七十センチ近い身長とハイヒールで、通行人の熱い視線を浴びながら登場した。Ｇカップの胸の谷間は本日も健在である。

若いころからレースクイーン、コンパニオンをやってきたからか、ウオーキングがさまになる。莉奈という名はレースクイーン時代の芸名だ。

喫茶店で話が弾んだ。

平日の昼下がり。

私たちの隣には、中国人の若い女と日本の六十代男がなにやらひそひそと話し込んでいる。

莉奈がコーヒーを置くと話し出した。

「熟女系っていうの？　出会い喫茶行ってきたの」

莉奈が裏話を暴露する。

「スマホで調べたのね。出会い・熟女・人妻・年下男性という検索語で（笑）。そしたら〝出会い喫茶〟って出てきて、行ってみました。お店がわたしみたいな熟女を時給払って店に顔出させるの。時給九百五十円。個室にいて、男性が好みのタイプをカードに書いてお店に提出して、お店から女性のもとにカードが渡されて、個室でお見合いするの。男性は一時間四千円払って個室で女性を待つの。一時間超えると三千円追加だから、なんとか一時間以内で済ませようとする男性が多いわね」

莉奈は夫がいるのだが、いまは海外赴任のために半年間、独身生活を謳歌している。暇を持て余した莉奈は、スリリングな冒険をはじめたのだった。

上野の出会い喫茶に突如出現した莉奈に、男たちが殺到したのも無理はなかった。

「出会い喫茶でその日は四人会った。二十六歳、三十三歳、四十代、五十代の男性。五十代の男性は時代劇に出てる役者さんなんだって。わたし時代劇って『水戸黄門』しか見たことないから、よくわからないのよ。『ランチしませんか』ってことになったけど、まだどんな男性かわからないから、とりあえず今度誘ってください、って言っておいた。四十代の男性は会社経営とか言ってたけど、よく話聞くと、街の電気屋さんだった（笑）」

「男性客は中年が多い？」

「それがけっこう若い男性が多いの。年上の女性に憧れてくるみたい」

「そういうあなたも、年下男の年齢、二十六歳と三十三歳はしっかり覚えている（笑）」

「ああ。そうでした（笑）。年下男性は、人妻＝セックスレスというイメージをもってるわね。それから妙な自信もっているの。奥さんいい仕事しまっせオーラ漂わせてる。それでね、ソファがある一・五畳くらいの狭い部屋で話ができるんだけど、そこで手っ取り早くしちゃうんですって。時間も短縮できるしホテル代も使わないで済むから」

莉奈によれば、密室でのプレイ相場は、手コキ三千円、フェラチオ五千円、本番一万五千〜二万円。ソファで最後までしてしまうのはエネルギッシュというか吝嗇家《りんしょくか》というか。

男性客は二十代から八十代まで幅広い。

「ホテルで援交するより格安だからって利用してる男の人もいるし。二十六歳の男性とお食事したんだけど、人妻はセックスに飢えているからタダでできると思い込んでるの。自信過剰よねえ。不細工だったから、『ごめん、タイプじゃないの』って言って逃げてきたわ。

女は愛人《パパ》を探している人、お金が欲しい、セックスしたい、独身もいればわたしみたいな人妻もいるし、元水商売、元風俗嬢、バツイチもいるし。でもねえ、負のオーラが出ている女たちが多いわねえ」

愛人道まっしぐら

莉奈の母親が上野界隈で生まれ育った関係から、莉奈は幼いころから上野を生活圏にしていた。

女子大在学中からレースクイーンやコンパニオンをしていたが、卒業すると大手企業の受付をして一年で退職、再びコンパニオンをすることになった。

「パーティーコンパニオンをするときがチャンスなの。社長やオーナー経営者ばかり来るから、ここぞとばかり名刺をいただいて、連絡先交換するの。お食事運ぶよりも自分の手書きの名刺配るほうが一生懸命（笑）」

かくして莉奈の必死の愛人《パパ》獲得作戦が功を奏し、二十代前半でゼネコン社長と愛人関係になった。ときはバブル景気真っ盛り、麻布十番に2DKマンションをプレゼントされたり、年末にはバッグに詰まった札束を好き放題つかみ取りだった。

莉奈の愛人道は磨きがかかり、男をその気にさせる手練手管を身につけた。

「あなたの子どもが産みたい、なんて甘い言葉ささやくと、じいさんすごく喜ぶの。可愛くて仕方がないみたい。そのくせこっちは避妊リングバッチリ！　わたしはもう指舐めてお札数えるのが趣味になってしまいました。バブルが弾けて愛人《パパ》がいなくなったら、今度は割烹の配膳係をやりながら見つけることにしたの。パーティーとはまた違ったエグゼクティブが来るって聞いたから。地味な仕事だったけど、お膳運ぶよりも名刺配ってた。十八人お客さんがいたとき、宴会が終わったら十八人全員とお食事の約束とったわよ。やっぱり手書きの名刺が効果大です。八十代の土地持ちのおじいさんから可愛がられるようになったの。八十代の愛人《パパ》。コーヒー飲むと口からこぼれるんで、ハンカチで拭いてやる。コーヒーまともに飲めないのにクンニだけはうまいの」

相次ぎ愛人《パパ》を乗り換える莉奈だったが、ある夜、見知らぬ女から電話が入った。

「主人がご迷惑おかけしてませんか？」

こういう場合、とぼけるか仲良くなるしかない。莉奈はとっさに「お仕事でいつも助言をいただいておりまして」ととぼけてみた。すると相手もそれ以上は突っ込んでこなかった。

「でもね、その後、悪戯電話がひどかったわ。わたしの名前で寿司三十人前届いたりしたのよ」

三十代半ばになってコンパニオン業から引退すると、今度は交際クラブに入って愛人《パパ》を掘り起こした。

交際クラブは有料の男性会員と無料の女性会員によって構成され、事務所側が女性会員を男性会員に紹介すると、あとは当事者同士のやりとりで大人の関係に発展するか、そのままで終わるかになる。男性側は愛人を見つけるために入り、女性側も愛人《パパ》を探すために入る。

「交際クラブのスタッフに連れられてよく上野に行ったの。昔は事務所の人と一緒に男性会員に会いに行くパターンが主流だったのね。喫茶店で挨拶代わりに話して、事務所の人が、『じゃあ、あとは二人で楽しんでください』と言ってフェイドアウトするの。いまは当人同士だけよね。

上野はよく利用したわ。わたしは生活圏にしてきたから、知り合いに会うリスクもあるけど、男性にとっては新宿・池袋よりもばったり知り合いに出くわす危険性が無いから上野がいいみたい。交通の便もいいし、いろんなお店もあるし、湯島のほうまで行くと静かでいいよね」

四十歳直前で、知り合いの紹介で出会った年下男性と結婚した。

人妻座談会で私と知り合うと、いろいろな情報をもたらしてくれる貴重な存在になった。

「上野は変態の田舎者が多いわね。なんかね、『脚の写真撮らせてください』っていうフェチな男がいっぱいいるのよ。リュックの中にカメラ入れてて、『五千円でいい?』って。若いときは調子ぶっこいて短いスカート履いてたからもっと声かけられてたけど。上野は田舎の人が多い街。東京に来たついでに遊んじゃえっていうノリの田舎の社長さんとか多い。そういうおじさんって、自分の知ってるお店しか連れていけないから、どうしても上野になっちゃう。東北とか北関東の小さな会社の社長さんはほんとに上野が好き。そういう人のほうがケチじゃない。擦れてない。純粋な人が多い。言動とかでわかるの。

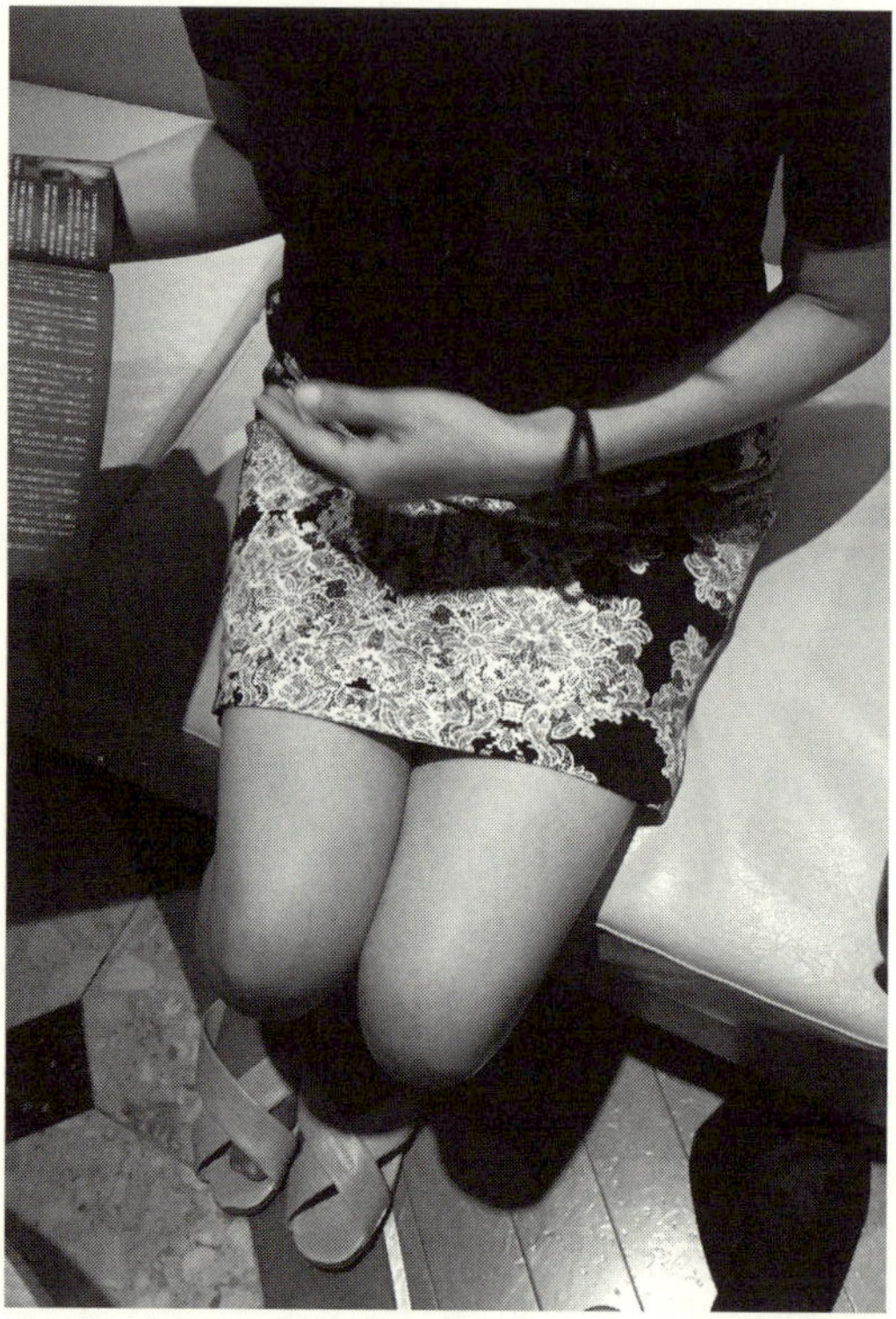
愛人道に磨きがかかる人妻・莉奈

女の子に対して変な疑いをもたないし、金払いがいいの。そういう人は新幹線でわざわざ上野まで来て遊ぶのよ」

莉奈によると、上野は愛人との密会が、東京の中でももっとも多い街だという。

「愛人《パパ》の共通する特徴は、家族を大切にする。家族とうまくいってない人は心に余裕がないし、お金にも余裕がないから遊ぼうという気力もないの。それから、わたしの統計上、お酒飲まない愛人《パパ》ってセックスが強い（笑）。これは百パーセント当たる。そっちの欲が強い。当たりでしょう。全員そうだった。お酒苦手な人は全部そっちにいく。お酒飲まない男は危険人物（笑）。

愛人を持ちたがる男はやっぱり建設・不動産関係ね。多い年代は五十代。五十代後半になると男として焦るのよ。六十を前にして焦りが出てくるから、愛人願望が強く出てくるの。愛人がいる妻子持ちの特徴は、外見に気をつかってる人。いつもミンティアを持ってる人（笑）。爪をまめに切っている人」

条件にすべて合致している私は、話題を次に移した。

「男好きする女って、やっぱり女のわたしから見たらすぐわかるわ」

莉奈の眼力による〝男好きする女〟というのは――

「薄いピンク色のマニュキアしてる女は、もろに男を意識してるわね。男のためにネイルするときは薄いピンク。自分のためにネイルするときは真っ赤、青、ストライプ、といった自己主張する派手なネイル。男は清楚な女が好きなこと知ってるから。ピアスも、自分のためなら大きめのを付けるし、男に好かれたいなら、揺れて小さなやつを付ける。薄いピンク色のグロス付けてる女は男を意識してる。自分のためなら赤みたいな派手な色で自己主張するけど、男性のためなら主張しない色、薄いピンク。男はナチュラルメイクな女が好きだということ知っているから。

四十代以上の女で髪が長いと、男を意識しているわね。男は長い髪が好きと知ってるから。長い髪はまめにトリートメントしなくちゃいけないし、手間暇とお金がかかるのよ。それでも長くしているのはやっぱり男のためなのよ。熟女系風俗嬢も髪が長いでしょ。あれは男性は長い髪で清楚系が好きと知っているから。白い服着てる女も男を意識してるわね。白色がレフ板代わりをして顔が明るく見えるから。それに男性は白い服の女性が好きって知ってるから」

莉奈は二十代のころ、全身脱毛を二百万円かけてやった。費用は全額愛人《パパ》に出してもらった。歯も三百万円かけてすべて直した。これも愛人《パパ》から出してもらった。

愛人道をまっしぐらに歩んできた女。

いまでも上野を歩くと、愛人たちと過ごした日々が蘇ってくる。

「男って、愛人とは疑似恋愛なんだと思っていても、できたら恋愛にもっていきたいのよ。そういう思いを崩さないようにもっていく女は人気がある。だから自分から『買って』って絶対言っちゃだめ。女のほうから『今夜は九時まで』とか区切るのはだめ。だって恋人は帰り時間を気にしないでしょう」

年下亭主は独身時代の莉奈の奔放ぶりを知らない。

「主人は上野なんてまったく来ないからね。六本木がプレイゾーンなの。わたしが毎週のようにこの街で愛人《パパ》たちと会っていた、なんて知ったらショック受けそう。だから上野は永遠にわたしにとって秘めた街にしておきたいの。でも思うんだけど、わたしのまわりにいるお友だち、それなりの立場の奥さんのほうが遊んでるわよ。優雅な人のほうが遊んでる。パートしてたりする人のほうが真面目で男がいない。なんで？　優雅な奥さんのほうが暇があるから？　余裕があるから？　そう思わない？　ご主人がいても、みんな彼氏がいる。いない奥さんはパートもしてて毎日忙しそう」

話を終えると、莉奈は男たちの視線を浴びながら、上野の雑踏に消えた。

隣のテーブルでは、六十代の日本人男性と中国から来た二十代前半の女がいまも深刻な話をしていた。

「やっぱりわたし、騙《だま》された。騙されたんだよ」

「そう言うなって。違うだろ」

「ほんとだよ。騙されたよ。お金ちゃんともらってないよ。わたしだけじゃないよ。エッチやって……」

「だからー」

男が手で制する。

中国エステ店内のトラブルだろうか。

上野の午後は秘密とともに暮れてゆく。

上野のキャバクラ事情

キャバクラの一大チェーン店「プラザエンターテインメント」本社がある関係から、上野にはいくつも大きな人気キャバクラ店がある。

クラブロイヤル上野・クラブレーヌ・シュシュ上野・クイーンズクラブ……。

一見《いちげん》の客を常連に変える、「ビジターをメンバーで帰す」というキャバクラ業界の鉄則を聞いて、あらためてキャバクラ嬢たちの厳しい生存競争を思い知らされたものだ。

男女の関係にならずに客を店に何度も通わせるのだから、キャバクラ嬢も店側も工夫をこらす。その気がありそうなそぶりを見せたり、言葉を交わしたり。まだ携帯電話が普及していない時代だから、キャバクラ嬢も客もいまより連絡先を知ることに必死だった。

ホールに立っている店のスタッフは、客とキャバクラ嬢の動静をチェックする重要な役割を担っている。隣についているキャバクラ嬢と客がどう接しているか、客があまり乗り気でなかったなら違うタイプをつけてみる。客の立ち振る舞いで好みがわかる。

店にとってもっとも上客というのは、意外なことだが、「ケチな客」だという。

ケチな客はカネを貯め込んでいる。だから一度、好みのキャバクラ嬢に入れあげてしまうと、貯金を使い果たすまで通い詰める。

店長はそういう男をすっからかんにさせるまで通わせることを「ハメる」と言っていた。

十年ほど前には、キャバクラ専門誌でキャバクラ嬢インタビューを長期連載していたことがあった。

キャバクラ嬢というのは、その時代の男が惚れる一つの幻想型を体現してみせる。昔はスーツだったがいまはドレスをまとい、髪を盛り、化粧によって濡れた唇と目を大きく描く。

手間暇かけた彼女たちの外装が私は好きだ。

好きついでに洒落で、「キャバクラ被害者の会」というのを立ち上げて、いい目をみたことない寂しい男たち集合、というイベントをおこなったらこれがけっこうウケた。意外なことに当事者のキャバクラ嬢たちも面白がってくれた。

上野には昔から上質のキャバクラ嬢がいて、モデルやアイドルのタマゴといった子たちが明日を夢見て夜の蝶になる。

貧乏アイドルのキャッチフレーズで人気を博しながら自死を遂げてしまった上原美優も、上野のキャバクラ店で働いていた（惜しいことをした）。

「わたしがキャバ嬢してたのはバブル時代だったから、そりゃすごかったわよ。マルイ前でいつも待ち合わせして、好きなものありったけ買ってもらったっけ」

源氏名を真理子と名乗った彼女もまた、上野の有名店で働いていた。

昼間は化粧部員としてデパート店頭に立ち、仕事が終わるとマルイ前で客と待ち合わせ同伴出勤した。

「担当マネージャーとは二、三回エッチした。仕事終えて飲みに行って、そういう雰囲気になって……。でもあんまり頭よくないからお店辞めるときに切った。そのマネージャー、ドラッグやってたのよ。わたしにも進めるんだけど断ったわ。そういうのもあって」

真理子の暮らす街は、上野から三つ目の駅で降りた所だった。

メリハリのきいたカラダ、高島礼子に似た顔立ちの真理子は、店でもモテた。

「四十代で温厚で頼れるお客と付き合うようになったの。妻子持ちなんだけど、お店終わってご飯食べてホテルに行くようになって……。すごくわたしに尽くしてくれるのよ。ある夜、お店終わってくたくたに疲れて、ホテルに行ったとき、その彼が疲れて寝ちゃったんだよ。携帯も無い時代でさあ、置き手紙書かないで帰ってしまったの、タクシーで。そしたらいままで見たことのないような般若の顔した彼が、家の前で立ってるの！　まずい！　殺気を感じたの。この人に殺される！　って思ってダッシュで逃げた。

でも追いつかれて、首根っこ捕まれてブロック塀に頭ぶつけられた。また逃げて逃げて。ハイヒールだと走りづらいのよ。『待てっ！』って彼の手が伸びて……。そのとき交番が見えたの。助かった。でも交番目前で髪の毛掴《つか》まれて、ズルズルと引きずられていったの。交番から若いおまわりさんが出てきて、『どうしました?』って聞くから、わたし、助けてって言おうとしたら、『ただの痴話喧嘩です』ってその男がニコニコしながら誤魔化すのよ。腕をきつく握りしめられて交番から引きずりもどされたの。『俺を裏切るとどうなるかわかってるのか』って言いながら。わたしは、ごめんね、ごめんねって涙流してそいつに詫びて、なんとか大通りに踏みとどまろうとしたんだけど、そいつ、わたしを脇道に引きずり込もうとするの。もう顔は般若から大魔神になってた」

真理子は暗がりまでずるずると引きずられていった。

助けて――。

声にならない叫びをあげた。

すると――

「そのときトラックが通りかかったの。なんだか様子がおかしいって運転手が止まってくれた。『大丈夫か?』って、顔出して言ってくれたの。ちょっと強面風の運転手さん。そしたら彼氏が舌打ちして、『わかったよ』って帰ってくれたの」

しばらくして真理子は店を辞めた。

彼女はいまでも独身で、不動産会社社長と付き合っている。

「わたし、久しぶりに社長に連れられて一緒に上野のキャバクラに行ったの。しかし、女は化けるねえ。髪盛って化粧して、可愛かった。でもわたしにガン飛ばしてきたけど(笑)。あらためてお客で行くと、お客がキャバ嬢を接待しているようなものだってわかるわ。自信がないキャバ嬢はすぐ客と寝る。『わたし、人気がないの』と言って客から同情を引こうとするキャバ嬢が実はすごい人気だったりすの。男たちが同情して指名するからね。それで、『俺のこと好き?』『うん』『愛してる?』『愛してる』『俺たち付き合ってるよね？』『うん』って平気で嘘をつく」

真理子は自らを顧みてキャバクラ嬢を分析してみせた。

「それから美人ほど騙されやすい。いつも『きれい』と言われるのを疑わないからね。ホストから『まっとうな生き方したいから、そのために三十万必要なんだ』とか言われると、わたしがなんとかしてあげるってお金渡してしまうの。わたしの経験上、ホストって女を騙すために、平気で自分の故郷まで行って親に会わせるからね。そこまでするんだから、わたしは彼の本命なんだわって信じちゃう」

ハプニングバーにハマる女

「上野は幼いころから親に連れていかれた街ですね」

以前、週刊誌の座談会で知り合い、上野と深い関わりをもってきたと知り、話を聞くことになった。夫と子どものいる四十路妻、タレントで女医の西川史子に似ているので、ここでは史子《あやこ》と呼んでおこう。

「母の生活圏だったんですよ。母が上野の近くの下町っ子なので、都会というと上野。初めて上野行ったのは子どものとき、松坂屋に連れてってもらいました。三社祭に母が行くとき、ホオズキ市のときも連れていかれた。京成線で行きやすかったんです。ホオズキ市、朝顔市。うなぎは弁慶って、決まっている。中学のときはABAB《アブアブ》によく行ってました。

上野っていうとエッチな映画館が目に付く街ですよね。きれいなイメージがない。上野は汚いイメージがある。アメ横はなんだか下品なイメージ。化粧品をアメ横で買ったことあるんだけどディオールの口紅六千円が四千五百円、二割引になってたしかに安いんだけど、あの並べ方は買い物しづらいですよ。

バブル世代のわたしにとって、海外旅行の免税店で買うものですね」

母の友だちには上野の旅館経営者の娘もいる。旅館は凋落し、いまでは安売り店に変わった。

「母の遊び仲間って下町のお嬢さんで遊び人ばかりなんです。母も花札が強い。ＳＫＤ（松竹歌劇団）観に行ったり長唄やったり。お母さんの友だちは独身ばかりで戦争未亡人もいる」

そういう史子は、夫とともに洋服問屋をやってきた。

「上野はブランドのロゴマークが大きく入った洋服がよく売れるんです（笑）。問屋筋の合言葉。ロゴマーク入りの服は上野で卸せ！　地方と都会が溶け合う街だから、ちょっとダサいのが売れる」

史子は仕事の合間、夫に内緒で仕事関係者とともに上野のハプニングバーに潜入し、束の間のストレス発散をしている。

「ハプニングバーはナンパする所なんですよ。複数プレイで楽しむ人もいるし、見られることを楽しんでる人もいるし。カップル喫茶はカップルしか入れないハプニング系の店なんです。タトゥの女王様とＭ男とか、風俗嬢と客とか」

史子が一緒に行く相手は、上野界隈を活動範囲にするバッタ屋である。

バッタ屋とは倒産寸前の店舗から商品を買い叩き安値で販売する、主に個人営業の店を指す。上野には洋服や雑貨、古着、といった昔からのバッタ屋が棲息している。

史子と洋服のバッタ屋とは仕事を通じて知り合い、いつしか不倫関係になっていた。

「カップル喫茶はＡＢＡＢ《アブアブ》の向かい側の奥にあります。わたしのほうからバッタ屋さんに、連れてってくださいって言って、連れてってもらった。行ってみて？　はあーっ！　て感じ。すごかった。もろもろやりました。一緒に行ったバッタ屋も他の女の人とやってましたよ。マジックミラーで女の子たちが見ている中、おばさん一人が見られていて」

史子にとっていまの上野はどう映るのだろう。

「上野は高年齢の街というイメージですね。それから人口に比べてラブホテル数が少ない。ホテル代も高い。いま余所が三時間単位になってるのに、二時間単位で売り手市場なんですよ」

娘はいま中学三年生になる。

「東京の子どもはお金がかかりますね。みんなディズニーランドやお台場行ったらおカネ使うじゃないですか。あのペースで行って親がお小遣いくれなかったら、目先の楽しみを優先して援交しちゃうのかな。それが心配」

自らの立場を顧みず、というのは野暮のようだ。

アロマエステで起こる〝自爆〟

アロマエステが十年ほど前大流行し、ここ上野でも相次ぎ誕生した。

いまではブームも落ち着いたものの、アロマエステといえば上野である。

アロマエステとは香りの高いオイルを用いたマッサージであり、リラックス効果大ということで人気を博してきた。

客層は美容に気を遣う若い女性や、仕事やゴルフ、野球をやって体が凝った中年男性たちだ。マッサージを施術するのは、若い女性たちがほぼ百パーセント。巷に流布するアロマエステ、イコール、エロというイメージがある。

第二章で潜入取材した中国エステは、超格安本番店が存在していたことがわかったが、はたして街によく見かけるアロマエステ店はどうなのか。

上野の雑居ビル二階にあるアロマエステ店に潜入。マッサージを受ける。

チェックのワンピース風制服を着た二十代前半のエステティシャンが登場。ワンピースの丈は短い。

全身にアロマオイルを塗られてマッサージ。うつぶせになると彼女の太ももが当たる。エロティックな気分になりながら、全身をマッサージされてつい仕事疲れもあって寝てしまう。

本来のマッサージを味わい、時間終了。

「日暮里とか上野とかだと、場所的にそういうことを目当てにして来るお客さんもいらっしゃいます」

アロマオイルの鎮静効果とエステティシャンの色香が混ざり合い、リラックス効果は大きい。

翌週、上野の大通りに面したアロマエステ店に潜入。

ピンク色の胸元がカーブを描くTシャツを着た二十代後半のエステティシャンが登場。笑顔を絶やさない。能年玲奈に似ている。やはり女は愛嬌が肝心だ。胸の谷間がちらつく。

「元気ですか?」

玲奈が太ももの付け根を刺激してくる。

不思議なことにみなぎるものが——。

ついこちらも手が伸びて相互交流に。すると玲奈の右手が伸びて、刺激をうけてあっけなく——。

暴発。

しばらくまどろみながら無駄話をする。

「こういうコスチュームだから、お客様の十人中十人は触ってきますよ。ここは抜きがある店ではないんだけど、マニアは手コキがない店でエステティシャンにやってもらうのが興奮するんですよね。慣れている子より、慣れていない子にしてもらうのが興奮するんですって。いま、お客さんに施術した太ももの付け根は勃つツボがあるんですよ。以前勤めていたお店でバカっぽいけど指名客数トップの子がいたんですよ。なんでだろうって観察してたら、男心をつかむコツを知ってるんですよね。太ももの付け根をマッサージしてやるのはもちろん、人気のエステ嬢は、心のサービスがあるんです。帰り際にハグして『また会いましょう』って手を握ったり。でもここだけの話、指名客が多いのは抜きをしている子が多いですよ」

「マッサージしながら、さっきみたいに太ももの付け根を刺激するんですね」

「そう。あと二の腕マッサージ。ここも勃つツボがあるの」

「そこは知らなかった」

「施術していると、いつの間にかバスタオルに出しちゃうお客もいる。施術中に出ちゃったお客、それは事故だから、（警察の）摘発の対象にならないんですよ。あとマッサージ終わってからシャワー室で抜くお客もいるし、そのままモヤモヤして帰るお客もいるし。それから自虐行為？　あ、違った？　自慰行為？　お客さんの自慰行為をわたしたちが見ているのはダメなんです」

風俗店として営業しているわけではないので、この辺の線引きが微妙なのだ。

天然でサービス満点の玲奈ゆえに、こんな危ない目にも遭ってきた。

「二度目に来たとき五時間貸し切りしてくれたお客さんが『今日は僕がマッサージしてあげる』って言うからおまかせしたら、うまいの！　手と足をマッサージしてもらってたら気が遠くなってきて寝ちゃって、しばらくして目を開けたら、すぐ顔の近くに男の人の顔があるの！　キスされかけて危なく最後までされそうになった」

昼キャバという昼間から営業しているキャバクラがあるが、酒が苦手な客はエステに来て女の子と接するのがいいらしい。

「手コキがあるエステのほうが安いんですよ。一万円ちょっと。抜き無しだと九十分で一万三千円くらいするの。でも抜き無しでも、マニアは自分でやりだしたり、擦りつけてくるの」

アロマエステが一時期相当儲かり、一店舗だけで一億五千万円もの脱税事件が起きたことがあった。

「ここは抜きが無いお店なんだけど、夜、酔っ払いが間違って入ってくるんですよ。中には手コキしてやるエステ仲間もいるんですよ。そういえば昨日、スーツ着た藤原竜也そっくりのお客が来てくれたんですよ。シブい。わたし好み。紳士でわたしが胸を押しつけても動じない。でもマッサージしているうちに、『いい尻してるなあ』ってお尻触りだしてきたの」

「そいつ、尻フェチですな」

「そうかも。『もういいよ。ありがとう』ってお礼言っていそいそ帰ったのね。タオル見たら白いのがべったり」

「ちっともシブくない（笑）」

玲奈にとって上野とは──

「気取らない街。いい街。遊びやすい。渋谷も好きだけど、ごちゃごちゃしてる上野のほうが面白い」

翌月──玲奈から連絡が入った。

「結婚することになりました。お店に来てくれてた五つ上のお客さんと。わたし、結婚はまだずっと先のことかと思ってたんだけど、常連さんから熱心に口説かれてきたんですよ。ふと子どもがほしいなあって思ったの。まあこの人だったらいいかと思って、成り行きでしちゃいました」

相手は信用金庫の金融マンだという。

店内で私に施術してくれたあの太ももの付け根押しの秘技を、信用金庫の男にもたっぷり施し、二人は不忍池で足こぎボートに乗る仲になっていた。

玲奈にとっては信用金庫の男は単なる上客に過ぎなかったのだが、タイミングというのだろう。

「このお仕事、結婚したら、彼のほうから、『もう辞めて家庭におさまって』って言われてるんだけど、わたしはまた復帰するつもりです。また来てくださいね」

女と男が出会う街――。

今日も数多の出会いが生まれる。

常磐線は寂しい匂いがする

春、上野駅舎に桜が咲く。

いたるところに人工の桜が咲き乱れ、駅利用者に春の訪れを知らせる。

「大学一年から三年まで付き合っていた彼が常磐線の通る街に住んでいたので、上野駅には月に二回は通っていたの」

女優の綾瀬はるかに似ているので、ここではるかと呼ぼう。

「わたしがまだ札幌にいたころの塾の一個先輩だったの。そのころからお付き合いしてたんだけど、彼が千葉大に受かったから付き合いが途絶えて、次の年わたしが上智大に受かってからまた復活したのね。

毎週、上野駅から常磐線に乗って彼のもとに通ってましたよ」

「彼のどういうところが好きだったの?」

「ツンデレ!」

クールでいながら時にはやさしい、恋愛の極意でもある言葉をはるかは口にした。

「ウォークマンに桜をテーマにした曲をいっぱい録音してわたしにプレゼントしてくれたし。それを聴きながら、常磐線に乗る前に時間があると、上野公園を一人で散歩したりしてたの。ああ懐かしいよお!」

はるかが一番心を打った曲は、いきものがかりの「花は桜 君は美し」だった。

「歌詞もすごくよくて、失恋の歌なんだよ。『電話から聞こえた声は泣いていました。忘れたはずの懐かしい声でした』っていうフレーズ。あのころにもどりたいのかな、という。わたしにとっては、東京に出てきたという曲なんだよ。いきものがかりとは別の思いなの。不安で、そもそも東京に出てくるべきだったのか札幌にいるべきだったのか、そんないろんな思いがありながら、彼にもらったウォークマンで桜ソングを聴いてたよ。上野は彼との思い出しかない」

常磐線は彼のもとに駆けつける大切な未来への道であった。

これから彼に会う前に視界に入る上野駅は、どこか輝いて見えた。

「上野駅って天井が低い所があるの。なんであんなに低いの? それから歩いている人が地味(笑)。色がないよ。造花の桜が駅構内にたくさんあったからよけいチープ(笑)」

はるかが歩くと、男たちの視線がからみつく。

あごのラインがすっきりした美形であり、手入れの行き届いた長い髪、極めつけは先ほどから男たちの視線を釘付けにするふくよかな胸である。

「札幌のほうがお洒落だよ、上野より。上野って賑やかだけど寂しいよ、空気感が。どこか置いてかれてる街なの。美術館と桜、パンダが有名で芸術の街だと思ったらけっこう汚い（笑）。まあいろんな人が来るから受け入れてくれる街だけどね。銀座・六本木・表参道が気どって遊ぶ街なら、上野は受け入れてくれる街」

はるかとは三年前、彼女がまだ上智大外国語学部在学中にある取材で知り合った。

常磐線の彼と別れて一年が過ぎていたが、美貌と愛嬌が付きまとうはるかには男の噂が絶えなかった。

「上野を歩いていると、よく変なおじさんに声かけられたよ。遊びに行こうとか、この辺に住んでるの？とか。どこ行くの？とか。常磐線には真面目なサラリーマンが一戸建て建てて住んでるから、真面目なサラリーマンも声かけてきたよ」

「あなたなら、その気になれば愛人《パパ》だって、たくさんつくれると思うんだけど」

「うん。好きなもの買ってくれる人いたけど、いいの。だってみんな、わたしの彼氏になりたがるし、その人の家に住まわせたがる。部屋がいっぱい余ってるからおいでよって。そういうの重いし、なんかそうなってくると情とか重くて嫌なの」

大学を卒業すると、日本を代表する大手企業の総合職についた。

「統括部長さんは四十七歳で娘さんが三人いるの。わたし、部長から『君はよく気がつくし、ほんとに可愛いねえ』って言われる。『そんなこと言ってくれるの部長さんだけですよー』なんて返すの（笑）。二百人束ねてる統括部長のお気に入りだから、わたしって。この年で総合職ばりばりやってるし、その上頭が良くて可愛くてって、誰も文句言わないよ」

どこでも突っ込んでちょうだい、と微笑んでいる。

「天然が入っていていいよね」

「天然じゃないから」

「女性ってちょっと天然が入ってるほうがいい」

「わたし、入ってないから」

「入ってるって」

「入ってない」

ちなみに本日はＯＬ風のピンク色のマニキュアにしている。

「最近はＯＬっぽくしようとしてるの。ジャケットは会社に置いてあってミーティングに羽織って出る」

ジャケットを着ないと、突き出た胸がいやがうえにも目立つ。

「彼氏と上野で会うときがあって、わたしが、上野っぽいところに行ってみたいーってわがまま言ったの。わたしのなかで上野のイメージは、古びてて、ちょっと寂しくて、でも一生懸命飾ろうとしているノスタルジックな所。彼氏がすぐネットで調べてくれて、入ったのが純喫茶『古城』だったの。分煙じゃなかった。サンドイッチとパフェ食べた。店員さんが無愛想（笑）。でもこれが純喫茶なのかなって。メロンソーダも飲んだ気がする。そこが気に入って次はわたし一人で再訪したの。半年くらい経ってからだから、ちょうど秋だった。

彼もわたしもタバコが嫌いだから、初めて行ったときも、あ、タバコ臭いって、もう行くことないなって思ったけど、また行ってみたの。あそこの店、今度は自分一人で。本当にヨーロッパの空間なのかわからないけど、気に入った」

上智大卒の OL・はるか

「古城」は東京オリンピック前年の一九六三年にオープンした年代物の純喫茶だ。

シャンデリアやステンドグラス、大理石の壁がほぼ開店当時のまま生き残り、五十年以上の時の流れによってヨーロピアン調がより味わい深くなっている。

「常磐線の彼とは四年付き合った。でも震災で考えることがあって、自然消滅になっちゃった」

あの震災は多くの男女に別れをもたらした。自分のよって立つところをもう一度振り返ったとき、女は新しい世界に目を向けようとする。

はるかはいま、職場の同僚と付き合っている。

「元彼とはきれいな思い出ばかりでなにも悪いことなかった。いまのわたしを形成してくれた。わがまな彼で、言い方がきつかったけど、わたしのこと思ってくれていたから。結婚？　わかんない。してるのかなあ。わたしはいまの彼と昔の彼を比較しない。過去は過去でよかったし、いまはいまでいい」

七年ぶりに「古城」を再訪しようとするはるかは、上野の街並みを見ながら言った。

「上野はぼろくそ言ったけど、けっこう好きだよ。前の彼との思い出しかないんだよ。嫌なことは一度もなかったんだよ」

はるかが上野を受け入れたとき、常磐線の彼はいなくなった。

「常磐線は寂しい匂いがするの」

第五章　宝石とスラム街

「葵部落《あおい》」という最貧集落

きらめく宝石と路上に転がる鉄くず。

上野には二つの顔があった。

ダイヤモンドやルビー、プラチナの問屋や小売店が蝟集する宝石街と、貧困の日々を送るスラム街。

上野公園にあったスラム街はいまでは国立西洋美術館となり、貧困の陰りなどまったく感じられず、富裕層が美術館を訪れる都内有数の文化スポットになっている。

だがここには明らかにスラム街が存在していた。

太平洋戦争の敗戦によって東京は焦土と化し、多くの都民が住む家を奪われた。

上野の地下道には浮浪児が住み着き社会問題となり、上野公園を視察に訪れた警視総監は上野公園で商売をするオカマに頭を小突かれ、新聞記事になった。

東京中が治外法権に陥った。

住居と仕事を失った人々は上野公園に流れ着き、ここでバラック小屋を建て、仮の住まいとした。

現在、西洋美術館のあるあたり、この一帯は終戦当時、「葵部落」と呼ばれるスラム街が存在した。葵部落という名前の由来は、この地がもともと徳川家の墓地があったため、徳川家の葵の御紋からきている。

日本の建国以来初めて主権を奪われ、外国に占領されるという国家存亡の危機に陥る一方で、戦火が止み、人々はもうこれで銃弾や爆撃で命を奪われることもないという安堵感に満たされた。

だが次にやってきたのは、食糧難と住宅難、就職難のトリプルパンチであった。

栄養失調による病死、餓死、疫病、仕事も住居も食料もない人々は上野に集まり、バラックを建て、なんとか生き永らえようとした。

葵部落はそんな最貧の人々が行き着いた集落だった。

「バタヤ」という職業

葵部落の実態をつぶさに調査した貴重な資料がある。

『上野「葵部落」に関する調査』（東京都立大学社会学研究室分室編・昭和二十八年七月）。

戦後から八年が経過し、やっと占領のくびきから解放され、日本が主権を取りもどし、自由な研究が思う存分できるという熱気もあったのだろう。都立大の大学生を中心に、葵部落のフィールドワークがなされたことは奇跡的であった。

現在の観点からすれば、差別的ととらえられても仕方がない表記も散見するが、スラム街に対する偏見も少なく、社会学的な考察がなされている。

葵部落の世帯数は、百四十三世帯、住民数は七百五十人、児童数は百七十人。職業は、バタヤが四割、日雇い人夫が三割、商店・会社が一割。

バタヤという、いまでは聞き慣れない職業が登場する。

バタヤとは昭和三十年代まで街で見かけられた職業であり、路上やゴミ箱に捨てられている金属、紙類、雑誌、といった廃棄物を拾い集め、カゴやリヤカーで仕切り場と呼ばれる集積所に集め、統率者である親方によって現金化された。

仕切り場の営業は朝七時から夜七時までで、ここにはさまざまな廃棄物が集まる。

古雑誌、古新聞、古トタン、機械くず、銅線、ジュラルミン、電池鉛、縄、瀬戸物くず、一升瓶、焼酎瓶、ガラス、綿くず、糸くず、ゴムくず、瀬戸物、煙草――。

いまでいうリサイクル業である。

カゴを背負って鉄ばさみで路上に落ちているゴミを拾う光景は昭和三十年代までよく見受けられ、当時の漫画、たとえば『おそ松くん』(赤塚不二夫作・『少年サンデー』連載)でもカゴを背負ったバタヤが登場した。横山光輝の名作『鉄人28号』にも群衆のなかに姿を見せる。

かように一つの職業として街に存在していた。

汚れ仕事ということもあって、成り手が少なく、民族差別を受けてきた在日コリアンもバタヤになった。

路上に落ちている吸い殻を拾い集め、ほぐして一本の煙草に仕上げる、「モク拾い」という仕事もあった。ホームレスが主にやった仕事だった。終戦直後、孤児になった子どもがやることもあった。

バタヤもモク拾いも、いまとなっては消えた職業であり、呼称もまた職業差別にあたるとして封印された。

調査資料では、葵部落で営業していた宿泊施設「ねむりや」という宿も調査している。

普段この宿泊施設には四十人から五十人が仮の宿とした。年齢層は二十四歳から三十四歳が中心、かなり若い。宿泊者の職業は、サンドイッチマン、土工、化粧品外交等、その日に現金収入がある者がほとんどで、単独の女性客は宿泊不可。宿泊者たちの前職まで調査している。

それによると、競輪、競馬、博打、酒、女で身を持ち崩して、ありとあらゆる職業を経てきた者が多い。

葵部落の定住者の出生地は、東京・秋田・埼玉・栃木・新潟が多く、東京とその近郊が大半になる。

年齢層は男女ともに三十一歳から四十歳までがもっとも多く、男四十一パーセント、女三十パーセント、次は三十歳以下で男二十六パーセント、女三十パーセント、六十歳以上は男二パーセント、女二十パーセント。

葵部落の年齢層は思ったよりも若く、下流老人という言葉がまかり通る現在からみたら、貧困層はいまのほうがずっと高齢である。

戦争によって成人男子の数が減ったとはいえ、当時の日本の人口構成はいまよりも圧倒的に若い層が多かった。

葵部落に居着くようになった原因は、住居の無いことによるものが七十五パーセント、戦災によって家族分離したもの十一・五パーセント、職業上の失敗七・三パーセント、引き揚げによるもの四・七パーセント。

敗戦によって戦地からもどってきた多くの日本人は、引き揚げ者と呼ばれ、焼け跡で住宅が無くなったうえに食糧難、就職難に直面していた。葵部落にはそんな引き揚げによる新たな貧困者が流れ着き、バタヤ部落とも呼ばれた。

バタヤというなかなか安定を得られない職業ゆえに、そのまま乞食になってしまうケースもよくあった。

江戸川乱歩が描いた葵部落

上野を愛する江戸川乱歩の戦後作品に『十字路』という長編推理小説がある。

昭和三十年十月、講談社『書下し長編探偵小説全集』第一巻として刊行された。

日本推理小説界の始祖である乱歩は、戦後、しばらく創作推理小説を発表せず、海外作品の紹介や推理小説研究を執筆してきた。

昭和二十九年からあらためて長編推理小説『化人幻戯』『影男』を連載開始し、多くのファンを歓喜させた。

『十字路』は乱歩にしては珍しい書き下ろし長編作品であり、戦前には『闇に蠢く』の一作があるだけだ。新潮社から出た書き下ろし長編探偵小説集のなかの一作として刊行された『闇に蠢く』は、横溝正史、大下宇陀児《うだる》、夢野久作、浜尾四郎といった作家のなかにあって、乱歩が一番の人気だったために版元から「なにがなんでも」と要請された。

遅筆だった乱歩のために代作となり、名古屋在住の作家・岡戸武平が代わりに筆をとり仕上がったのが『闇に蠢く』だった。代作『闇に蠢く』は乱歩のエログロ風味をトレースしているが、乱歩独自の持ち味である妖しい粘着質の文体の境地までには至っていない。

後に乱歩全集にこの作品が含まれていないのは、代作によるものだからという乱歩の矜持によるものであった。代作は戦前の探偵小説界ばかりでなく、純文学系でも代作はおこなわれていた。

『日本百名山』の著者・深田久弥が書いたとされる『あすならう』『オロッコの娘』ほか数編が、実は恋人だった北畠八穂の作品をもとにしたものだったことを小林秀雄、川端康成に指摘され、深田久弥は筆を折り、しばらくして方向性の異なる山岳記録文学を執筆するようになり、名作『日本百名山』『名山百名山』が生まれた。

『十字路』が出たころの乱歩は創作活動を再開したころであり、出版社から書き下ろしを懇願されたために、ＮＨＫ職員・脚本家であった渡辺剣次が大枠のプロットを考案した。それをもとに乱歩が実際に書いたものであったので、後の全集にも収録している。

タイトルが示すように、ふたつの事件が大交差点の十字路で交錯することが物語のあやになる。

会社社長の伊勢省吾は夫婦関係が悪化し、新興宗教にのめり込む妻を殺害、死体をトランクに詰め、奥多摩のダム予定地に死体を遺棄しようとたくらむ。だが駐車していた車の後部座席に喧嘩をして意識が朦朧《もうろう》とした男が転がり込み、そのまま死亡してしまう。やっかいな死体が増え、二つの死体をダムに沈む前の古井戸にやっと遺棄したところ、大きな白犬を連れ背中に卒塔婆《そとば》を背負い、ボロボロの野良着を着た田中倉三という浮浪者が目撃してしまう。遺棄する際に妻の靴が脱げ落ち、田中倉三が拾って大事に持っていた。

事件のキイを握る田中倉三は生まれ故郷の奥多摩を去り、たどり着いた所が葵部落だった。

〈田中倉三は浅草公園や上野の地下道などを転々して、今では上野公園の徳川家の墓地のなかにできて

いる葵部落の乞食小屋に住んでいることを突きとめた。〉

葵部落は落ち着き先の定まらぬ社会的弱者を受け入れるスラム街でもあった。

小説中の登場人物とはいえ、背中に卒塔婆を背負い大きな白犬をつれたボロ着の男が居着けるほど、当時の葵部落はいろんな人物がいた。

作品タイトルになった十字路は新宿西口の大ガードであろう。

『十字路』は戦前の乱歩作品『陰獣』『蜘蛛男』のようなおどろおどろしさが影をひそめ、クールな描写である。それがかえって乱歩らしさを薄めている。

戦前、乱歩は厭人癖《えんじんへき》があり、仕事場の窓をふさいで外との交流を遮断する指向があった。『黄金仮面』をはじめとする大ヒット作品を生み出しながら、初期の短編小説をのぞき、ほとんどを満足のいかぬものとしていた。元祖引きこもりのような暮らしぶりである。

私は何故にここまで自作品を過小評価ばかりするのか不思議に思っていたが、最近になって乱歩の孫にあたる平井憲太郎氏からこんな証言を得た。

「ある種、完璧主義なんですね。マメなんですよ。『貼雑年譜《はりまぜねんぷ》』をご覧になっておわかりだと思いますが、半端なマメさじゃないですからね。単なる整理を超えて本をつくっているようでしょう。そういうところがあっちこっちに出るんだと思います。自分の作品に対しても完璧を求めたんじゃないですかね。売れればいいというだけじゃなくて」(『新潮45』二〇一三年十一月号・「ポプラ社と江戸川乱歩」)

『貼雑年譜』とは、乱歩が自作した生誕から還暦に至るまで、自身に関するあらゆる資料をアルバムに貼り付け、解説を書いた貴重な自伝的資料である。

以前、乱歩邸をうかがった際、応接間の床に置かれていた本物を手にしたときは夢のようだった。

大正末から昭和一ケタまでの上野を舞台に小説を書き、上野をこよなく愛した乱歩は、戦後に出現した葵部落にも関心を示し、小説に登場させていたのだった。

戦後混乱期に誕生した葵部落もいまは無く、跡地にはモダンな西洋美術館が建ち、私が訪れた平日の午後、各地から訪れた中学高校生の修学旅行生たちや白髪がめだつ男女が行き交うスポットになっていた。

東京の三大貧窟「下谷万年町《したやまんねんちょう》」

上野にはもう一つ、スラム街が存在していた。

上野駅からほど近い東上野地区、地下鉄メトロの車庫がある付近に、かつて下谷万年町と呼ばれた町があった。

〈東京の最下層とは何処ぞ、曰く四谷鮫河橋《よつやさめがはし》、曰く下谷万年町、曰く芝新網《しばしんもう》、東京の三大貧窟すなわちこれなり。〉

横山源之助著『日本の下層社会』のなかの記述にあるように、ここは都内三大スラム街の一つだった。

横山源之助は明治期に活躍した社会運動家・ノンフィクション作家の先駆者であった。

富山県魚津生まれの源之助は、素封家と小間使いの間に生まれた私生児で、左官屋の夫婦に預けられた。いまより児童の人権も確立されていない明治期には、こんなケースは珍しいものではなかった。

立志に燃えた源之助は中央大学に進学し弁護士を目指そうとするが、司法試験に挫折、執筆活動をおこない毎日新聞社に入社、明治三十二年『日本の下層社会』を刊行した。

社会運動やルポルタージュが未発達だった明治期にあって、『日本の下層社会』は当時の貧困地帯と暮らしぶりを知るうえで重要な資料になっている。

三大スラム街の一つにあげられた下谷万年町は、道路の汚れ方が一番激しいと手厳しい。衛生観念がいまよりもずっと劣り、スラム街にはネズミが大量に発生し、野良猫が襲いかかり、ドブには小動物の死骸が浮き、蝿が飛び交っていた。

バラックの木造家屋の多くは木賃宿で、明治期の産業は農業が主体であり、土地を持たぬ都市生活者、なかでも持ち家の無い庶民はスラム街に流れ着く者が多かった。

スリは戦前、おもにスラム街に居着いていた。

現代もスリは棲息しているが、競輪ファンのある人物が証言するには、競艇、競輪、競馬の開催日にはスリが横行するという。

競艇場や競輪場まで外国車（主にアメ車）でやってきて、一仕事終えると悠然と運転して帰る。いつ捕まるかわからないので、生活の一部に享楽的な物をあてがいたいのだろう。

残飯屋という飲食店

横山源之助による下谷万年町における商売が記されている。

荒物屋・質屋・古道具屋・米屋・焼芋屋・紙屑屋・残飯屋・枡酒屋・古下駄屋・青物屋・損料貸・土方請負・水油売・煮豆屋・ムキミ屋・納豆売・酒小売・塩物屋・煮染屋・醤油屋・乾物屋――。

目につくのは残飯屋という商売だ。

三大スラム街のうちの四谷鮫河橋と芝新網には陸海軍の拠点があり、多くの兵士たちが残し廃棄処分された残飯がスラム街に持ち込まれ、れっきとした食事として客に売られた。

下谷万年町には浅草という戦前帝都最大の殷賑《いんしん》地帯が近くに控えていたために、飲食店から吐き出された残飯が持ち込まれ、食事として売られた。

残飯屋に潜入して記事をものにしたのは、松原岩五郎だった。

横山源之助の『日本の下層社会』のさらに六年前、明治二十六年に民友社から発行された『最暗黒の東京』の著者である。

著者の松原岩五郎は、慶応二年（一八六六年）生まれ、国民新聞社に入社。二葉亭四迷、幸田露伴の影響を受け、東京の下層社会のルポルタージュを国民新聞に連載した。

横山源之助の先輩格的な存在である。

本作にはスラム街に潜入する際に、記者という身元がわからないように残飯屋に変装して潜り込んでいる（昔は取材のときに変装して潜入するという手法があったのだ）。

大八車に桶や醤油樽を乗せて、残飯をもらいに行く。沢庵漬の切れ端、パンくず、魚のあら、焦げ飯、菜っ葉の残り、正体不明の肉片。

衛生状態は最悪だ。

匂いもきつかっただろう。

下谷万年町で暮らす男たちの稼業はというと――

〈人足・日傭取《ひようとり》もっとも多く、次いで車夫・車力・土方、つづいて屑拾・人相見・らおのすげかえ・下駄の歯入・水撒き・蛙取・井堀・便所探し・棒ふりとり・溝小便所掃除・古下駄買・按摩・大道講釈・

かっぽれ・ちょぼくれ・かどつけ・盲乞食・盲人の手引等〉（『日本の下層社会』）。

〝らおのすげかえ〟とは、いまは姿を消した商いで、キセルの竹の部分（羅宇《らお》）にヤニが詰まると掃除したり新しいものに交換する商売が存在していた。

食用のために蛙を捕まえて売ったり、再利用できそうなゴミを拾って売ったり、人相占いをしたり、便所掃除をしたり、視力障害者の世話をしたり、日常生活のなかからさまざまな仕事を見つけてたくましく暮らしている姿が目に浮かぶ。

下谷万年町でもっとも多いのが車夫、人力車をひく仕事だった。

人や荷物を運ぶ格好の交通手段として、下谷万年町には車夫が多く住んでいた。

車夫は日頃、残飯屋で胃を満たした。

人気があったメニューは、丸三蕎麦という、小麦の二番粉と蕎麦の三番粉を混ぜて打った蕎麦で、丼に大盛りで出された。

いまで言うなら東京のラーメン激戦区でもっとも人気のある、つけ麺のようなものだろう。

深川飯というのは、馬鹿貝のむき身にネギを刻み入れて煮染めてご飯をどんぶりに盛って客に出す即席メニューだった。

残飯屋に潜入した松原岩五郎は磯臭い匂いが鼻につき、よくこれが食べられるものだと嘆く。

煮込みは昔もいまも大衆食堂では人気メニューだ。松原岩五郎も煮込みを食してみたものの、内臓臭がきつく、煮込みの汁に血液が混じり、すさまじい色と匂いでとてもではないが食べられないと悲鳴をあげている。

潜入する度胸があった松原岩五郎でさえ、すさまじい臭さに衝撃を受けているのだから、よっぽどきつい匂いだったにちがいない。

これを食べなければ一人前にはなれないと車夫たちが胃にかき込む。

煮込みを売るのは身体障害者だった。

鍋は錆び付き壊れかけ、ガラクタ屋にあった壊れた下駄箱を修繕して鍋の支えにした。

松原岩五郎は鍋の煮込みを見て、「世に塵芥《ちりあくた》として棄てる物は一つもなきか」と感嘆すらしている。

車夫は一日に五十キロ走る。

日本に来た外国人たちが、人力車を引っ張る車夫のスタミナに驚いたという記録が残っているが、明治期の人間はいまと比べると粗食であったが体力、持久力は上回っていた。

明治期の農民は、肥料として雑木林の落ち葉を大きな竹カゴ一杯に詰め込んだ。

実物大、同重量の大きな竹カゴをある資料館で担ごうとしたとき、その重さに驚いたことがあった。普段の力で担ごうとしてもぴくりとも動かない。足腰から力を込めて全身の力をもってやっと浮き上がる。こんな重い物を担いでいたのかと、衝撃を受けたものだ。機械化がなされていない明治期の人間は、足腰の力の入れ方が現代人と異なっていたのだ。

車夫が体力勝負なのに比べて、下谷万年町の乞食は知恵をもって仕事をしていた。

三歳くらいの幼子を貸し借りして、冠婚葬祭の場に幼子を連れてお恵みを多くもらった。

病死したり、首吊り・入水・服毒・自刀自殺した死者の衣服は不浄の物としてただ同然で古着屋が買い取った。

したたかでたくましいスラム街の生存術であった。

下谷万年町と唐十郎《からじゅうろう》

下谷万年町で生まれ育った人物といえば、唐十郎が挙げられる。『下谷万年町物語』という自伝小説もあり、舞台も上演されている。

唐十郎は、昭和十五年（一九四〇年）、東京・下谷万年町に生まれた。父は『少年ジェット』（大映テレビ室制作）の製作主任、大鶴秀栄（大鶴日出栄）である。

『少年ジェット』は昭和三十四から三十五年にかけてフジテレビで放送された連続テレビドラマで、ラビット号に乗ったジェット少年が名犬シェーンとともに前述の悪漢ブラックデビルと対決する活劇ドラマだ。

ウーヤーターのかけ声で敵をやっつけるミラクルボイスに当時、私を含めた子どもたちは熱狂したものだ。『少年ジェット』には、獣人ゴリラ男、透明怪人、宇宙病人間エルザコフ、怪人荷蛭妖造《にひるようぞう》、といった怪人物たちが毎回登場し、ブラウン管の前の幼子たちを怯えさせた。

唐十郎のキッチュでレトロな舞台は、少年ジェットの世界に通じるものがある。

唐十郎は明治大学文学部を卒業後、状況劇場を設立し、演出家・作家・俳優として活躍する。新宿花園神社境内で赤テントを建てて『腰巻お仙』を上演し、アングラ演劇の騎手となり、一九八三年にはパリ人肉事件を題材にした『佐川君からの手紙』で芥川賞を受賞した。

先の『最暗黒の東京』『日本の下層社会』に登場する下谷万年町は明治時代の姿であり、唐十郎が描く下谷万年町は昭和前半が舞台になっている。

そこには住人としての凄惨な暮らしぶりが綴られている。

豆腐屋の隣にいたおかみさんはオカマ屋たちにヒロポンを売るだけでなく、自分でも打っていた。豆腐屋の亭主は娘を女房と間違えて妊娠させてしまった（ヒロポンで錯乱したのか、酒に酔っていたのか、それとも確信犯だったのか）。禁断の行為の末、娘は世をはかなみ銀杏の大木で首を吊った。二週間、だれにも気づかれぬまま死体は腐り、死臭を嗅ぎつけた上野の山のカラスが上空を飛び交う。腐肉を食った上野のカラスはさぞや黒光りしていたことだろう。ギンナンの匂いがきつかったせいで、腐臭も気づかれずぶら下がっていた。大きな風が吹き、行き交う人々の上から腐乱死体が落ちてきて大騒ぎになった。豆腐屋の女房は豆腐の浮いている水槽に身を投げて死んだ。町には死産した二人の子どもの骨を仏壇に仕舞い、すり潰して食べてしまう女もいた。首に絹のスカーフを巻いた梅毒の女がいた。まじないで首にネギを巻けば治ると信じ込み、首に巻いたネギを見えないように絹のスカーフを巻いていたのだ。ベランダや部屋には使い切ったヒロポンの空のカプセルが転がり、卑猥な言葉が飛び交う。カオスだ。

私が幼いころ、知り合いが住んでいる長屋があった。タクシー運転手、トラックドライバー、土木作業員、基地労働者といった住人たちに混じり、職業がよくわからない男がいた。ときどき警察が来て二、三年不在になる。大人になってからわかったのだが、窃盗を仕事にしていたのだった。

長屋には娘たちもいた。

そのうちの一人が中学を卒業する前に、お腹が大きくなり、いつしか姿を消していた。

お腹の子の父親は、同じ長屋に住む叔父との噂だった。

二十一世紀の現在、葵部落跡には国立西洋美術館が建ち、下谷万年町もいまでは見る影もなく、クールなビルが建ち並ぶ。

かつての下谷万年町近くにある通称キムチ横丁だけが唯一、庶民の猥雑な空気をいまも感じさせている。

日本最大の宝飾問屋街

かつてのスラム街のすぐ近くに、黄金色に光り輝く街がある。

上野駅から御徒町駅に至る高架線に沿ったエリア、住所でいうと上野五丁目には宝飾関係の店が営業中だ。

日本最大の宝飾問屋街・上野御徒町ジュエリータウン・上野ダイヤモンド街――。

きらめく呼称がつけられているこのエリアには、「ジュエリー」「プラチナ」「ダイヤモンド」「ネックレス」といったカタカナ書きの看板が至る所に建ち並び、激安チケット売りのようなチープ感が漂う。

ショーケースには、七色に輝く宝石類が飾られて、店内にいる女性販売員の多くが中年である。

日本の宝石関係のショップ・卸・メーカーの八割がこの上野・御徒町宝石街に集まる。その数ざっと二千店舗。

隣の街には、下谷万年町があった北上野やキムチ横丁がある。

上野は富む者と富まざる者が背中合わせに生きてきた。

ところでなぜ銀座・赤坂・青山といった一等地ではなく、上野・御徒町が宝飾の聖地となったのだろうか。

歴史をひもとくと、江戸時代に源流があった。

徳川将軍のお膝元だった江戸、なかでも御徒町周辺には寺社仏閣が多く、仏具や銀器の飾り職人が多く集まった。武士の必需品であった刀剣を鋳造《ちゅうぞう》する刀鍛冶《かたなかじ》も御徒町に集まり、この地は職人の街として栄えるようになった。

作業効率が高まるようにそれぞれの分野での腕のいい職人が寄り集まり、豊富な材料が一箇所に集まり発展していく。

太平洋戦争が終わり、アメ横に進駐軍が時計、宝石を売りに来たり買い求めるようになると、隣接する御徒町が修理加工の場として賑わいだし、匠の街として発展する。

卸・小売店が集まりだして、バブル期には世界中の宝飾が集まり、栄華をきわめた。

もともと匠の街から発展し問屋街になったので、見栄えよりも実利第一、銀座・青山のようなセレブ感は無いが、大衆的な雰囲気が漂う独特の宝飾街になった。

戦後はお隣のアメ横の影響もあって進駐軍が時計や宝石を売り買いしだすと、時計バンドの商売や時計修理が盛んになっていく。昔は『時計/眼鏡/宝石』という看板を街でよく見かけたように、時計や眼鏡は宝石と同じくらい貴重な物だった。小さな婦人用金側腕時計がよく売れるようになって、ますます御徒町に人が来るようになり、一九六一年には宝石・ダイヤモンドの輸入が自由化されると、御徒町は時計から宝石の街へと移り変わる。

御徒町に流れ着いた人妻

以前、人妻たちの女子会を取材したとき、知り合った三十代後半の人妻がいた。白い肌と理知的なまなざし、笑うとどこか異性をその気にさせる快楽的な香りが漂ってくる。ここでは仮に祥子と呼んでおこう。

祥子は九州南部の生まれで、高校を卒業すると都内のある有名女子大に入学、卒業すると大手不動産会社に就職した。

「配属されたのは営業だったんです。社内試験もあるし、営業成績がよければお給料も上がるんです。でもノルマがきつい！　同期は五十八人いたんです。女子は三分の一。営業に配属された女子は五人だったから、がんばった」

祥子は必死になって飛び込みで営業したり、学生時代の人間関係を使ってマンションの営業をしたが、数千万円の物件はそう簡単に売れるわけではない。

「同期の女子社員が急に契約取りだしたんですよ。向こうはわたしの三倍以上も（契約）取るの。都市銀行の社員寮まとめて契約したときは、もう負けたと思いました。でも気づいたんですよ。その子、支社長に気に入られて、いつも一緒に営業まわってたの。いつの間にか支社長の愛人になってたんです。帰りも一緒だし、朝も一緒に来るし、社内で噂になりだしたんです。都市銀行の社員寮まとめて契約したのも支社長の力だったんですよ。そんな大口の顧客を任されるなんて若い女子社員はあり得ない。

でもその子は、契約書にささっと自分の名前書くだけで、わたしの（給料の）倍もらっていたんです。そのとき思ったの、社会というのはただ真面目に働いているだけじゃだめ。女の武器も使っていかない

上野御徒町ジュエリータウンの通り

とって」

ストレスから摂食障害になり、退社した。

四年十一ヶ月在籍したあいだに、同期入社の五十八人のうち残ったのは祥子ともう一人だけだった。支社長の愛人と噂された女子社員はとっくに退職し、仕事で知り合ったサラリーマンと結婚退職した。

祥子は知人の紹介で青山の宝石店に再就職した。

「子どものころから光り物が大好きだったから、うれしかった。前の会社にいたとき給料から天引きで宝石買っていたくらいだし。青山の路面店で働いていたら、御徒町の卸の人から誘われて転職したんですよ。本橋さんがいま書いている上野に出てくるジュエリー街ですよ。でもねえ、青山から御徒町って、もう売ってる人も買いに来る人も人種が違う！」

おしゃれな青山から戦後闇市の匂いが染みつく御徒町宝石街に移り、祥子は戸惑うばかりだった。

御徒町は宝飾業界のすべてが集まる黄金地帯だった。

メーカー、卸、小売店、パーツ屋、枠屋、材料屋——。

祥子が入社した店は社員九人の中堅卸であった。そこでは宝石業界の仕組みを徹底して学んだ。

宝石関連の卸が軒を連ね、業者だけではなく一般人に対しても宝飾類を販売する。デパートでは宝飾類はブランド的価値を価格に反映させるので割高感があるが、御徒町の宝飾街は同じ宝飾類が五割以上安く買える。

宝石のアメ横、とでも言おうか。

宝石街に集まるジャイナ教徒

日本が不況風に晒《さら》されているいま、宝石街を席巻しているのは外国人パワーである。

「中国人の爆買いみたいに御徒町はいろんな外国人がやってきてますよ。ユダヤ人、スリランカ人、インド人、中国人、韓国人。ダイヤモンドはユダヤ人に人気があって、ルビー、サファイヤはスリランカ人とか。この近くにコリアンタウンがあるでしょ。その関係なのか、御徒町の宝飾職人さんも韓国人が多いんです。もともと韓国人のほうが人件費や加工賃が安い分、安く下請するから、どうしてもそっちに流れるんです。韓国で仕事するよりもこっちでやったほうが十倍稼げるしね」

以前はここ上野・御徒町の宝石街も問屋がメインだったが、不景気で業者だけの商売では立ちゆかず、小売りの割合が増えた。

「御徒町の卸や小売店はみんな小さいんですよ。宝飾って儲かりそうな感じがするけど、仕入れて売って仕入れて売っての自転車操業だから、手形がまわらないでメーカーが飛んじゃった（潰れた）なんて話、珍しくないんです。お給料？　あんまりよくない。でもね、お店が潰れちゃっても、またここにもどってくる人多いの。一種のコミュニティだから、商売がやりやすいんですよ。青山や原宿、銀座の宝飾店とはそこが違う。下町感覚ですね」

韓国人の宝飾職人が増えたのと同時に、ここ御徒町ではインド人が急増した。

インドで時計産業を発展させようとしたところ、時計産業がもっとも進んだスイスは国家的産業なのでなかなかインドに技術指導をしなかったが、日本はインドに積極的に技術指導をしたために、インドから日本に時計技術を学び、商売にしようとインド人がやってきた。

手巻きの時計から自動巻、デジタルに移行すると、古くからの時計職人が減り、時計から宝石に移行するようになり、インド人の多くが宝石に鞍替えし、上野・御徒町の宝石街にインド人がたくさん集まるようになった。

「噂だと百店以上インド系の卸があるみたい。やっぱり多国籍の街だけありますよね。不思議なことに、インド人でもジャイナ教っていう信徒なんです。知ってます？　ジャイナ教ってわたし初めて知った。学校でも習わなかったし、まわりでも信者はいなかったし」

ジャイナ教とはインドで生まれた独自の宗教で、徹底した禁欲主義、厳格な不殺生主義を教えとする。生き物を傷つけない。嘘をつかない。所有しない。むやみな性的行為をおこなわない。他人のものを取らない。

インドで時々見かける白衣をまとった出家信者がジャイナ教徒である。

インドの人口は十二億七千万人。中国について世界第二位を誇るが、ジャイナ教徒は四百二十万人、インド全人口の〇・三パーセントにすぎない。

ところが嘘をつかない、禁欲主義といった勤勉さがビジネス上有利に働き、ジャイナ教徒は世界中で活躍している。

その一つがここ上野・御徒町の宝石街への進出だった。

宝石という高額商品は信用が第一。ジャイナ教の「嘘をつかない」という教えは御徒町で強力なブランドになった。

卸を営むジャイナ教徒の社長が御徒町の社屋にジャイナ教寺院を建てたために、上野・御徒町はジャイナ教徒の聖地になった。

宝石というある種人間の欲望を究極に高めた贅沢品を、もっとも禁欲的なジャイナ教徒が扱い、繁盛するというこのパラドックス的展開！

愛人兼社員

幼いころから宝石類に惹かれていた祥子は、趣味が高じて仕事になった幸運な女性であった。

「宝石のなかでもダイヤモンドって利幅がそんなにないんですよ。地金の金、プラチナが高い。原価が上がっているの。特に金は昔グラム一千円だったのが、いま五千円だから。円安だし中国が需要高になったもんだから品薄になったんです。人気があるのはやっぱりダイヤモンド。それから色石といってルビー、サファイヤ、エメラルド。色石のなかでもパライバトルマリンがダイヤモンドより高くて、人気があります。ブラジル・パライバトル州で突発的に採れたもので、もう閉山して採れないんですよ。だからよけい希少価値があるんです。アフリカでも採れるんだけど、色が薄いから価値がちょっとね。色はグリーンかピンク。蛍光ブルーのパライバトルマリンが一番高いです。レアストーンだから。いいのは何千万円もするし」

祥子は毎月催される展示会で、販売員としても客の前に立っている。

「バブル時代は高い物から売れたんだけど、いまは安いものから売れていきますね。安い物買うお客のほうがうるさい。高い物買うお客は、すっと買う。売るコツ——たとえばネックレスなんかは、お客さんにすぐ付けさせちゃう。やっぱり自分の首に巻かれると自分の物になった気分になるじゃないですか。うれしいとお客は目の表情が変わるから」

店の社長に連れられて祥子は営業に付き合う。

宝石関係の客は女性が大半なので、売り手側にも女性の感性が必要になる。

「二人女性社員がいるんだけど、社長はあまり気に入ってないから、わたしを連れていくようになったの。営業が終わって帰る時間になったら、銀座で食事に付き合わされて、『うちまで送っていくよ』って言われたので素直に車に乗ったら、途中渋谷の道玄坂にさしかかって、『寄っていこう』って……」

ラブホテルに入って、抱かれた。

「社長は奥さんと三人の子どもがいて、独身だったわたしは愛人兼社員みたいなポジションになっちゃった。仕事が終わってどこで密会するかというと、上野、湯島、鶯谷は仕事関係者とばったり会う危険性があるんで、もっぱら池袋でした。三年近くそんな関係がつづいてたけど、奥さんが気づきだして……。クビになっちゃった」

奥さんの逆鱗に触れた末の解雇だったのか、あるいは社長がそろそろ他の女に手を出そうとして愛人交代となったのか、真偽のほどは定かではないが、三十路になった祥子は友人の紹介で付き合いだした中堅の建設会社社員と結婚。子どもも生まれ親子三人、東京東部のマンションで暮らしている。

「最近また御徒町で働きだしたんです。あの社長、七十になろうとするのに、相変わらずお盛んでまだ愛人がいるの」

「浮気は三年で時効だから」

三十代後半になった祥子は美貌にますます磨きがかかった。

「路面店、銀座百貨店、宝石サロン、ホテル、催事場、全部販売やってきたんです。宝飾の販売員って年配者がすごく多いの。六十、七十代ばかり。もうすぐ四十代になるわたしが一番若い（笑）。高齢の職場ってそんなにないから、みんな居着いちゃうんですよ。ベテランのほうが宝石関係の知識も豊富だし、お客さんの応対にも慣れてるし。こんな不況のいま、七十代の女性でも職にありつけるんだから貴重な職場でしょ。働いている年配の人たちって、訳ありが実に多い。離婚してたり、愛人だったり」

展示会にやってくる客層も高齢で、六十代以上が中心だ。

意外なことだが、宝石類は年金生活者がお金を貯めて買うのだという。

「男から買ってもらうのが当たり前と思っている女性は得意先ではない。主流は普通の主婦層です」

展示会には、主宰者側の人間として美川憲一・デヴィ夫人が登場し華やかな雰囲気に一役かっている。

痩せ細った川島なお美も主宰者側のゲストとして会場を訪れたことがあった。

「宝石セールス会場にはいろんな人たちがやってくるから、人間ウォッチングには最適なんです。男女でやってくる人たちのなかに愛人もいるんですよ。先週来てたのは、七十代の品のいい御婦人。上司がわたしに耳打ちするの。『くれぐれも奥さんとご主人と言わないようにね』って。そう、七十代の御婦人なんだけど愛人やってるの。色気があるし、男好きするタイプ。話すとき、八十代の愛人《パパ》の目をじっと見るんです。横に座ると『そうよねえ』って顔を近づける。おじいさんも悪い気しないじゃないですか（笑）。さすが、愛人道が長いだけある。聞けばこの七十代の愛人さんって、六人も愛人《パパ》がいるんですって！　宝石即売会があるたびに、愛人《パパ》を変えてやってきて買ってもらうの。

わたしが立っていたときは、石物を中心に買って、ラリマーっていうドミニカでしか採れない青い石を買ってましたよ。他にもネックレス、ブレスレット、合わせて二百万円以上お買い物。そういえばこ

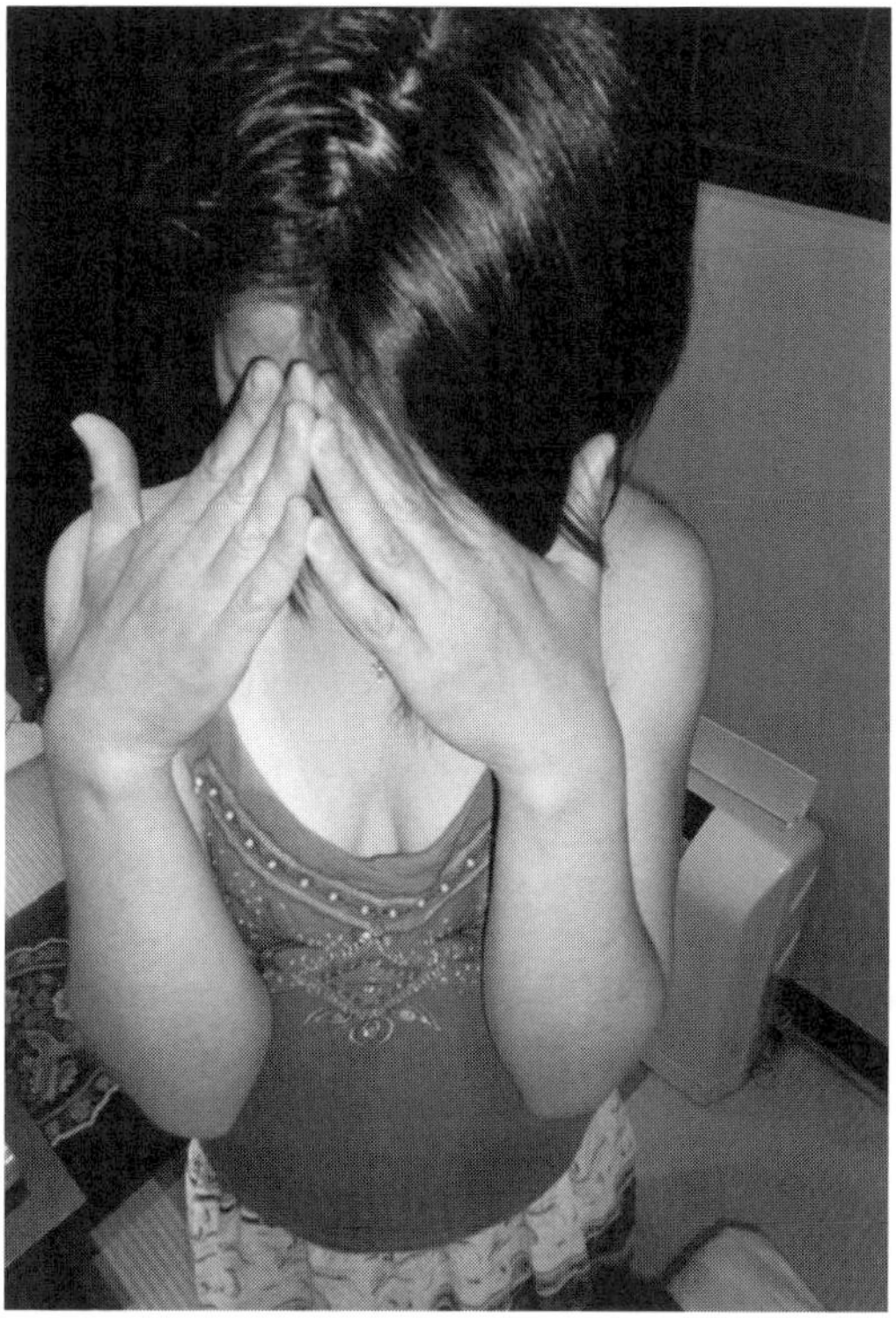
宝石店で働く人妻・祥子

の前、愛人《パパ》にダイヤとルビー買わせるって若い女性いたんだけど、そっとわたしに耳打ちしたの。『もっと高い値段を書いた領収書ください。その代わりあと二個買うから』って。領収書との差額を懐に入れたのね。お手当代だけじゃ足りないから」

祥子は結婚するまで誰にも言えないある秘密をもっていた。

「お店に来るお客さんで、小学校の校長先生がいたんですよ。話しているうちに親しくなって、温厚な方だし、わたしも心を許してたんですね。何度かお食事しているうちにカラダの関係になって、気づいたら校長はSだったの。SMマニア。同じSMマニアで五十代の商社マンがいて、マニア同士って横のつながりがあるんですよ。

よく三人でホテルにこもってSM3Pやりましたよ。フルコース。お休み取りやすい土日を使って、最初は校長とわたしでプレイして、仕事済ませた商社マンが遅れてやってきて加わって。一人が責めると一人が鑑賞。そのときビデオ撮影もするの。校長は浣腸プレイが大好きなんですよ。わたしが苦しむ姿を見るのが興奮するっていう。わたしも便秘気味だから、かえって好都合だったりして（笑）。

商社マンは拘束するのが好き。二人がかりでローソク、バラ鞭、バイブ責め、縛り、浣腸、吊るしのフルコース。その後、仕上げと称して、代わる代わるセックスするんです。疲れるけどスポーツした後の爽快感みたいなのありますよ」

SM3Pの関係は、祥子が結婚する直前までつづいた。

夫は祥子のSM3Pの過去などつゆ知らず、子どもを交えた三人家族で幸福に暮らしている。

「今日は下町の展示会だったから、おばあさんばかり。主宰は和装で宝石はその後。着物の会社が営業の男性たち使って、来客した中年女性たちに着物買わせるんです。枕営業やって。そう、男がカラダを使って着物を売るの。精力強い男ばかりで、地味なおばさんに着物買わせるんです」

祥子にはどこか男を引き寄せる雰囲気があり、いつも男の噂が絶えない。

ついこの前も、こんなことがあった。

「仕事終えて帰る途中、上野駅で声かけられたんですよ。『すごいきれい。タイプなんです。お茶しませんか』って。断ってもしつこく誘ってくるから、『主人がいるんですよ』って言ったら、『それでもぜひ話したい』って言ってくるの。『そんなに暇じゃないからいいです』って断ってもしつこく誘ってくるんで、『じゃあ名刺ください』って言ったの。それで諦めるだろうと思ったら、名刺出してきたの。ちゃんとした病院の検査技師だった。意外でしょ。男の人ってほんとに女好きなんですね。帰って何日かしてはっきりと断りのメール送ったら、それでも会いたいって言うから、たまたまそのとき職場の人間関係で面白くないことがあったんで、つい食事くらいならってOKしちゃった」

上野で食事をした後、カラオケボックスで歌っていると、「肩が凝っているでしょう」と言って肩をマッサージしだし、触りだしてきた。太ももに手が伸びる。

「やめてください」と人妻の祥子が言っても、今度は胸を触られた。手慣れている感じがした。

「主人がいるんですよ」

「仲良くなりたいんです」

強引な男の導きで祥子は上野の隣街・湯島のラブホテルに連れ込まれ、束の間の情交となった。

祥子は言い切る。

「不倫しても誰にも迷惑かけなければ、むしろわたしは賛成します。気持ちいいし、夫にもやさしくなれるし。夫はわたしのこと、大好きだし、わたしも離婚はしない。生活の安定のために。不満はそんなに無いし」

そして付け加える。

「浮気は三年で時効だから」

宝石街には今日も、七色に光る魅惑の品を求めて人々がやってくる。

応対に立つ祥子は脚のむくみに悩みながら、本日も仕事と家庭を両立させ、家と上野を往復する（時々、他の男と寄り道して不倫をする）。

祥子にとって上野とは――。

「うーん。どうだろう？　青山のお店からここに移ったときは、なんか汚くて人種が違うと思ったけど、でも長くいると落ち着くのかも。上野ってだからいろんな人が居着くんじゃないかしら」


義父が愛した上野のラーメンは、宝石街でも見当たらなかった。

第六章　アメ横の光と影

アメ横での苦い経験

十二月の昼は短い。

あっという間にあたりは暗くなり、アメ横はライトに映し出された買い物客でごった返している。

「混んでますねえ」

愛妻家の杉山がつぶやいた。

そしてこんなことを付け加えた。

「アメ横って、僕、苦い思い出があるんです」

「スリにすられた？」と私。

「いえ」

「女から別れを切り出された？」とK編集長。

「それは不忍池でした。むこうから、〝別れましょう〟って切り出してきたのに、最後は近くのラブホテルに誘うんですからね。あ、余計なことを言ってしまった」

「それでなんなのよ。アメ横で苦い経験したって」

私が質問すると、親思いの杉山は苦い思い出を吐露しだした。

「年末に大晦日のアメ横の賑わいが散々ニュース番組で流れるじゃないですか。母が、『一度でいいから歳末にアメ横で売ってる大トロを食べてみたい』って言うんで、僕が茨城の実家にお土産で買って帰ったんです。たしかに安いんですよ。『五千円の大トロが千五百円、六千円のタラバガニが二千円でいいよ！』って。さっそくお正月に食べたんですけどね……。凍っていたので買ったときはわからなかったけど、大トロは解凍してみたらただの赤身っていうか、激安の回転寿司でも出てこないようなパサパサの不味い赤身だったんです。あんな不味いマグロ、食べたことない。タラバガニも茹でてみたら中身スカスカ、まったく身が詰まってない。種類もタラバガニとは別物の偽タラバでした。両親はあれ以来、二度とアメ横の話をしなくなりました」

安くて品質のいいものを売っているのがアメ横のはずではないか。親思いの杉山が掴《つか》まされた大トロとタラバガニは例外中の例外だったのではないか。

ところで、私の女房の父が上野駅で降りてすすったラーメンはどこだったのだろう。

取材の合間、私は上野駅周辺の古くからやっていそうな中華料理店、ラーメン店を軒並みあたってみたが、それらしき店は見つからなかった。

義父は真冬に出稼ぎ労働者になって、上野駅で降りてすすった安くてなんの変哲もないラーメンであったが、東京の味として心も体も温まる一杯だったのだろう。

「上野駅《エギ》さ、着げば、むったど人いっぱいでびっくりしてまるでばなァ」

上野駅は集団就職の中卒者で賑わったが、義父のように小学四年までしか行かせてもらえず、集団就職さえできずに地元で働き、十代後半になってから出稼ぎ労働者として上京して働く者もいた。

出稼ぎの季節が終わり故郷に帰るとき、上野駅に立ち寄り、すすった一杯のラーメンは義父にとって忘れられない味だった。

亡くなる一年前、まだ元気だったときにも、あんなうまいラーメン食べたことねえ、と言っていた。

アメ横ガード下にある「珍々軒」は、いつ行っても客が溢れ、外に出したテーブルと椅子でラーメンをすすっている。

私たち三人も、ラーメン（五百円）、タンメン（七百円）、餃子（四百五十円）を注文した。

一度目にしたら忘れられない店名だ。

三十歳になる三代目の主に聞いたところ――「中国語で〝珍〟っていうのは〝小さい〟という意味なんですよ。もともと小さな店だったのでこの名前が付いたみたいです。大島屋という店からのれん受け継いで、だんだん大きくなっていったんです」

昔は店員に中国人もいたという。

ここ数年は震災で花見を自粛する空気が強かったが、「今年は花見客が多くて景気もよかったですよ」と店主。

ラーメンもタンメンも昔懐かしい味だ。

近頃はラーメンも魚介だの豚骨風だのさまざまなトッピングがほどこされて複雑な味になっているが、珍々軒のようにシンプルな味はかえって新鮮である。

昔、ここでラーメンをすすった青森の出稼ぎ労働者のことを尋ねてみたが、店主はまだ生まれていないのでわからなかった。

また探し歩く。

アメ横に集まる外国人

アメ横は終戦直後の闇市の面影を残した商店街である。

一度は行ってみたい下町商店街の常に第一位にあがる、日本人が愛する庶民の商店街だ。

JR東日本の上野駅―御徒町駅間の山手線の高架下に沿った細長い商店街は、正式名称をアメ横商店街連合会、長さ四百メートルのエリアを通るアメ横通りの両サイドに、およそ四百軒の店舗が軒を並べている。

客が集まる商店街というのは、空間がありすぎるよりも、アメ横のようにぎっしりと店がひしめき、通行人が通り抜けるのもやっとという空間のほうが好まれる。

人は隣り合う人間と密集した空間にいたほうが活気づき、行動に影響を受ける。ナチス・ヒトラーが演説をおこなうときも、大群衆をびっしり広場に詰め込ませた。熱気が伝播しやすくなるからだ。

私と杉山、そしてK編集長の上野トリオが本日も上野を流し、アメ横を冷やかす。早春からはじめたこの取材もいまでは師走、夜風がすっかり体に染みる季節になった。

あちこちからだみ声が聞こえてくる。

闇市風のこんな商店街は、いまだに多くの人々から愛されている。セレブな貴婦人であっても、いかがわしさが漂う闇市風の商店街を好んで訪れたりする。

なにが飛び出すかわからない見世物小屋的なスリルを味わいたいのだ。

アメ横は日常生活のなかの冒険である。

椎名林檎がアルバイトしていたという伝説のカセットテープ屋もある。

最近、トルコ料理のケバブ屋台のように、エスニック料理店の進出が著しい。大きな買い物袋を下げた観光客は、二〇一五年度流行語大賞になった「爆買い」中国人だ。

早春からはじめた上野の取材であったが、途中でめでたいことが起きた。

杉山夫人が身籠《みごも》ったのだった。

苦難あっての子宝だったから喜びもひとしおだ。

身重の奥さんからの依頼で、亭主はいつも奥さんが買っているアメ横の小さな薬局屋を探して健康補助剤を購入するつもりだが、なかなか目当ての薬局屋が見つからない。

すると、小さな店に爆買い中国人が詰めかけていた。中国の検索サイトで上位にランキングされる、見落としてしまうような小さな薬屋に殺到し、爆買いしている。

「あ、ここだ」

我らが杉山の目指す店もここだった。

近くにあるマツキヨよりも混んでいる。

店内に入ると、朝のラッシュ時のように身動きがとれないほど、客のほぼ全員が爆買い中国人だ。

紙袋いっぱいに詰めて買い物を済ませた爆買い中国人は、先に外で待っている。

この後、K編集長が次の打ち合わせのために先に上野から離れた。

アメ横をそぞろ歩くと、二メートル近い巨体の黒人数名が手にスニーカーのカタログを持って客引きをしている。

「オニンサン、カッコイイネ」

彼らが売るナイキやニューバランスは通常の値段より安く、五千円ほどで買えてしまう。

もちろんなかには偽ブランドが混在している。

「ヘイ！　イケメン！　ヤスクスルヨ」

こんな言葉に惹かれて店までついていくと、偽物を掴まされる。巨体ゆえに、なかなか断ることができず、つい買わされてしまう。

どこからか香ばしい肉の焼ける薫りがしてくる。昼間から上野をそぞろ歩いていた私たちは、急に空腹を感じ、どこかで食事をしようということになった。

ふと見ると、黄色に緑、赤の派手派手しい看板の店がある。椅子にテーブル、この場で食事ができるケバブの屋台だ。大きな肉を吊してナイフで削り取ってパンにはさんで食べる。

ケバブはトルコの民族料理で最近、東京のあちこちにケバブ屋ができている。客の前で香ばしい肉をそぎ落とすのが、集客効果をあげるのだろう。アメ横のケバブは、高田馬場にあるケバブ屋と同じレベル、そこそこの味であった。

「アゲポヨー、アゲポヨー」

サッカーのネイマールに似た中東の若いケバブ店員が、盛んに日本の女子高生に奇妙な流行り言葉で声をかけている。

「アゲポヨー、アゲポヨー」

ネイマールは沖縄から来たトレーニングウェアの女子高生たちと談笑しだした。本当に外国の男たちはこういった声かけがうまい。沖縄のトレーニングウェア少女たちはたちまちネイマールとその同僚たち解け合い、日本語で話し出した。

私はマンゴージュースを追加した。

ネイマールたちと沖縄のトレーニングウェア少女たちの片言の日本語による交流を眺めていると、「お客さん、お釣りお釣り」と、ネイマールの同僚が私にお釣りがあるのを教えてくれた。

ケバブ売りの男たちはトルコ人であり、みな屈強な肉体をしている。

マンゴージュースを手にすると、もう一人の若い男が「日本人、クビ切られたね」と、悲しそうな顔をした。シリアでの二人の日本人殺害事件について語っているようだ。

私の隣では、三十代の日本人男女がそろってシシカバブーを食べている。

沖縄のトレーニングウェア少女たちとネイマールはまだ話している。

彼女たちのなかから将来の安室奈美恵が生まれるかもしれない。あるいは仲間由紀恵か。

ケバブだけではお腹が満たされないので、私たちは近くにある店の前で、中国料理をつつく屋台に移った。

メニューに「四川料理」と書いてある。

辛口ということか。

揚げパン、豆乳、小籠包、ウーロウメン、ウーロウタン……

多くが初めて見るような大陸的な料理である。

売店の売り子は六十代とおぼしき中国人女性、厨房は同世代の男性。

私が「ウーロウメン」を注文するが、発音が悪いのか、中国のおばさんは苦い顔をして肩をすくめる。

商売っ気がないというか接客マナーが皆無というか。

中国人観光客が炊飯器、テレビ、ビデオといった日本製電化製品を爆買いするのは、もう一つ理由があると実感する。日本の店員たちの接客態度であろう。無愛想な店員たちの接客態度しか知らない中国人にとって、日本のデパート、量販店店員の心配りのきいた接客態度は神がかったものに映るのだろう。

私の隣に座って食事をしていた二十代前半の女性が私の注文したメニューを流暢な中国語で話すと、店のおばさんはやっと理解したのか、厨房に料理を発注した。

「中国の方ですか？」

私が質問すると、隣の彼女は「そうです」と日本語で答えた。

広東省出身で、京都の著名大学で学んでいる留学生とのこと。春休みを利用して上野まで遊びに来たという。もう一人、彼女の横にいる女性もまた中国からの留学生だという。二人、中国美人である。

五つあるテーブルはすでに満席状態、斜め向かいの日本の中年女性一行が料理を注文しようとするが通じない。店のおばさんはまたもや苦い顔してそっぽを向いた。

留学生の彼女たちが、流暢な中国語でおばさんに通訳する。親切な娘たちだ。

私は留学生に質問してみた。

「この店の味は本場の味に近いですか？」

「ええ。そうですね。同じです」

広東省出身の彼女が言うのだから、食べてみる価値はあるというものだ。

「広東省の方って、朝ご飯はなにを食べてるんですか？」

「揚げパンとか焼き小籠包です」

私はいま、自分が食べているメニューについて尋ねてみた。

「ウーロウメンは小麦麺が入ってるもので、ウーロウタンは春雨が入っています」

私が食べているウーロウメンはなにやら漢方薬の味がする。

「そうですね。漢方薬の一種が入ってますね」

隣の杉山が「台湾の屋台だとこれと同じ匂いがしましたね。桂皮《ケイヒ》かな？」と推理した。

揚げパンは甘く油が強く、大陸的な味と言おうか。わりといける。

私は先ほどのお礼にと、揚げパンを隣の中国人留学生に勧めた。

すると彼女はお腹を押さえて「お腹いっぱいです」と笑った。

豆乳を飲む。

日本の豆乳と比べると、薄味で甘い。

私たち二名の四川料理飲食代は、計千三百円。大いに飲んで食ってこの値段だからかなり安い。

この後、秋葉原に行くという二人の留学生にお礼を述べて席を立った。

混沌とした地下食品街

「入れちゃえ入れちゃえ入れちゃえ」

呪文のような声で紙袋に次々とお菓子を放り込む男性店員。

アメ横名物のお菓子屋「志村商店」だ。

紙袋に二千五百円分以上のチョコレートをどんどん放り込んだものが千円ぽっきり、というたたき売り。客は自分で好みの菓子を選べない代わりに、紙袋いっぱいになるまでお菓子を入れてくれる。このときのかけ声がアメ横的なのだ。

「入れちゃえ入れちゃえ入れちゃえ」

マントラのような声を背にして、アメ横を流す。

立ち食いの海鮮料理屋もあれば、宝石店、ドラッグストア、スポーツシューズ、スタジャン・トレーナーといった衣料を売る専門店が建ち並ぶ。

私たちはアメ横センタービル地下食品街に入った。

東南アジアのマーケットといった景色が広がっている。

中国、ベトナム、カンボジア、フィリピン、インド、タイ、インドネシア……。

東南アジアの香辛料、調味料がそろい、なかでも中国料理の食材が圧巻だ。

豚の耳、イノシシの尻尾、ピータン、上海ガニ、ホヤ、ひまわりの種、亀、小魚、薄桃色のなにかの内臓……。初めて見るような中華用食材がずらり。

さすがはありとあらゆる物を食材にしてしまう中華料理のことだけはある。まるで終戦直後の闇市のような空間だ。

上野に行けばなんでも手に入る、という触れ込みでアメ横は発展してきたが、その実績を裏切ることなく、ここ地下食品売り場はエスニックな薫りを放つ。

御徒町側の入口看板には「アメ横」と書かれているが、反対側の上野側にある看板は「アメヤ横丁」と書かれている。

アメ横の語源はどこから来ているのか。

一つは、終戦直後、食料不足に直面した国民はとりわけ甘い物に飢え、芋《いも》を原材料にした飴を上野駅近くの闇市で売ったところ、飛ぶように売れたために相次ぎ芋飴屋が誕生し、その数数十軒になった。そこから飴屋（アメヤ）横丁、略してアメ横になったという説。

もう一つの有力な説は、終戦後、進駐軍が放出した食料品、衣服が闇市で売られたことから、アメリカ横丁となって略してアメ横になったという説。

ともに信憑性が高いが、結論からすると、前者、飴屋横丁説が一番信憑性が強い。

終戦後、進駐軍（米軍）が放出した衣料品、ライター、靴、革ジャン等は舶来品ということで品質がよくて、物不足にあえいでいた日本人にとって輝いて見えたことだろう。闇市で売られる物に品質保証を与えるために、〝アメリカ〟というブランドを付加し、すでに存在していたアメヤ横丁という通称名と重ね合わせた。

アメ横は終戦直後に誕生した上野―御徒町両駅間の高架下とその周辺に細長く伸びる闇市がもとになっている。もともとは、国鉄の変電所があり、空襲で狙われる恐れがあったために、この周辺の家屋が強制疎開になった。

昭和二十年三月十日未明の東京大空襲によって下町は焦土と化し、上野も焼け野原になった。

終戦後、焼け跡にバラックや店が建ち、闇市が形成された。

全国のターミナル駅の駅前に「マーケット」と称する闇市が出現する。新宿には尾津組が露店市場「新宿マーケット」、駅南口に「和田マーケット」、池袋には関口組が「西口マーケット」といったように地元のテキヤが仕切った。

テキヤとは縁日で露店を出す業者のことを指し、博打打ちの博徒とともに広い意味でのアウトロー系に含まれる。

御徒町駅側の「アメ横」入口

アメ横名物・チョコレートのたたき売り

私が生まれ育った所沢の駅近くにも「マーケット」と呼ばれる闇市の名残がある小売店街があった。未舗装の通路の両側に、魚屋、毛糸屋、衣料品店、オモチャ屋、金物屋といった小売店がひしめき、薄暗い照明に照らされて買い物客でごった返していた。

戦後は悪性インフレを防ぐために物価が国によって統制され、それ以外は闇物資とされ、建前上は買ったりするのは法律違反になった。法律は守らなければならないと、判事が闇物資を買わなかったために、餓死した事件が起きたのもこのころだ。

上野の闇市は本音で生きる庶民たちの新天地になった。

人と物資が集まると、利権が生まれる。愚連隊、暴力団が跋扈《ばっこ》し、戦勝国を自称する中国・韓国・台湾のいわゆる「三国人」が警察を無視して暴れるようになる。

闇市になった土地は戦禍にあって土地台帳も空襲で消失し、土地の所有権が曖昧になった所が多く、新宿駅周辺でも東口、南口あたりは戦後何年経っても権利関係が複雑のままだった。

土地の所有権が複雑ということがまた、闇市の放埒な雰囲気を熟成させた。

バラックや簡易店舗ができたアメ横には闇の物資が売られ、暴力団、愚連隊が我が物顔に振る舞うようになり、治安の悪化をおそれて行政側が昭和二十一年に、アメ横の王様と言われた近藤広吉に頼み込み、まともな商店八十数軒を束ねて近藤マーケットを開設。昭和二十一年五月、二十五コマに仕切ったバラック建てのマーケット、アメ横の原型ができあがった。

初期のアメ横で存在感の大きかった在日コリアンの多くはこの近く、東上野の一帯に集められ、後にこの一帯は韓国料理店で賑わう通称「キムチ横丁」という街になった。

アメ横センタービルは、昭和五十六年の大火災の後、近藤マーケット跡地に建ったものである。

一ドル三百六十円時代では、舶来品は高品質、高額というイメージが日本人に定着した。いまよりもはるかに輸入品は数が少なく、ウイスキーも衣料も、金や銀、ダイヤモンドにいたるまで国内ではなかなか手に入らず、最後の手段としてアメ横に行けば買える、という時代がつづいた。

米軍放出品から始まって、アメ横にはジーンズ、コーラ、革ジャン、ミリタリー用品といった品々が売られていた。

三島由紀夫の革ジャン

あの三島由紀夫が革ジャンを欲しがり、探し求めてたどり着いたのがここアメ横の革ジャンショップだった。革ジャンがアメ横で売っていることを教えたのは、美輪明宏だった。三島由紀夫は東大法学部卒、大蔵省キャリア官僚、エリートであり、優秀であればあるほど、自身に足りないものが欲しくなる。インテリの三島は華奢《きゃしゃ》な体で、ギリシャ彫刻のような肉体美を手に入れようと、ボディビルに入れ込み肉体改造に成功する。素肌に革ジャンは憧れであっただろう。

『からっ風野郎』（一九六〇年・大映）は東大法学部の同窓・増村保造監督が三島を主演に起用した三島唯一の娯楽映画主演作であった。本作では、狡《こす》っ辛《から》いヤクザ役を熱演し、劇中でも革ジャンを粋に着こなしている。

米軍放出品がアメ横に流れたことから、いまだにアメ横およびその近辺には革ジャン、ミリタリー用品といった店が健在である。

中古バイク販売店も多く集まり、ライダーが愛用する革ジャンがこの地でよく売れた。

一九七二年暮れに鮮烈なデビューを果たした四人組のバンド・キャロルもまた革ジャンを着ていた。彼らがまだ川崎の無名バンドだったころ、『リブ・ヤング!』(フジテレビ系)という番組に出演した。

このときテレビを見ていた私は、革ジャン、リーゼント、四人編成のバンドは、無名時代のビートルズが西ドイツのハンブルグで同じスタイルで演奏していたころをリスペクトしているのだとわかり、なんとセンスのいいバンドが出現したのだろうと衝撃を受けたものだった。

矢沢永吉やジョニー大倉が着ていたのがアメ横の革ジャンだった。

革ジャン専門店「舶来堂」は終戦直後の焼け跡時代にアメ横のバラックのなかから誕生した店であり、当初はゴム長靴や石鹸などの小間物雑貨を扱っていた。革ジャンは昭和四十年代前半から扱いはじめ、バイクのライダーやロックンローラーが愛用する革ジャンを売っている。

レバノンからの金密輸ルート

アメ横に行けばなんでも手に入る、というケースをもう一つ——。

昭和三十年代は『少年』『冒険王』『ぼくら』『少年ブック』といった月刊少年漫画誌の黄金時代であった。光文社発行『少年』には、手塚治虫『鉄腕アトム』、横山光輝『鉄人28号』、関谷ひさし『ストップ!にいちゃん』、白土三平『サスケ』といった人気漫画が連載され、都会向けの月刊誌であった。

少年画報社から出ていた『少年画報』は武内つなよし『赤胴鈴之助』、桑田次郎『まぼろし探偵』といったヒット作があり、『少年』に比べると地方で人気がある月刊誌だった。

東京オリンピック前年の一九六三年、小学一年生だった私は都会派の『少年』と、地方派の『少年画報』も愛読していた。

当時、少年誌は戦記物ブームでゼロ戦、紫電改、雷電、戦艦大和、武蔵、といった兵器が毎号載っていた。いまから思えば、戦後からまだ十八年しか経っていなかった、いまより戦火が生々しく残っていた時代だった。

『少年画報』の表紙は毎号、江木俊夫が登場していた。後にフォーリーブスのメンバーとなってアイドルグループとして人気を博する前の子役時代だ。

一九六四年一月号（前年十二月六日発売）の『少年画報』表紙は、日本海軍の水兵スタイルをした江木俊夫だった。私はこの号をいまでもよく覚えていて、以前、『新潮45』の不定期連載「僕らのベストセラー」シリーズで『少年画報』を取り上げた際、江木俊夫本人に取材したことがあった。

表紙撮影をしたことは本人も覚えていたけれど、このときの撮影についてはまったく記憶がなかった。

「五十年前のこと、覚えてます？」

江木俊夫にそう切り返された私は、ごもっともと言うしかなかった。

この号の元編集長に尋ねてみたところ、水兵の制服は上野アメ横で揃えたものだ、という証言を得ることができた。戦後十八年が経過しても、アメ横には旧日本海軍の制服、あるいはそれに類するものが流れていたのだった。なんでも手に入るアメ横ならではの話だ。

舶来品と呼ばれた輸入品はアメ横に流れ、税関で没収された密輸品が競売されるとき、税関職員では知識が追いつかないので、アメ横の人間が呼ばれた、という興味深い記述が『アメ横の戦後史』（長田昭・ベスト新書）に載っている。

著者・長田昭は昭和三年大阪市生まれ。十七歳で上京し、上野の闇市で菓子製造・卸業をはじめる。

その後、倒産整理、金融から輸入業など手広く商売を広げ、戦後の闇市をアメ横商店街にまで育てあげた人物だ。

この本を読むと、アメ横に舶来品がどれほど放出されてきたかがよくわかる。

一九六四年当時、民間の金輸入は禁止されていた。高度経済成長で金の需要が高まる。そこで金の密輸が横行し、なかでも中東のレバノン共和国のベイルートにアジトがあるレバノン・グループからの密輸が主流になったという。レバノン・ルートは他の国の金よりも質がよく、ある中国人ブローカーもレバノン・ルートの金を密輸し国内で密売した容疑で逮捕された。

金の精錬所を追って、金の売りさばき先がどこか捜査されたが、事件にならないままとなった。

ある中国人ブローカーがアメ横に店を持っていた。表向きは輸入雑貨店なのだが、裏にまわると金を扱うアンダーグラウンドの店だった。天井の蛍光灯裏に金の延べ棒を隠し、密売していた裏話が暴露されている。

さらにこんな舞台裏が――。

一九六四年、戦後初めて日本が世界中から注目される歴史的大事業、東京オリンピックが迫った。太平洋戦争から十九年、見事に復興した日本を世界に知らしめるために官民一体となってオリンピックを成功させようと盛り上がった。小学二年生だった私も、全校生徒でオリンピック音頭を踊った記憶が鮮明に残っている。

そんな国家的大事業のとき、日本には金（ゴールド）が足りなかった。

優勝者に授与される百六十三個の金メダルが足りないでは済まされない。そこであのレバノン・ルートの金が役立つことになった。

東京オリンピックの金メダル、あのマラソンの覇者・アベベも柔道のヘーシンクも日本女子バレーも首からさげた栄光の金メダルは、アメ横流れの金が混じっていたのだ。

本音の世界・アメ横の金が、建前の世界・東京オリンピックに一役買ったのだった。

禁断の年末商い

私たちが上野を取材している途中で、さまざまな人物と遭遇してきた。

上野を案内してくれた人物たちのなかに、とある男子大学生がいた。眼鏡をかけた人のよさそうな理工系の学生である。その彼がこんなことを漏らした。

「アメ横でバイトしたことあるんですよ。年末っていうとアメ横で生きのいいエビ、カニ、マグロを売ってるってイメージありますよね。でも、僕がバイトしてた店は普段は鮮魚店じゃないんですよ」

元学生アルバイトはしばらくためらいながら、ショッキングな裏話を暴露した。

「あの……いつもは魚屋じゃない店も靴屋の軒先とかまで借りて年末はカニやマグロを売ってるんですよね。僕もアルバイトで毛ガニとか売ってたんですけど、日本で一番カニに詳しいみたいな顔して売るんですけど、質は目茶苦茶ですよ。凍ってるんで重さがあるだけで、溶けたらスッカスカなんですよ」

それを聞いていた私たち三人はいっせいに口をそろえた。

「だからか！」

杉山は両親に買ってやった大トロとタラバガニが偽物だったことを悔しそうに告白した。

元学生アルバイトはもっともな顔をした。

「そうでしょ、そうでしょ。『トロ千円トロ千円！』って客の前で煽っておいて、客が買った瞬間に、『赤身つかんだよ、あの客！』とか内心言ってますから（笑）」

私たちは愕然とした。

「だから地元の人は、絶対にアメ横では鮮魚を買いません」

そして元アルバイト学生はもっともらしい顔でこう言った。

「それも込みで、楽しめない奴は来るなってスタンスなんですよ、アメ横は。特に年末は普段の商売関係なく、みなさんカニなりかまぼこなり仕入れて売るんですよ。儲かるときに儲かるものを売るのがアメ横のアイデンティティなので、それぐらいなにを売るかってことに、みなさんあんまりこだわりがない」

清濁併《せいだくあわ》せ呑《の》む、というべきなのか、騙されたほうが悪い、というべきなのか。

上野熱に取り憑かれた社会学者

私たちは翌週、上野駅である人物と待ち合わせした。

『常磐線中心主義（ジョーバンセントリズム）』（河出書房新社）の責任編集（開沼博と共同責任編集）、筑波大学大学院人文社会科学研究科・五十嵐泰正准教授である。

五十嵐准教授はここ上野を十五年以上にわたり社会学的調査をしてきた学者であり、日陰の身的な存在であった常磐線にスポットライトを当てた学者である。

雑踏のなか、現れた五十嵐准教授は端正な顔立ちで、人混みよりも頭一つ上にある。

近くの喫茶室で上野について話を聞く夕べになった。

「中学・高校と上野近辺まで出て来たので、親しみのある街なんですよ。日暮里から歩いてきてこの近辺で遊んだり、アメ横で買い物したりする機会も多かったんですね。たまたま僕が入ってた部活の仲のいい五つ上の先輩がいて、その方が台東区の区議会議員に立候補することになったんですよ。僕が大学四年のときなんですけど、その人に言われて選挙手伝って、出入りして色々手伝ったり、その人のボスの上野選出の議員の話を聞いたりしてるうちに上野って面白いなってあらためて思うようになったんですね。

その選挙の後に、イギリスのバーミンガム大学に留学することが決まってたんですよ。都市社会学を勉強してたので、バーミンガム大学で都市社会学や地理学を勉強してたんですよね。学生たちが母国の都市について自由に発表する機会があって、僕が上野のことを話したら、イギリス人とかヨーロッパの他の国から来てる学生たちが、『なんだそれは!?』って言うんですよ」

五十嵐准教授は一九七四年生まれ。東大合格者数第一位の私立開成高校を卒業、東京大学大学院総合文化研究科国際社会科学専攻を経て、一九九九年九月、バーミンガム大学大学院に留学した。

上野は何故にヨーロッパの留学生たちを驚かせたのか。

「ロンドンには部分部分（パーツパーツ）は似たところがあるんですよね。たとえばアメ横でいうと、観光客がいっぱい来る下町の大きな商店街ということで、コベントガーデンというところに似てるんです。映画『マイ・フェア・レディ』の舞台となったところなんですけど、まあ、なるほどなるほどと彼らにも想像がつくんですね。上野は昔、徳川家の菩提寺があったところだと説明すると、彼らもなるほどなるほど、なんとなく想像がつく。大英博物館のような施設がたくさん建ってるんだよと説明すると、はぁはぁはぁと、不思議そうな顔になってくる。さらにそこにロンドンには『ハリー・ポッター』で有名なキングスクロスという大きな駅があるんですけど、上野にはキングスクロスみたいな、北の田舎から労働者が出て来るようなターミナル駅がそこにあるんだよと解説すると、はぁ?ってなるんです（笑）。

色々パーツパーツで説明してそういう要素が一カ所にある街というのが、意味わかんないってことになってくるんですよね。もちろんイギリスにも大英博物館はあるし、リージェンツ・パークという上野恩賜公園に値するものがあるんですよね。アメ横みたいなところもあって、労働者が働きに出てくる街とか駅もあって、それぞれパーツパーツは全部ロンドンにあって、説明してもわかるんですけど、それがすべて歩ける距離（ウォーキングディスタンス）七百メートル範囲で存在しているという意味がわからんという反応をするんです。

さらにそこにご存知のとおり、在日コリアンの話とか一時期イラン人がいたりとかって話をしたら、さらに意味がわからないって感じになる（笑）。そのとき世界各国からの留学生がいたから、上野は世界的に見ても稀な街なんじゃないかっていう話になったんですね。そのときまでそんなに真剣に上野を研究しようとまでは思ってなかったんですけど、留学生たちの話を聞いて、じゃあ帰国したら上野のことをちゃんと研究しようと思ったんですよね」

都市社会学・地理学の対象としてここ上野を選んだ気鋭の学者も、上野熱に取り憑かれた一人だと言えよう。

「研究者仲間で話をしてて、ちょっと性格が似てると思うのは、大阪の天王寺公園。あそこは梅田・なんばに次ぐターミナルで、あべのハルカスにも隣接する天王寺駅のそばにあって、なかには動物園と美術館があります。その一方で、西に新世界、西南には飛田新地とあいりん地区があって、夜間閉園してホームレスが追い出されたり、カラオケ屋台が撤去されたりもしました。ただ、猥雑と文化施設が隣接してるという意味で上野公園に似てはいますが、文化施設にいちいちロイヤルというブランドが付いてるのは上野の特殊性なんですね。寛永寺から（上野）恩賜公園へという、封建国家から近代国家へという権力の移り変わりを象徴する場所の傍らにアメ横があって、近くに朝鮮人というマイノリティのコミュニティがあってという街は、世界的にもかなり珍しいとは思うんですよね」

「ノガミの闇市」と呼ばれた時代

戦後のしあがってきた上野の成功者には在日コリアンの起業家も多く、キムチ横丁にほど近い東上野には、パチンコ関連企業のショールームが軒を連ねる「パチンコ村」もある。

「一種の〝解放区〟であった闇市には、植民地支配から脱した人々が一旗揚げようとたくさん集まってきました。アメ横には朝鮮系が多かったんですが、そうするとやはり日本人のテキヤ衆や警察との衝突も頻発し、『東京闇市興亡史』（猪野健治編・ふたばらいふ新書）などに描かれた当時の記録を読むと、銃器を持ち出すような物騒な事件もよくあったようです」と　五十嵐准教授。

終戦後誕生したアメ横は「ノガミの闇市」と呼ばれた。

ノガミの闇市が儲かるようになると、勢力争いが起きた。なかでも在日コリアンの勢力が強く、たびたびいざこざが起きた。

「朝鮮から直接上野に来た人はちょっと時期が遅れて、昭和二十四～二十五年に来た人が多いようなんですが、昭和二十三年に済州島で起こった『四・三事件（ヨンサン事件）』から逃れてきたっていう話はよく聞きますね。それ以前の戦後すぐから上野に来た人は、西日本などで働いていた人が多いとは言われてますすね」

四・三事件とは韓国の暗部とされる事件であり、一九四八年、反政府勢力が済州島で蜂起し、米軍・韓国軍と激しい戦闘となり、済州島の島民たち数万人が殺害されたという。危機を感じた彼らの多くは、近い距離にある日本に逃げ延びた。

「それで初めて在日コリアンとして東京の繁華街の一角にコミュニティを成したといえるのが上野だったんですね。昭和十五年の幻の東京オリンピックを前に、劣悪な環境の埋め立て地に朝鮮人が集められた江東区の枝川など、戦前からのコリアン・コミュニティは東京にもありますが、商業地第一号は上野のキムチ横丁です。なので、東京の古くからいるコリアンの人は、チマチョゴリをつくるときには、上野に行くんだそうです。たとえば、キムチ横丁の端っこに群山商店っていう大きな店があるんですけど、晴れ着をつくりにいくのはやっぱりそこっていうご家族がいまだにいらっしゃる。

関東地方において初めて朝鮮人として自分たちの街をつくったのは、上野っていう意識があるんでしょうね。現代のコリアンタウンの象徴は新大久保でしょうが、その意味では全然比較にもならないですね。新大久保は新参者《ニューカマー》が来てから膨れ上がったところですから。新参者《ニューカマー》というと八〇年代、韓国が経済成長してから日本に来た人たちじゃないですか」

開成高校―東大―社会学者というコースをたどった五十嵐准教授は、同じように麻布―東大―社会学者という宮台真司にも似た、アカデミズム界のニュースターといった雰囲気がある。ともに聖と俗を分け隔て無く分析する。

「いま上野商店街連合会の会議に毎月一回出させていただいてるんですけど、上野は街全体のイメージづくりという面ではなかなか難しいんですよね。先ほど言ったように上野には信じられないほどいろんな要素があるのが魅力なんですが、美術館とアメ横とか、それぞれの要素のイメージは矛盾しあうし、上野と言われてぱっと思いつくものも人によって大きく違う。美術館に来る人とアメ横に来る人は人種が違うと昔から言われていて、上野では山と街の回遊性というのが昔から課題とされているんです。上野にはあれだけの食事処も買い物場所もあるのに、美術館から最寄りの公園口に入ってさっと電車に乗って銀座にご飯食べに行っちゃうような行動が長くつづいてきたんです」

朝鮮人と地元ヤクザの手打ち式

現在、アメ横は十三の区画に分かれている。

店が増殖していくうち現在の十三の連合体であるアメ横になり、アメ横商店街連合会が形成された。初代林家三平のCM「にきにきにきにき二木の菓子!」でおなじみの二木グループ二代目・二木忠男がアメ横商店街名誉会長を務めている。

二木名誉会長によれば、当時の闇市はちんぴら風のテキ屋が多かったが、上野の闇市は満州からの復員兵、およそ四百人が集まってできたものだという。二木名誉会長の父もまた満州からの引き揚げ組で、行商をやっているうちに上野で商売をするようになった。

一九五〇年、朝鮮戦争が勃発し特需によって米軍の払い下げ品が大量に民間に放出、横流しされてアメ横に入り、これがアメ横名物の舶来品になった。

二木名誉会長によれば、飴や食料品を売る店は上野寄りに多く、化粧品やアメリカ軍からの横流れ品

アメ横のせんべろ居酒屋「大統領」の名物は“馬のモツ煮込み”

を扱う店は御徒町寄りに多いという。(『70seeds』より)

たしかに、アメ横の上野側アーケードには「アメヤ横丁」の看板が掛かり、御徒町側のアーケードには「アメ横」の看板が掛かっている。

アメ横は上野において微妙な位置に置かれてきた。

雑多なものを飲み込む上野でも、アメ横は独特の存在感であった。

五十嵐准教授が証言する。

「アメ横は闇市上がりで戦後できた新しい商店街だから、正直言って上野でも一段下に見られてる時期が長かったんですよ。アメ横で働く人たちは上野の住民でもない。稀にアメ横の二階に住んでる方もいるんですけど、ほんと稀ですね。基本は住む場所じゃなくて商売の場所なので、商店会はあっても町会はないんです。だから、上野ってお祭り好きなんですけど、アメ横だけの神輿《みこし》はないんです。そんなわけで上野のなかでは新参者のアウトサイダーなんだけど、一番アメ横が稼いでたわけです。なおかつ、上野っていえばアメ横ってイメージが一般的には強くて、そういう意味でアメ横以外の通りの人たちは面白くなかったんだと思うんですよね。僕が上野に関わる前の話なのでその雰囲気はわからないんですが、バブル期まではアメ横と他の商店街が一緒になにかすることはなかったそうなんです。実際、上野全体の商店街組織ってずっとなくて、都営大江戸線開通のときに初めて上野商店街連合会ができて、そこにアメ横も入ることになったんです。

上野のなかでのアメ横のポジションの微妙さには、アメ横の商店主の外国人比率の高さも関係しているかもしれません。商店会名簿を見ると、商店主の三分の一ぐらいが在日コリアンか中国人ですかね。アメ横は、戦後朝鮮人を含めさまざまな人たちが流入してできた闇市が起源です。流入してきて朝鮮の人たちといざこざが絶えなかったもんで、下谷区役所や警察署が間に入って、一部の朝鮮人グループをいまのキムチ横丁と言われてる東上野のエリアに移したんです。そこが『国際親善マーケット』という名称になったんですが、実際はそんな美名のもとで隔離したというのが正直なところですね」

史実としても記録されている。

下谷神社で下谷警察署長立ち会いのもと、いざこざを起こしてきた朝鮮人グループと日本のヤクザが固めの盃《さかずき》をかわし手打ち式をおこなった。朝鮮人グループの一部はアメ横に残り、他は隔離されるかたちで現在の東上野、通称キムチ横丁にまとめられることになった。

「近年になってコリアンタウンと上野で言われるようになったのがむしろ上野二丁目ですね。風俗とかが多い仲町通りのエリアにも、コリアンパブとか韓国家庭料理、韓国系のコンビニなどがすごくあって、あそこに来てる人はほぼ新参者《ニューカマー》なんですよ。いまはすごい風俗街になってますけど、仲町通り近辺は古くて格式があるエリアなんですよ。池波正太郎のエッセイにもしょっちゅう出てくるんですけど、もともと江戸時代からの花街で、池之端の芸者さんが小物を買っていた組紐屋とか、つげ櫛《くし》屋とかいまでも残ってるんですよね。『十三や』っていう日本で一番古いつげ櫛屋があそこにあるんですが、お話を聞くともう時間感覚が違って、四代前の人が薩摩に植えたつげを切っていまつくってるとか。不忍池は江戸時代にはリゾート地みたいなもので、池之端の花街はリゾート地にあった風俗街といったところですかね。その御用達だったエリアだから、割と粋な小物屋さんが並んでいた地区なんですよね。そういう伝統や格式の意識が高くて、戦後のある時期までは新参者が店を出しにくい街だったんですよ。それがいまではキャバクラとアジア系パブのひしめく通りになって、すっかり様変わりしながらも、結局ある意味現代的な〝花街〟といった形になっているのが面白いですね」

俗なる世界・アメ横の裏顔がさらに暴露される。

「アメ横に残った在日の人たちとは、その後うまくやっていきました。アメ横は、戦前からの商業地ではないですから、交通至便な場所にあった焼け跡に、朝鮮人や復員兵、引き揚げ者などが横一線で入って商売を始めた街です。アメ横商店街の人に言わせると、まわりの古い通りが、格式がどうのこうのだみたいに言ってよそ者に冷たかった時代にも、最初からオープンにやってた俺たちのほうが全然カネは稼いでるよという矜持があるんですよね。アメ横の古い人なんかには、朝鮮人も中国人も含めた出自不問のよそ者の街で、こっちはゼロからやってきたというプライドがある。その辺で周囲の古い通りと意識の違っていたアメ横も二世世代になって、ようやく二〇〇〇年代ぐらいに上野全体としてやっていこうかなという感じになってきたところだと思うんですよね」

上野とアメ横の複雑な関係がうかがわれる。

〝稼ぐ〟ことへのプライド

アメ横が二十一世紀のいまなお、栄えている理由はなんだろう。

五十嵐准教授によれば、常に商売替えをしてきたからだという。都市学としての上野を研究した際、関東大震災以降二十年おきに上野の商店の変遷を追った。アメ横と上野のメインストリートを比較すると、意外にも新参者と呼ばれたアメ横のほうが、戦後すぐからつづいている店舗が残っていた。

上野のメインストリートである中央通り（表通り）は、昔からやってきた商売は軒並み廃業し、パチンコ、コンビニ、カラオケといったテナント貸しのビルやチェーン店になっていた。

「鈴本演芸場ってありますよね、五、六年前にあの一階二階が『すしざんまい』と『サイゼリア』になったことが上野の街では衝撃をもった〝事件〟なんですけど。結局そうなっちゃうんです。要は表通りは賃料が高いから、貸しビルにしてそういうテナントに入ってもらうことでしか残っていけない。貸しビルになったオーナーは商店会には出つづけてるんで、一見、商店会のメンバーはずっと変わらないで代々つづいてるように見えながら、リアルな商売をしてる人は本当に少ない。それが表通りの現状なんですよね。

それに対してアメ横はまったく逆で、撤退しちゃう方ももちろんたくさんいらっしゃるんだけど、それでも六十年間で四割くらい残ってるんです。表通りのほうは二〇〇五年までの六十年間で九十パーセント近くが入れ替わってるんですけどね。ただアメ横のほうは屋号とか経営者は商店街名簿ベースでいくと残ってるんですけど、商売はすごい勢いで変わってるんですよ。アメ横のほうは自分で商売をつづけて、商売の内容をどんどん替える。最初は禁制品から始めた方も多いと思うんですけど、そのうちに化粧品になってみたりする（笑）。ほんとに一夜にして商売替えするのがアメ横なんですね。高度成長期にゴルフがブームになると、昨日まで洋服屋だった店がゴルフ用品店にある日突然になったそうです（笑）。そういう街なんですよ。その商売替えっていうのはみなさんほんとに早くて、しかも街全体がらっと変わるっていうのがアメ横のすごいとこなんですよね。なにを売るかにはこだわりがなく、〝稼ぐ〟ことにプライドを持ってる。現金商売で在庫を置かないっていうのがあって、そういうのが可能だというのもありますよね。これもあんまり知られてないことですけど、年末のアメ横っていうとエビ、カニ、マグロとか売ってるイメージありますよね。普段、靴屋とかそういう場所が年末はカニ売ってるんですよね（笑）」

我らが杉山茂勲の顔が強ばった。

やはりあのバイト学生の衝撃の告白は正しかったようだ。

年末に押しかける客は、大安売りにつられて、商品をたいして確かめもせずに買っていく。すかすかのタラバガニもどきだったり、トロだと思ったら回転寿司でも出せないような赤身を買ってしまう。

「アメ横はそれも込みで、楽しめない奴は来るなってスタンスなんです。みなさんアメ横流の対面販売にはこだわりを持ってますからね。威勢のいい店員相手に値切ったり駆け引きしたり……年末なんかは、歩けないほどの雑踏も含めて、そういうのをイベント的に楽しむ場所だと言えるでしょうね」

我らが杉山の苦い体験談もある一方、アメ横にはこんなお宝もある。

「いいもの売ってる店は、他所では手に入らないような極端にいいもの売ってるんですよ。乾物なんかがそうです。ほたて貝、なまこ、干し椎茸、いかの燻製とか、いわゆる珍味屋みたいのが何軒かあるんですけど、品質すごいです。プロユーザーじゃなきゃ絶対手が出ないような、北海道の最高級のほたての貝柱なんかを売ってます。それが、シンガポール人、台湾人とか、華人系にものすごく売れるんです。一個二万～三万円の干し貝柱を、一人が三十万円分とか平気でお土産に買ってくんです。向こうの方はこうした食材がお好きですよね、爆買いとか言われるずっと前からそれで成り立ってるお店もあるんです」

我らが杉山をはじめ、私たちは教訓を得た。

年末アメ横の鮮魚は要注意。

アメ横にはもう一つ、地下でエスニック料理や中華料理の食材を売っているセンタービルがある。そここもアメ横ならではの不思議な裏の顔があった。

「あそこは本場のいいモノがありますよ。ただ、エスニック食品街と言われるんですけど、つい最近までは実は経営者はみんな日本人だったんですよ。これも商売替えの一種というか、もともと輸入食品のノウハウはアメ横にあったわけですよね。進駐軍のピーナツバターとかそういう世界からはじまったんですけど、そういったものっていまじゃ日本中どこでも売ってるじゃないですか。八〇年代ごろにそういう舶来品が売れなくなってきたときに、たとえば肉屋でいえば、留学生とかいろんな外国人客に、『ハチノス置いてないの?』なんて言われてから、日本人が食べないハチノスを置いてみると、評判を呼んでどんどんエスニックな客層になった。輸入食品のノウハウはあるから、各国のスパイス類、上海ガニから中華料理用の黄色いタウナギまで置くようになっていったんですよ。もともとのアメ横の商売替えの延長で、舶来品が日本人には売れなくなっていく時代に、代わりに在日中国人とか在日タイ人とかのマーケットを開拓して、そっちにシフトしていった店なんで、エスニック・タウンといわれるようなところとはちょっと成り立ちが違うんですよね」

売ってる食材も店員も多国籍ムード漂う、上野でもっとも異国情緒たっぷりのセンタービル地下食品街が、もともとはオーナーが日本人だったというのも意外だ。

eコマース時代のアメ横の存在意義

アメ横は売れるヒット商品が誕生すると、それっとばかりにみんなが商売替えをする、フットワークの軽さで生き残ってきた。

ゴルフブームが起きると、アメ横もゴルフショップに商売替えする店が続出した。ミリタリーファッションやウェスタンブーツがブームになると、アメ横の洋服屋は一斉に店頭に置いた。たくましい街だ。

五十嵐准教授が記憶している最近のヒット商品、キラーコンテンツはなにかというと――

「クロムハーツだったんです。九〇年代後半のブームの時には、一斉にシルバーアクセサリー屋が増殖するっていう、アメ横で四十年間起こってきた現象の、最後がそれだったんです。このころは『モノ・マガジン』なんかによく取り上げられて若者がアメ横に集まってきてました。でも、それ以降はそういうキラー商材をアメ横は探せてない。それはアメ横が探せてないっていうより、日本人全体の消費が多様化して需要が満たされていくなかで、そういう商材が無くなったということでしょうね。結果的に、これがたぶんアメ横の客層の変化にもつながっていて、アメ横は急速に『物販の街』から『観光の街』になってきてるんですよね」

九〇年代までは屋台で香具師《やし》が焼く大阪焼の屋台、パイナップルの串刺し、お菓子のたたき売り程度で、飲食は極めて弱かった。それがここにきて急速に拡大し、十五年前からケバブや焼き小龍包が人気を博し、海鮮丼屋も繁盛しだした。物販のアメ横から飲食のアメ横に移行しつつある。

「ぶらぶらアメ横に来て、つまみ食いをしながら歩くような街になってるんですよね。どんどんイベント的に楽しむ観光地になってる。しかも二〇一四年ころから外国人観光客がすさまじく増えて、正確な数字とは言えないですけど、感覚的には客の五割が外国人で、売り上げの九割が外国人って話さえ聞いたことがあります」

新たなヒット商品が生まれないまま、ケバブ、海鮮丼といった飲食系が幅をきかせるようになり、ここにもB級グルメブームが押し寄せている。

アメ横で物販店として伸びている店は、中国人市場に食い込んだ店か、ネットのeコマースに活路を見出した店、この二つだという。

『発掘！あるある大事典』ってテレビ番組がありましたよね。あの番組で白インゲン豆が体にいいとか言うと、翌日は白インゲン豆を買う人がアメ横に溢れる、そういう街だったんですよ（笑）。どこで売ってるのかわからないものがあれば、アメ横に行けばなんでもあるからとりあえず行くという。で、実際に売っていましたから。でもいまそういうときには、ネット検索しちゃう時代じゃないですか。ネットがない時代は、どこに売ってるかわかんないものっていうとまずアメ横行こうってノリが関東圏、特に北関東のほうにはあったんですよね。それがなくなってしまった」

上位二十パーセントの商品が売上げの八十パーセントを占めるのがマーケットの法則とされ、売れ筋二十パーセントを重視することが肝心とされてきたが、ネットでは過去の商品やあまり売れなかった商品でも検索して手に入れる消費者が多くいるために、あまり売れないその他の八十パーセントも重要な商品となった。それが、〝ロングテール〟と呼ばれる。

「ロングテールはもともとアメ横の得意分野で、こんなニッチな商品を扱ってる店があるっていうのは昔からなんですけど、そこをうまくネット時代に結びつけた店は、eコマース（インターネット上の商い）で成功してるんですよね。そういうお店は実店舗でたいした売り上げをあげてなくて、eコマースのほうが全然上なんだけど、じゃあなぜ実店舗を持ちつづけているのかというと、地方でネットで買ってるお客さんがときどきふらっとアメ横に来るんですよ。だからアメ横に店があるんだってことがブランドになってるんです。それで売り上げとしてはeコマースという、そういう店舗さんがたとえば化粧品店ですね。あとはニッチなところでナイフを売ってる店とか、乾物なんかもそうです。そういうお店はアメ横に実店舗があることがブランドになってるんですよね」

他にアメ横名物となっているのはスカジャン、ステージ衣装の店だ。アメ横で店舗数が多いことで信用を高めているのは、衣料品、スニーカー、靴、アクセサリー、化粧品、乾物。

「このあたりはやっぱりアメ横にあるってことがブランド力をもってるみたいですね。アメ横という強烈なイメージをプラスにできる商品です」

一方でアメ横にあることがマイナスになる業種もある。

「あるパワーストーン屋さんはアメ横でも相当売り上げてましたが、店舗とは別ブランドで、実店舗がアメ横にあることは書かずにネット展開をしていたことがありますね。女子向けのイメージ戦略をとるラインでは、アメ横という冠が邪魔になることもあったんでしょう」

五十嵐准教授が水先案内人となって上野を流す。

アメ横は本日も人混みでごった返している。

七十年近く前、アメ横は銃声が聞こえる街だった。いまは若い世代から高齢者、韓国、中国、トルコ、アフリカ諸国といった多国籍の人々で賑わう大人のテーマパークに発展した。どんなものでも飲み込む貪欲さは昔もいまも変わっちゃいない。

アメ横を歩く私たちに、街の喧噪が渦を巻き、まとわりつく。

義父がすすったパンダの黄ばんだカラー写真のあるラーメン屋は、まだ見つからない。

第七章　不忍池《しのばずのいけ》の蓮《はす》の葉に溜まる者たち

上野駅と集団就職

不忍池には蓮《はす》が群生し、水面を覆っている。

蓮の葉に雨滴がころころと落ちて中心に集まり、清廉な水たまりを形づくるように、上野にはさまざまな男女が集まり、各自好き好きなことをおこない、また散っていく。

これだけさまざまな職業、年齢、階層、人種が集う街は上野しかない。

上野駅は複数の路線が集まり、迷路のような構内を多くの人々が日夜交錯する。

京浜東北線、上野東京ライン、常磐線、山手線、東北本線、高崎線、東北・山形・秋田・上越・北陸新幹線、地下鉄銀座線、地下鉄日比谷線。

列車から吐き出された人々が、集まり散じ上野の街を彩る。

上野の浮浪児たちが生き永らえたあの地下道は清潔な通路になったものの、当時の低い天井はそのまま、どことなく野暮ったさが残り、いくら照明を明るくしても、影が漂い、重い。戦時中空襲で逃げ込んだ人々の恐怖、終戦直後、焼け出された人々に取り憑いた飢餓とノミ、シラミ、絶望感、そんな暗黒の記憶が染みついているのだろうか。

上野駅は東北弁がもっとも多く聞かれる東京の駅だ。東北の玄関口として、東北人が初めて東京を我が身のこととして受け止める駅である。

上野は都心にありながら、どこか地方都市のようで野暮ったさが残るのも、東北人の素朴な体温と無縁ではない。

東北弁のなかでももっとも聞き取り困難なのは、津軽弁だろう。駅の雑踏のなか、いまも上野駅には津軽弁が飛び交っている。

「わがった。へば、すぐ乗って帰るはんで。心配しねんで」

青森に帰省する女子大生が、スマホで母親らしき相手と話している。同世代ならラインで連絡をとりあうのだが、年配者とは肉声でやりとりする。

堀北真希が演じた映画『ＡＬＷＡＹＳ 三丁目の夕日』の、ろくちゃんこと星野六子は青森県から国鉄Ｃ62形蒸気機関車に乗って東北本線で上京し、上野駅で降りた。

時代設定は昭和三十三年（一九五八年）、東京タワーが建設中の年であった。

昭和五十年まで、上野駅は東北から上京する十五歳の少年少女たちの集団就職の記念すべき降り口だった。

社会人になった希望と、親元を離れて一人で生きていかなければならない不安と、ともに胸に秘めながら十五歳の少年少女たちは上野駅で降りた。

「やっと着いたなあ。東京だなあ。んだば元気でな」

ろくちゃんは期待が膨れあがり、自分が自動車会社の社長秘書になるつもりで上野駅正面入口に降り立った。高級外車が出迎えている。

だが現実は違っていた。

出迎えたのは高級外車に隠れて見えなかったちっちゃなオート三輪であった（車輪が三つの軽トラックで、主に配達や修理といった街の自営業者が使ったが、いまは姿を消してしまった）。

ろくちゃんの就職先は自動車会社ではなく、鈴木オートという家族経営の自動車修理工場だった。

「よろしくおねげえします」

落胆しながらもろくちゃんは、自動車修理工場の二階で暮らし、働くことになる。

ねずみ色の作業着がなんだか似合わない。工場のオヤジは頑固ということもあって、集団就職の少年少女たちは、相次ぎ辞めて居着かないのだった。もっともこの自動車修理工場だけでなく、ほとんど集団就職の少年少女たちは三年以内で転職していったのだが。

頑固オヤジの厳しい命令がろくちゃんに飛ぶ。少女に自転車は修理できても、自動車はそう簡単に修理などできっこない。

「おまえなんて故郷に帰っちまえ！」

ろくちゃんはめげない。

「帰る場所なんてねえ！」

ろくちゃんの叫びは、帰りたくても帰れない、甘えたくても甘えられない東北から上京した十五歳たちの心の叫びだ。

ふんばってやっと東京の仕事に慣れてきたろくちゃんに、薬師丸ひろ子演じる心やさしい工場経営者の女房が、青森行きのキップをクリスマスプレゼントするのだった。

だがろくちゃんは暗い。

「わたすの顔なんか見たくねえですよ。わたす、捨てられたんです。帰ってもだれも喜ばねえ……」

上に五人の兄弟がいるろくちゃんは、口減らしで東京に追い出されたのか。

だが本当は、母親がろくちゃんに里心を芽生えさせてはだめだと心を鬼にして、連絡をしなかったのだ。

東北の人というのは自分の気持ちを伝えるのが不器用だ。うちの義父もそんな人だった。

ところで初めて上野駅に降り立ったろくちゃんを乗せたオート三輪が走る道路は、東京タワーの位置からして国道一号線だろう。ということは鈴木オートがあったのは港区三田あたりか。慶應義塾大学の地である一方、下町風の自動車工場もある街である。

ろくちゃんはいまごろ、どんな暮らしをしているのだろう。

元気でいるとしたら、いま七十二歳。孫でも抱いているのか、それとも――。

上野駅で希望と不安を胸に抱いた十五歳の少年少女たちは、いま、どこでなにを思い暮らしているのだろう。

蓮の葉を転がっていった雨滴のようなあの少年少女たちは――。

井沢八郎の「あゝ上野駅」

上野駅に降り立つ集団就職の少年少女たちの気持ちを歌った有名な歌が、「あゝ上野駅」である。

歌ったのは井沢八郎、きっちり刈った頭に端整な顔立ち、女優・工藤夕貴の父でもある。

ああゝ上野駅

作詞　関口義明
作曲　荒井英一
唄　井沢八郎

どこかに故郷の　香りをのせて
入る列車の　なつかしさ
上野は俺らの　心の駅だ
くじけちゃならない　人生が
あの日ここから　始まった

就職列車に　ゆられて着いた
遠いあの夜を　思いだす
上野は俺らの　心の駅だ
配達帰りの　自転車を
とめて聞いてる　国なまり

ホームの時計を　見つめていたら
母の笑顔に　なってきた

上野は俺らの　心の駅だ
お店の仕事は　辛いけど
胸にゃでっかい　夢がある

高度経済成長期に金の卵と呼ばれた中卒者たちの、けなげな姿を活写した名曲である。

この歌をたたえた歌碑を上野駅広小路口前で見つけた。

レリーフは上野駅に降り立った学生服の十五歳たちだ。

井沢八郎は青森県弘前市出身。中学卒業後、歌手を目指して上京、一九六三年にデビューした。「あゝ上野駅」は、第二弾として一九六四年五月、東京オリンピック直前に発売され大ヒットとなり、井沢八郎の代表曲となったばかりでなく、勤労少年たちの賛歌、上野駅のテーマ曲としても愛唱された。

後に日本作詩家協会理事を務める作詞者の関口義明がこの詩を書いたときはまだ会社員で、詩を気に入った東芝レコードのディレクターによって作品化された。作曲家・荒井英一の軽快でセンチメンタルなメロディ、井沢八郎の透明感ある歌声が曲のイメージを良質なものにした。

ＪＲ東日本の東北本線にリバイバル急行「津軽」が運行された際には、出発セレモニーで井沢八郎が高らかに歌い上げ、駅長と並んで発車の合図を発した。ＪＲ東日本公認の上野駅テーマソングになった瞬間だった。

上野駅にあるこの歌碑は、元世界ボクシングチャンピオン・ファイティング原田、中小企業経営者の有志が音頭をとって、二〇〇三年に建立された。

意外な点として、「あゝ上野駅」の作詞者は東京生まれであり、歌碑建立の立役者・ファイティング

上野駅広小路口前に建てられた「あゝ上野駅」の碑

原田もまた世田谷生まれである。

故郷を偲ぶ「あゝ上野駅」を東京人が創作したというのも、日本人にとって集団就職の詰襟《つめえり》学生たちが悲壮感あふれ、心から励ましてあげたい少年たちの象徴となったからであろう。建立の費用、維持費計二千万円はほぼ寄付で賄ったというのも、集団就職の少年少女たちに自らを重ね合わせたからに違いない。

路上の似顔絵師たち

上野公園の階段がある不忍口には、数名の画家が路上で店を開いている。

灼熱の夏も凍える冬も、この場所で画用紙に向かう彼らは、上野公園の風物詩でもある。

公園の画家は、いったいどこから来てどんな過去を背負っているのか。

上野公園をそぞろ歩いている私とK編集長、杉山の上野トリオは、タイミングを見計らっていつか公園の画家に話を聞いてみようと決めていた。だがこういうストリート系の芸術家、職人というのはなかなか気難しいところがあって、話しかけても拒絶されることがよくある。しかも見かけたところによると、階段下に陣取る三名の画家たちはいずれも六十代以上、頑固なオーラが漂っている。

三名の画家たちは自作品を展示し、客が来るのを待っていた。

公園は花見客たちが行き交い、大いに賑わっているが、似顔絵を注文する客はそれほどいるようには見えない。

声をかける機会だ。

K編集長、杉山、私の三名はそれぞれ三名の画家の前に座り、客になって自画像を注文してみた。金額はモノクロだと二千円、カラーだと四千円。カラーで自画像を直視するのは耐えられないので、モノクロにしてみた。

画家の前に腰掛けてモデルとなるのだが、だんだん仕上がっていくにつれ、行き交う通行人が、私と似顔絵がどれだけ似ているのか、冷やかし半分で覗いていく。これが恥ずかしい。

へえーという声もあれば、えーという声もある（どういう意味だ？）。

さて、絵を描いてもらいながら、私たちはそれぞれ目の前の画家に上野をテーマにした書き下ろし本の取材中で、身の上話を聞かせていただけないか、と申し込んでみた。

するとシブい顔をするでもなく、なんなく了承していただけたのであった。気難しそうに見えたが、意外と人当たりよさそう。

私を描いているのは、小野という画家である。

岡山県出身、七十一歳。

現在は埼玉県さいたま市で暮らす。夫人はすでに亡くなり、娘さんがいる。日焼け防止のために粋な帽子をかぶり、細身の体に黒のジャンパー、おしゃれである。

実直そうな顔つきで淡々と描く。どことなくうちの女房の亡くなった父親に似てなくもない。

小野画伯は以前、新宿歌舞伎町や銀座でも似顔絵描きをしていたという。

「歌舞伎町や銀座は酔っ払いが多くてねえ。嫌がらせをされたこともあるんですね」

「え、どんな嫌がらせをされるんですか？」

「似顔絵が似てないから金払わないって。まあ、からかいですよ」

「著名人を描いたことはありますか?」

「ええ。歌舞伎町では女優の藤純子(現在・富司純子)。あと力士の北尾を描いた。ここに(隣に飾ってある俳優・歌手の似顔絵を指して)力士のサンプルが多いと力士がお客でやって来るんです」

岡山県生まれ、高校を卒業後上京して、お茶の水の絵画研究所に入り絵の修行に励む。

上野公園にはJR京浜東北線に乗り上野駅で降りる。ここには四十年以上通い、いままでに五万人以上描いてきた。ちょっとした市の人口を描いたことになる。

「好きな画家? ゴヤがいいねえ。技法がいい」

長年公募展に応募しながら、上野公園で似顔絵描きをして生活してきた。

東京タワーで似顔絵描きをしている画家や、裁判報道の際に欠かせない被告人の似顔絵を描く法廷画家にも、古くからの仲間がいる。

「昔、この石段には絵描きが十五人くらいいたんだけどねえ。絵で食べていくのは大変なことです」

現在は小野画伯もふくめて、公園の画家は五、六名とのこと。

上野公園の似顔絵書きには個性豊かな画家がいて、いくつかの雑誌に取り上げられた片腕の画家が、なかでも有名らしい。この画家、似てない似顔絵を描くことでも話題になった。

「ああ。片腕の画家はもう来ないですねえ」

路上の似顔絵書きは、夏の暑さと冬の寒さに耐えなければならないから体力勝負なのだ。

上野公園に集まり散じる人々のように、公園の画家も刻とともにまた流れていく。

路上の画家が心がける絵描きのポイントとは——。

「あまりリアルに描き過ぎると文句が来るんです(笑)」

五万人を描いてきた小野画伯は、描いた量からいっても人間を見る目が肥えているだろう。下手な人相判断よりも当たるはずだ。

「似顔絵を描いてくれ、と来る客に暗い人はいないですよ。積極的です。自分を客観視したくて絵を頼むんだから」

なるほど。

警察は一時期、犯人捜査にモンタージュ写真を用いてきたが、現在は似顔絵を用いるようになった。犯人の人相が固定化されてしまう写真よりも、絵のほうが想像力を刺激するので犯人像により近くなる。

小野画伯は五万人の似顔絵描きの体験から、警視庁似顔絵捜査官に似顔絵の描き方を教えたほどだ。

「上野にあった悪質なぼったくり店の犯人の人相を被害者から聞いて似顔絵を描いたら、その絵がもとになって逮捕されたこともありましたよ」

上野駅に護送された帝銀事件容疑者

小野画伯が腰掛けるポイントから道をはさんで目の前には上野駅がある。

画家と上野駅というつながりから、私はいまから六十七年前、昭和二十三年のあの悲劇を思い出していた。

六十七年前の夏、ちょうどこの上野駅に一人の画家が刑事に連行され、群衆の怒声を浴びながらもみくちゃにされていた。

平沢貞通《ひらさわさだみち》という画家が、帝銀事件の犯人として故郷の北海道小樽の実家で逮捕され、鉄道で連行された。

事件は昭和二十三年（一九四八年）一月二十六日午後三時過ぎに発生した。

豊島区椎名町——池袋からほど近いこの地にあった帝国銀行椎名町支店に、白衣を着た医師風の中年男がやってきた。東京都防疫班の腕章を着用し、厚生省技官の名刺を差し出して、「近くの家で集団赤痢が発生した。感染者の一人がこの銀行に来ている。ＧＨＱが行内を消毒する前に予防薬を飲んでもらいたい」と告げて、行員と用務員一家の合計十六人に予防薬を飲ませたところ、まもなく全員が苦しみだした。

厚生省技官と称する男は、現金と小切手を奪い逃走した。翌日、奪われた小切手が何者かによって板橋の銀行で換金された。

十二名が毒殺され、戦後初の犯人のモンタージュ写真が公開された。

銀行員を一堂に集め、予防薬と称する毒薬を一斉に飲ませた手口は、戦前、陸軍七三一部隊の隊員がやった要人暗殺の手口に似ていること、毒薬を扱うことに手慣れた人間という見立てから、犯人は七三一部隊の元隊員ではないかという説が有力だった。

犯人が帝銀事件の犯行前に安田銀行荏原《えばら》支店および帝銀事件現場からほど近い三菱銀行中井支店でも同じように予防薬を飲ませようとして未遂に終わった事件があった。そこに残された名刺が実在の医学博士・松井蔚《しげる》だったことから本人が取り調べられたが、松井博士にはアリバイがあったために、松井博士が名刺交換した相手を調べていくと、著名な画家・平沢貞通に行き当たった。

平沢犯人説を裏付ける点として——

モンタージュによく似ている。平沢が松井蔚博士と名刺交換したとされる松井の名刺を持っていなかった（犯行に使ったため？）。事件当日のアリバイ証明が不完全。事件直後、平沢のもとに多額の現金が送金されていた。帝銀事件の前に、銀行を舞台に詐欺未遂事件を起こしていた。

――などの疑いから、東京の自宅を離れ北海道の父の元で暮らしていた平沢が逮捕された。取り調べ中に一度自供したが、後に否認に転じ、以後冤罪《えんざい》を訴えつづける。最高裁で死刑が確定し、絞首台のあった仙台拘置所に送られ、法務大臣の死刑執行命令書に判が押される直前までいったことも何度もあった。

だが死刑執行をためらわせることがあった。

目撃証人である生き残った銀行員たちが、平沢を見て犯人と断定した証言が少なかった。この一点が、歴代法務大臣に判を押させなかった最大の原因となった。

松本清張をはじめとする冤罪説には、七三一部隊犯行説があげられ、事件後平沢が大金を所持していながらカネの出所を明確に言えなかったのも、春画を描いて得たことを恥じたからだと主張した。

平沢貞通氏を救う会を主宰していた作家・ジャーナリストの森川哲郎の息子・森川武彦は、平沢の養子となり平沢を支えた。

平沢貞通は九十五歳で獄中死し、再審請求に何度も挑んだ。平沢貞通氏を救う会の平沢武彦事務局長は再審請求に何度も挑んだものの、次第に経済的に困窮し、かなり落ち込み鬱状態だったという。二〇一三年十月一日、自宅で死んでいるのが発見された。

帝銀事件では、平沢冤罪説が根強くある一方で、最近では平沢犯人説も優勢である。自分の命がかかったことなのだから、春画を売ったことなど恥じることもないのだが、それでも言えないなにかがあったのか。未遂に終わった荏原の事件で、平沢が証言した解毒剤の色の変化が青酸カリであって、秘密の暴露にあたるものだという点。平沢と同房だった受刑者が、平沢のアリバイはあまりにも事細かに証言してかえって不自然であるとした点、等々。

上野駅はじまって以来の大群衆（一説には二万人という数字もある）となった平沢護送の顚末を思い出しながら、小野画伯は同じ画家としてあの帝銀事件をどう思っているのか、尋ねてみたくなった。

「帝銀事件、ご存じですか？」

「ええ。画家だから、自分もあの事件を調べたんですよ」

「あっ、そうなんですか。平沢さんはテンペラという画法で描いたんですよね？」

帝銀事件というと必ず出てくる耳慣れない言葉である。テンペラ画とは顔料とタマゴを混ぜて描く技法であり、平沢貞通が得意とする画法でもあった。

「テンペラ画というのはイタリアの技法なんですよ」

「なるほど。小野さんはどう思われますか、帝銀事件を」

「絵を描く人はみんな大人しいんですよ、私みたいに。大人しい人はあんなことしないですよね。多人数を一度に殺すことなんて無理です。犯人ではないと思うなあ」

目の前の上野駅に目をやると、平沢貞通が連行された六十七年前のモノクロームの映像がスローモーションで流れていく。真夏なので開襟《かいきん》シャツを来た画伯が刑事たちに脇を抱えられ、群衆に揉まれてよろめき歩く。吉展《よしのぶ》ちゃん事件（一九六三年）を解決した名刑事・平塚八兵衛が北海道に渡り、平沢貞通の顔写真を撮ろうと、刑事たちとともに記念写真を口実に撮ろうとした。すると何度もシャッターを押すたびに、平沢貞通は口元をゆがめて写真におさまった。八兵衛は、それを犯人の素顔だと悟られないためにわざと表情を変えたのだと疑った。端正な顔立ちの画伯ゆえに、口元をゆがめた写真はなんとも言えない幽鬼の形相だ。

単なる癖なのか、緊張感のあまり出てきたものなのか。

上野駅を見つめる私も思わず口元をゆがめていたことに気づき、体がひんやりした。

事件は杳《よう》として暗がりのなかにたたずんでいる。

放浪する路上占い師

十四、五年前から急に上野も世知辛くなったと小野画伯が振り返る。
アメ横でも地元商店街でも代が変わると、人情も薄れるという。

「上野は動物園があるから、家族連れが多い。それから男女アベック。よく女性を描いてもらおうと男性が私に声をかけてきますね。あと、子どもが成長するたびに定期的に絵を描いてもらうという親御さんもいますし。最近はこのへんの通行人も中国人が増えました」

似顔絵が仕上がった。

ああ、こんな老けてたんだ、自分は。

K編集長が似顔絵を描いてもらったのは、森田という画伯である。

前歯が二本しか残っていない。七十歳。

上野には二十年間通っている。高校時代から絵描きを志していた。地元工業高校を卒業し二十二歳で上京、工業デザインをしたり時計メーカーに勤務したり、イラストレーターになったりした。

森田画伯が陣取る所には、種田山頭火の詩と絵があったり、似顔絵もある。

銀座、新橋でも似顔絵描きをしてきた。

「銀座メインストリートの裏にはヤクザが多いよねえ。上野にはここ数年ヤクザが来ないね。描いた人数？　いままで二万人くらい描いてきたね。一年で千人。イベントでも描くんだよ。二年前、伊豆のホテル聚楽《じゅらく》でイベントがあったんだけど、けっこうおいしかった。居心地いいから夏は伊豆で暮らした。イベントでひたすら描いていると、ああ、自分にもこんなに描けるんだ、と思う瞬間があるんだ。ゾーンに入る、というやつだ。

「上野のお客さんは最近フィリピン、韓国が多いね」

フィリピン、韓国には似顔絵文化が無いから珍しいのだろう。

「中国人客は少ないんだ。中国には漫画チックな絵はないから、私たちが描くリアルな絵よりも漫画チックな絵のほうがいいんだろね」

この近くの東京藝大の学生たちだろうか。絵を描いていると、森田画伯は青春のまっただなかにいる彼らに声をかける。

「きみたち、絵を描くだけで時間を過ごせることは幸せだと思いなさい」

森田画伯はパチンコにはまり、一円パチンコという安いパチンコに熱中している。

定住宿はなく、いまは漫画喫茶に泊まっている。

「わかば」という煙草をうまそうに吹かした。

K編集長、実物よりもいい男に描かれていた。

杉山茂勲の相手をしたのは、松山という六十六歳の手相・姓名判断をする人物だ。

手相・姓名判断二千円、書もたしなみこれは七百円。

「種田山頭火が好きでさあ、あんな生き方したいんだよ」

丸刈りの頭に松尾芭蕉のような茶人頭巾《ずきん》をかぶり、たしかに山頭火風ではある。七年前まで表参道、渋谷ハチ公前、新宿アルタ前で手相・姓名判断、書画をやっていた。この道十五年。表参道の路上で仕事をしていたら、道路交通法違反で一度逮捕されたことがある。

どこの路線で上野まで来るのかと尋ねたら、現在、定住は無し、とのこと。この辺で寝る。仕事の稼ぎと年金でそれなりに暮らしていけるという。

以前は石段のところで仕事をしていたが、手すりをつける工事のために路上に移動させられた。

「男娼？　まだ多いよ。でもなあ、はるな愛レベルは少ないなあ」

オークラ映画付近にいる男娼は千円、二千円で遊べるという。

「昔、面倒くさい画家がいたよ」

山頭火のような自由気ままな職業のように思えるが、こんな世界にも人間関係のわずらわしさがあるのだろう。

杉山茂勲が姓名判断してもらったところによると――

「勲」という字を「のり」と読ませる当て字にしているのは、名前が強い、運気があるという。それに「勲」の漢字には「力」が入っていることと、「杉」「茂」という杉が茂るという意味をもっていることからも、強い名前だという。「すぎ」、「しげ」、濁点を順序だてていること、三十三画ということから総合的にみて大吉、旧漢字でも大吉、という。手相も良相とのこと。

客に向かって邪険なことは言えないとわかっていても、彼のこれからの未来がなにやらずずんと開けてくるではないか。

「いやあ、みごとな占いですね。僕の手相を見ながら自分の人生をさりげなく挟《はさ》んでくるんですよ（笑）」

四季のなかで一番稼ぎが減るのは冬、逆に稼ぎどきは春だという。

三画伯ともいつも路上で仕事をして、照り返しによって顔は赤銅色に焼けている。屋外の耐性はできていると思ったら、みんな花粉症で鼻をぐずぐずさせていた。

カップルと家族連れが多くて、酔客が少ない上野こそ、画伯たちの理想郷に違いない。

小野・森田・松山、三画伯はみな、悠々と上野で刻をきざんでいた。

弁天島の不思議な石碑群

天然の池として水をたたえる不忍池には、弁財天を祀る弁天島（中之島）が池の中に浮かび、不思議な石碑があちらこちらに建てられている。眼鏡を供養した「めがね之碑」、ふぐを供養した「ふぐ供養碑」、スッポンを祀った「スッポン感謝之碑」、三味線の糸を供養した「いと塚」、全国団扇扇子カレンダー協議会が建てた「暦塚」、東京都食鳥肉販売業環境衛生同業組合が建てた「鳥塚」……。

なんの脈略もない石碑が無秩序に建っている。眼鏡の形をしたり、フグをかたどったり、スッポンの絵が刻まれていたり、わかりやすい石碑ばかりだ。

どんな人間でもとりあえず迎え入れる上野ならではの懐の深さが、こんな所にもおよんでいる。

どこで誰が使ったのか着ていたのかわからない野戦グッズ、古切手、古コインなどを売っている店は、上野の昭和通り付近に点在している。私が小学生のころ愛読していた『少年サンデー』や『少年マガジン』は、この種の通信販売広告がよく載っていて、しかもこれらを売る店はほとんどが上野にあった。

もう少し年齢が上の漫画雑誌の広告には、なんでも透けて見える魔法の眼鏡、怪しいヌード写真の通販会社の住所もたいてい上野だった。アダルト系出版社の多くもここ上野にあった。精密なダッチワイフを製造販売するあのオリエント工業もここ上野だ。

上野はあらゆる俗悪趣味を丸飲みし、成長してきた。俗悪ゆえに我信ず、の土地なのだ。

不忍池に引き寄せられた脱サラ写真家

写真家・山縣勉は毎週、地下鉄日比谷線に乗って上野にやってくる。

慶應義塾大学法学部を卒業し日本最大級の超大手エネルギー会社に就職、エリート街道を歩いてきた。社員一万人を有し、関連子会社を含めると数え切れないほどの社員数になる。

仕事は面白かった。仕事をすればするほど雪だるま式に仕事が増え、気づくと一日十八時間も働くようになっていた。超大手企業ゆえに給料も破格だった。定年退職してからも再就職先は無数にある。未来はどっしりと安定していた。超大企業の社員でいることの幸福を微塵も疑っていない。上司から明るい未来予想図をいつも聞かされていた。

四十歳を目前にした山縣勉は、ふと自分の未来に疑問を抱きだした。

最初から順位がわかってしまうレースって、魅力的なんだろうか。

「十四、五年勤めてると、やっぱりね、おかしくなっちゃいましたね、精神的にね。土日なく一日十八時間働いていたんですよ。信じられないでしょ。自分も仕事が好きだったってこともありますけど。だ

めがね之碑。毎年４月10日には眼鏡供養祭が行われる

カメの形に彫られたスッポン感謝之碑

んだんと、いずれ会社を辞めて自分のギャラリーをやりたいと思ってたんですよ。まだ若くて無名だけど優秀な写真家を世に出すマネージメント的な仕事をしたいなっていうのは二十代のときから思ってて、三十歳ぐらいまでに会社を辞められたらいいなぐらいには思ってたんですけど、結局居心地もいいし、仕事はハードだけど給料もいいし、なんとなく三十六歳まで勤めて。でもほんと疲れちゃって。昼夜関係なく仕事したからって世の中なにが変わったのかって、いまでもよくわかんないですけど。ちょっとおかしな状態に入っちゃったんだと思いますね。自分の意識外のところで勝手にエンジンが回ってる。独身だったし、このままいくと僕は寿命短くなるだろうなと思ってました」

四十前に会社を辞めた。

独学で学んだカメラを背中のリュックに仕舞い込んで、上野の不忍池に行ってみた。

広い池を占有するかのように蓮が浮いている。

仏陀が蓮の葉に乗って瞑想したように、不忍池には時間から遊離した人々がなにをするでもなく集まる空間であった。

山縣勉も池の畔に腰掛けていると、なぜか心安らぐのだった。

不忍池周辺にいる男女に関心をもつ、あるきっかけがあった。

スーツ姿の男と隣り合わせに座り、世間話をしていたら、途中で男が席を立ちどこかに消えた。

しばらくしてもどってきたスーツの男は、顔に化粧をし、花柄の振り袖を着てラジカセから流れる演歌に合わせて微笑みながら踊り出した。

いったいなにが起きたのだ!?

スーツ姿だった男が告白した。

自分は日本舞踊の師匠であり、男色家である。現在癌を患っているのだが、こうして上野に来て踊りと男色を自分なりに楽しんでいるのだと。

この師匠、タマちゃんと呼ばれ、不忍池でも著名人だった。

もともと山縣勉には、電車に乗っていても前の席に座る人間の職業や過去、背負ってきた半生を空想する癖があった。人間好きなのだろう。

決まりきった景色はそのうち見飽きてしまう。だが流れる景色は飽きもせず、次はどんな景色が現れるのか飽きがこない。

エッジに生きる人々

不忍池には化粧したタマちゃんのように、個性豊かな男女が棲息していたのだった。

肌着姿でおんぼろの自転車に乗る大富豪のおじいさん。鬼のように怖い顔をしながらマザコンの中年男。物腰柔らかくてお金を持っていながら、マンションを買うでもなく趣味で日本を行脚しながら、ネズミ講をいかに仕組むかレクチャーして稼ぐ中年女。

いつしか不忍池に集う男女の半生を聞きながら、彼らの写真を撮るようになった。

初対面ですぐに写真を撮らせてくれる人もいれば、二年半通い詰めてやっと撮らせてくれる人もいた。

山縣勉の手法は独特である。

カメラはリュックのなかにしまいっぱなしで、池にいる人間と親しくなることからはじめる。まったくシャッターを押さない日もある。

私は、三冠王を三度とった天才打者・落合博満を連想した。落合もシーズン前の練習では、自分が納得するまではバットを握らなかった。山縣勉もまた相手が納得するまでカメラをリュックから出さないのだ。

写真を撮りに行くというよりも、人が生きている匂いを嗅ぐために通う。

最初は公園の畔になにもしないで蓮でも見ている。毎週、顔を合わせると、どちらからともなくぽつりぽつりと話しだすようになる。写真を撮るのはさらにその後になる。親しくなってなんでも話してくれるようになって、これは大丈夫だろうと写真を撮ろうとすると、写真はダメという場合もある。

公園で出会った個性豊かな人間たちを一冊の写真集にまとめた。

タイトルは『国士無双《こくしむそう》』。

麻雀のもっとも強い役である国士無双から来ている。麻雀は十三枚の牌《はい》によって役をそろえるゲームだ。牌のマークをそろえたり、数字を並べたりして勝負を競い合う。最強の役、役満と呼ばれる国士無双だけは十三枚の牌がばらばら、一つとして同じものがない。

写真集のテーマも同じだ。

不忍池にいる人間たちは、孤独の日々を送りながら独特の哲学をもっていた。そして誰も群れていなかった。国士無双のように、バラバラでありながら、一つでも欠けると役にならない。

蓮の葉に転がって不忍池に集まったかのような男女を撮った。

真冬でも素肌をさらし、自転車の前かごに空のタッパーを山積みして、立ちこぎして池のまわりを何周も走る中年の男がいる。入院している母のもとへご飯を食べさせるためにお弁当をもって向かい、一緒に食べた後で不忍池を立ちこぎで疾走するのだ。

写真集『国士無双』より

浅草に店を持って30年。客は年々減っている

舞踊仲間の玉ちゃんは1年前から行方不明。池を背に毎週末一人で踊る

手配師。毎日上野で日雇い作業員をスカウトする

6年ぶりに桜を見にきた。「死んだ犬にも見せてやりたい」

月に一度は浅草から散歩に来る。5人の息子とは、たまにしか会えない

ポラロイドで子どもの写真を撮り、その場であげる。年金はフィルム代で消える

以前会ったときは何年も着たままの汚れたスーツだったのに、久しぶりに再会したら上等のスーツに高額の時計をしているおじいさんがいた。

「宝くじに当たったんだ」

聞けば数千万円の当たりくじをひいたという。

小樽から来た元クラブ歌手もいれば、土木作業員をスカウトする手配師もいる。

還暦を過ぎても少女のような服を着てカラダを売るたちんぼもいる。

高校野球の名門・沖縄水産高校野球部で甲子園出場経験がありながら、仕事に失敗しヤクザをやって、しばらくして足を洗い、沖縄料理屋で三味線を弾いている男もいる。

普通のサラリーマンをやりながら、夜になると男娼になってカラダを売っていた男もいる。

「不思議な魔力というか、この人に会うと嘘つけないんですよ。行くたびにこの人、僕の顔をパッと見て、『あらー、あんた、今日あんまり調子よくないわね』って精神状態をズバズバ当てられるんですよ。初めて会って話したときに、『でもあんた、ラッキーよ。あたしと今日こうやって会えて仲良くなったから、あなたの人生は間違いなく上がるわ』って言うんです」

「美輪明宏みたいな人ですね（笑）」

「そういう系の人、多いですよね。でも当たってる」

「ゲイの人って、シャーマン的な勘がありますよね」

「あー、ありますね」

山縣勉が交流を深めた人間のなかには、元テキヤのオヤジもいる。

「お祭りがあると必ず入口の鳥居の外側の一番角にお好み焼き屋さんがある。どこの祭りでもそうなってる。その角のお好み焼き屋さんが、必ずテキヤさんの総元締め。テキヤさんの世界にはそういうルールがあるんだって。いやー、知らなかった。その話を聞いた後、お祭り行って確かめてみると、たしかに必ずお好み焼き屋さんが入口の鳥居の傍《そば》にあるんです」

百円で仕入れた物を千円で売るという資本主義のメカニズムを諒《りょう》とすることができず、生きづらさを感じている配管工の男もいる。

若かりしころに自分の目の前で一人娘を交通事故で亡くし、それからずっと自分の自転車の後ろの看板に、「交通ルールを守ろう」という標識を貼って走っている男もいる。

身長が二メートル近くあり、風貌がバブルガムブラザーズのトム風の男もいる。

「この人はこの撮影の一回しか会えてないですけど、遠くから見てもなんか大男が向こうから歩いてくるってわかるんです。『あら、あたしなんか写真撮っていいのぉ』なんて言いながら撮らせてもらった」

普段は西郷さんの銅像付近にいて、マッサージをしてくれるおじさんもいる。どう見てもおじさんなのにマイクロミニを履いている。脚がやけに細くてまっすぐで、マイクロミニから伸びた脚だけ見たら菜々緒に見えなくもない。マッサージしてもらいながら、脚だけ見ているうちにおじさんが手でサービスしてくれる。

いつも短波放送を聴きながら公園を歩いている、強面サングラスをかけて黒づくめの服を着たオヤジもいる。山縣勉が最初、この短波放送オヤジを見かけたときは、アウトロー系の男だと思った。

「やっぱ怖かったですね。けっこう朝早くて八時か九時くらいだったと思うんですけど、僕が遠目から、すごい怖い人だなあなんて思いながら見ていて、だんだん距離を詰めてったんですね。そしたら向こうは鋭い人だから、『にいちゃん、俺と話してえんじゃないの?』みたいな感じで言ってきたんですよ。

『あーすみません、その通りです、ほんとにカッコイイんで、ちょっと横座っていいですか？』ってところから始まって、一、二時間話して快く撮らせてくれたんです」

山縣勉は自身のスタイルを「消極的インタビュー」と称した。インタビュアーがあまりにも積極的過ぎて前のめりだと、相手が尻込みしたり警戒したりする。これは私自身インタビュアーとしても実感してきたことだ。人によっては、あなたの話を聞いてみてもいいんだけど、くらいのほうがちょうどよかったりする。

人間はたとえ人嫌いであっても、自分のことを知ってもらいたいものだ。人間にとって、もっとも耐えられないのは自分の存在を無視されることなのだから。

いまは霧散してしまったみんなの党の街頭演説は必ず聴きに行っていたというモデルガン収集家のおじさんもいる。山縣勉に、みんなの党について三十分熱心にしゃべっていた。このおじさん、あのタマちゃんの弟子だった。みんなの党が解党したからではないだろうが、おじさんは昨年病死した。

「たぶんこの五、六年で三千人とは話してると思いますけどね。写真を撮ったのは三百人。だから十分の一ぐらいだと思います」

「エネルギー要りますよね？」

「エネルギー要りますよ。帰りにもう立てない、歩けないぐらい疲れるときもあります。ものすごく暗くて自殺したいみたいな人と話したんですよ。でも不思議なことに、『がんばろうよー』なんて言って写真撮って帰るじゃないですか。僕は帰りの電車のなかですごく気分が上がるんですよ。逆に、ものすごく楽しい人とものすごく楽しく会話をして、いい写真も撮れた。そしたらすごく気分がハイになるはずなのに、逆に帰りはカメラが持てないぐらい疲れ切って歩くのも辛いぐらいになっちゃった。

よくわかんないですけど、人と会って話をするってことは、パワーを持っていかれたり、逆にパワーを吸ったりってことがあるのかなと思うんですね。僕、非科学的なことは信じないんだけど、そういうことがあるんだなって思います。上野に通うようになって初めて感じたんです」

写真家・山縣勉が撮影する不忍池の男女は、いったいどこから見つけてきたのかというくらい濃く、群衆のなかに混じっていても、真っ先に目にとまる。彼ら彼女らに刻まれた年輪が放つ存在感なのだろう。山縣勉がフィルムに焼き付けて独特のモノクロ写真ができあがる。

山縣が愛用するカメラは、スウェーデン製のハッセルブラッドという古い型の中判カメラだ。被写体が独特の味わいになる。このカメラはへそのあたりで構える。そこにまた彼の狙いがあった。

「人を立たせて撮る場合、普通こうやって撮るから（一般的な一眼レフカメラを目の位置で構えるポーズ）、中心よりちょっと高いところから見下ろして撮る感じになるんです。このカメラだと相手のおへそぐらいの位置で撮るから、画面が歪まない、そういうテクニカルなことはあります。全部均等に見たまんまで撮れる。レンズの位置によるものでしょうね。こうやって撮ったほうが見た目と同じように撮れるんです」

撮影者のへそあたりで構えたカメラのほうが、威圧感が少ない。だから被写体も正対しているのだろう。

「デジタルで撮ったこともありますけど、やっぱりフィルムで撮って自分でフィルムを現像して、現像液に紙を浸してじわーっと浮き上がってくるのがいい。やっぱ人はそうじゃなきゃいけないなって僕は勝手に信じてるんです。デジタルカメラで撮って『0』『1』で変換したものをパソコンを通して、プリンターでシャーシャー出してちゃいけないって気持ちがあるんでしょうね。写真は生モノっていうか。

写真を見る人は全然そんなふうに見ちゃいないとは思いますけどね。つくる側の自己満足の世界だと思うんですけど」

たたずむ完熟の街娼たち

私とK編集長、杉山の上野トリオは、山縣勉に導かれ、不忍池を流した。

平日の花曇り、上野公園は祭日のような華やぎである。

途中、山縣勉は何人も話しかける。

公園の入口にある噴水までやってきた。

「ここが昼間から男娼がいるところなんですが、今日はまだいませんね」

急勾配の石段を降りて再び池に出た。

下町風俗資料館前にたどり着く。

畔《ほとり》には、十名近くの年配者たちが新聞を広げたり、話し込んだり、池の蓮をぼんやり眺めたりしている。

七十代の男は風に揺れる蓮を見ながらなにを思う。年配者が着るような地味なジャンパーを着た白髪の老人は、文庫本を広げて熱心に読んでいる。八十歳近い年だろうか、公園に降り注ぐ薄日は、読書にもってこいなのだろう。

私たちはあたりを見渡した。

不忍池には、昼間からたたずむフリーランスの街娼、いわゆるたちんぼがいまでもいるという。

あたりを観察してみるが、池のまわりには二十代、三十代のそれらしき女は見当たらない。カラオケをやりに来たのか、休憩していたのか、七十歳前後の地味でふくよかなおばさんがいるだけだ。ハリセンボンの春菜に似ている。

山縣勉が声を落として私たちに指摘した。

「ああ。あのおばさんがそうです」

えっ⁉

上野をテーマにした長期の取材において、おそらくもっとも衝撃を受けた瞬間だろう。私とK編集長、杉山の上野トリオは声にならない驚きの声を発した。

なんということか。

上野公園の吟遊写真家が指し示したたちんぼは、先ほどの地味で善良そうなどこにでもいそうなあの七十歳前後の、ハリセンボン春菜似のおばさんだったのだ！

私も長い間、風俗嬢の取材で目が鍛えられ、街中で誰がたちんぼか即座に見抜けるようになっていたはずだ。仕事を終えて、一市民にもどり家路につくときでも彼女たちの仕事がわかったものだ。鶯谷のたちんぼはハイヒール、ドライヤー、化粧道具が入った大きなバッグ、かすかに薫る香水、といった職業上の小道具ですぐわかった。

だが不忍池の街娼はわからない。

享楽的で攻撃的、そして放埒《ほうらつ》な匂いというのがまったく感じられない。中学校のＰＴＡ総会の役員、といってもおかしくない。

ハリセンボン春菜風のたちんぼにそっと近づく者がいた。

たちんぼを買う男だ。

私はまた衝撃を受けた。

ハリセンボン春菜風に声をかけたのは、先ほどから文庫を熱心に読んでいたあの八十歳近くの老人ではないか。二人は同窓会で再会した旧友のように、ほのぼのと話し込み、そのうち公衆トイレの裏側に消えた。

「ああ、あの人もそうです」

バッグを斜めがけしたブルーの作務衣っぽい服を着たおばさんだ。マクドナルドの紙袋を下げ、ハンバーガーを上品に口に運ぶ。六十代後半といったところだろうか。商店街のカラオケ大会でよく見かけるようなおばさんだ。

先ほど風に揺れる蓮を見ていた七十代のお年寄りがそっとおばさんに近づき、話しだした。初対面といった間柄ではなさそうだ。時折、静かな笑い声が混じり、二人はどちらから誘うわけでもなく、ごく自然と池から離れ、公園の外に出てラブホテルのある方向に消えていった。

「彼女たちは固定客が五人いれば食えていけるんですね」

山縣勉が証言した。

不忍池にたたずむたちんぼは六十代以上が中心で、なかには七十代も混じり、相場は一万五千円。完熟系を好む高齢者たちが主な客だ。

男は若い女が大好きだという間違った固定観念がある。不忍池を見ていると、年齢がいった完熟系の女に安らぎを求め、セックスもまた六十代以上の安らげる相手を選ぶ男たちが少なからず存在する。

いくら若くていい女でも、ベッドに入ったとき、ほっと安らげる相手でなければ抱き心地も悪かろう。

茶飲み話もできる完熟系こそ、年配者たちが抱きたい相手に違いないのだ。

六十代以上の女性にとって職を求めてもそう簡単に見つかるものではなく、独り身で月七万円足らずの年金では生きていくのも大変だ。高齢のたちんぼたちにとって、不忍池は身過ぎ世過ぎの場なのだ。

エッジに生きる人々が惹かれる公園。

そして私たちを案内してくれた写真家も上野公園に魅せられた。

「日本の社会って中心分布が激しいじゃないですか。普通は二十〜二十二歳で学校卒業して仕事を持って、三十いくつで結婚して、四十までには子どもができて、六十歳で定年っていう標準モデルがあって、みんなそれに寄ってきたわけですよ。僕もそういう育てられ方してるんです。親父がサラリーマンで活躍してて、だからおまえも大学卒業して会社入って定年まで働けるサラリーマンになれ、ぐらいのことを言われながら育ってきた。日本の中心分布のココにいなさい、みたいな育てられ方をしてきた。だからその反動だと思うんですよね。この分布の端っこのほうにものすごく興味というか憧れがあった。その分布から一番外れたところでがんばって、崩れないまま生きてる人の話を聞くのが楽しいし好きなんでしょうね」

本日も不忍池は蓮がのどかに揺れる。

ラブホテルに消えた完熟の男と女は、いまなおもどってこない。

第八章　パチンコ村とキムチ横丁

都内最大のコリアンタウン

白い白菜が赤く染まっていく。

ポリバケツに入れた漬けダレを一枚ずつ白菜に擦りつけている。

韓国語が飛び交う路地裏。

韓国料理屋が長屋のように建ち並び、一歩裏に入ると、年季のいったおばさんたちがしゃがんでキムチを漬けている。

ここはソウルではない。

れっきとした日本、上野である。

あらゆる人種を飲み込む上野には、韓国・朝鮮の人々が商売する通称キムチ横丁が存在する。

私、K編集長、杉山の上野トリオ三名は本日もまた、ここキムチ横丁をそぞろ歩く。

都内最大のコリタンタウンはここ上野にあった。

日本における韓流ブームの発信地になった新大久保のコリアンタウンは、上野の在日コリアンに言わせると、まだ新しい新参者《ニューカマー》であり、その歴史はまだ二十年ほどだと言う。

上野のキムチ横丁は終戦直後から東上野二丁目から三丁目に存在し、以前は「国際親善マーケット」と呼ばれ、大阪の鶴橋とともに国内最大のコリアン街としていまに至る。

終戦直後、上野は駅の地下道、上野公園内の葵部落、アメ横の元になった闇市に食と住居を求めて人が集まり、賑わいだした。

闇市の利権をめぐって地元のヤクザと、大手を振る中国・朝鮮人が争いを起こし、警察が乗り出すのだったが、敗戦で主権のない日本の警察が取り締まるのは困難を極めた。

上野・新橋・新宿といった闇市では、警察の代わりに日本のヤクザが実力行使におよぶことがあった。上野はなかなかトラブルが収まらず、なんとか収束させようと下谷警察署が間に入り、昭和二十三年、朝鮮人グループと上野のヤクザを東上野三丁目の下谷神社に集めて手打ち式をおこなわせ、これを機に朝鮮人グループを上野の一画に隔離した。

以後、この一帯は在日コリアンたちの住居・商店が建ち並ぶようになり、民族間の友好をイメージさせようとしてか、「国際親善マーケット」と呼ばれるようになった。

世紀をまたぎ現在もこの地はキムチ横丁の呼び名で、焼き肉屋、キムチ屋、チマチョゴリ販売店といったコリアン街として健在である。

パチンコ村の水先案内人

赤いキムチの隣には銀球が鈍く光り輝いている。

上野パチンコ村と呼ばれるビル群が、キムチ横丁のすぐ隣にある。

全国のパチンコ産業の八割が集中する日本最大のパチンコ村であり、パチンコメーカー、販社《はんしゃ》、ショールームが建ち並び、パチンコ産業の頭脳がここに集まっている。

案内するのは、歩いて数分の所にあるパチンコ業界誌編集部のI編集長である。まだ三十代でありながらパチンコのディープな世界を知る業界きっての事情通だ。一九八〇年東京都生まれ、若いころから読書家であり一風変わった人生を歩んできた。

明大付属高校に入学しながら、他大学を受けるものの落ちたために外部受験生と同じ入試を受けて明大法学部に入り直したという変わり種だ。

ニーチェなどの哲学に熱中し大学院に進学、毎日コミュニケーションズを経て、職業安定所の求人で見つけたパチンコ専門出版社に就職した。

彼が編集するパチンコ業界誌で私が連載コラムをもっていた関係で、上野パチンコ村の水先案内人を頼んだのだった。

大柄で何事にも動じない風体は、アルプスから数ヶ月ぶりに下山した山男のようだ。

パチンコ村を歩くと、ガラス張りのショールームには新台が展示されているのが目に付く。

「パチンコメーカーや販社のショールームです」

水先案内人が解説する。

販社という聞き慣れない言葉に、私が意味を問いかけた。

「販社というのはパチンコ業界における販売代理店ですね。上野には主要なパチンコメーカー、パチスロメーカーの本社や営業所が三十から四十社あります。販社はそんなメーカーのパチンコ台やパチスロ台の販売を代行している業者です。遊戯機取扱主任者という資格が必要で、新台だけではなく中古機も取り扱っていて、パチンコ台とともに情報も集まるので、『どこそこのメーカーの開発チームが引き抜かれた』とか、『どこそこのメーカーが有名アニメ版権を一億円で買った』なんて話も販社から漏れることがあるんです。業界全体で販社は約千二百社の登録があって、実在するのは八百社くらい、そのうち百から二百社がここ東上野にあります。日本最大の販社は有名なフィールズで、コミック雑誌『月刊ヒーローズ』なども出版しています。でも大半の販社が個人商店のようなもので、経理のおばちゃんも含めて一人か二人程度、多くても十人くらいですね。

もともとBロム、Cロムと呼ばれていた裏ロム、大当たりを出やすくしたり、逆にまったく出さなくするためのパチンコの裏側の基盤装置のことですが、それを手提げカバンに入れてパチンコホールに売り歩いていた通称〝カバン屋〟あがりの販社も少なくないようで、いまだにそんなことをしている販社もいるという噂をパチンコ村では耳にします。

パチンコ業界は現金商売ですから、現金がたくさん入るけれど出る金も大きいんです。競馬二十五パーセント、宝くじ五十パーセントがテラ銭《ぜに》（ギャンブルを運営する者の儲け分）と言われてますが、パチンコは薄利多売で十五～二十パーセントがテラ銭です。だからパチンコ店《ホール》もすぐ飛ぶ（倒産する）恐れがあるし、全国エリアに営業所があるわけでもないのでパチンコメーカーも直接取引したがらないんです。それに昔は在日の人は心情的に税金を払いたがらず、粉飾決算も多かったようで、銀行も積極的に金を貸したがらない。朝鮮銀行やオリックスが融資していたんですけどね。だから販社が保証する形でパチンコホールに台を売るんです。

大手ホールにはメーカーが直接売りますが、中小ホールの場合は販社が八～十パーセントの手数料を取ってパチンコ台を売ります。なので、五十万円のパチンコ台を十台売ると四十万円が粗利になります。でも手形がしっかり決済するまで管理する必要があるので、それほど旨味のある商売ではないと聞きますね」

平和・SANYO・ニューギンといったパチンコメーカーが上野に軒を連ね、『プレイグラフ』『遊技通信』『遊技ジャーナル』『日遊通信』といったパチンコ業界誌編集部もほとんどがここに集まる。

近くには元朝銀信用組合の「ハナ信用組合」があり、裏手には朝鮮総連の許宗萬《ホ・ジョンマン》議長の事務所もある。国交の無い北朝鮮の実質的な北朝鮮大使と言われ、二〇一五年には経済制裁により禁輸対象となっている北朝鮮産マツタケを不正輸入し逮捕された貿易会社社長の関連先として、杉並区の自宅が家宅捜索された。

通称パチンコ村にある駐車場にはやたらとベンツが目に付く。

日本のパチンコ人口は一千百五十万人、年間売上高二十四・五兆円。他のギャンブル、競輪が〇・六兆円、競馬が二・七兆円に比べると、一時のブームは去ったとはいえパチンコはまだ他を寄せ付けない超巨大産業である。その中枢を担っているのが、ここパチンコ村なのだ。

よく耳にするのは、パチンコ産業イコール在日基幹産業という説である。

パチンコ台を製造するパチンコメーカーの四割は在日だとされている。

「戦前や終戦直後は日本人がやってたんですよね。パチンコメーカーも最初は群馬県高崎市と名古屋のメーカーが多くて、日本人が多かった。メーカーの創業者には帝大卒もいるんですよ」とI編集長。

パチンコホール経営も日本人が多かったが、年数が経つにつれて在日コリアンの割合が増えていった。

戦後、まだ在日コリアンへの差別偏見が強く、就職率も低かった。現金収入を得るために、日本人が世間体を考えて手を出しにくい商売にも進出していく。その一つがパチンコだった。

「パチンコの風営法許可第一号店は昭和三年の名古屋と言われています。戦前までは〝パチパチ〟とか〝パッチン〟って呼ばれていたそうです。戦後、パチンコ屋になったんですね。当時はほとんど縁日の夜店みたいな出店形式です。いま全国にパチンコ店《ホール》は一万一千軒くらいあります。終戦から昭和二十五年の段階で四万五千軒まで登録されてるんですよ。そこから連チャン規制、射幸性の高いパチスロ四号機規制などのたびにユーザー離れが起きて、ここ数年は毎年四百~五百軒が潰れています。

一昨年は警察庁生活安全局から『射幸性を抑えなさい』『保通協を通過した釘と違う釘で営業してはいけません』とパチンコ業界に指導があって、パチンコ台をほとんどすべて撤去しなくてはならないので、その交換のための引当金が準備できないホールはどんどん潰れると言われています。保通協というのは、パチンコやパチスロの大当たり確率や出玉などを試験する機関ですね。ここの試験を通過しないとパチンコやパチスロやホールに導入できません。警察の天下り機関の一つです」

パチンコ発祥の地は名古屋だという説がある。

I編集長がベテランのパチンコ業界記者から聞いた話によれば、戦前、愛知には中島飛行機をはじめ多くの兵器工場があったために、戦後は鉄玉が容易に手に入ったことと、盤面のベニヤ板、ガラスが手に入りやすかったこともあって名古屋のパチンコ台製造が盛んになったという。

さらにパチンコ人気を決定的にしたのが、正村《まさむら》ゲージの発明だった。

それまでパチンコは釘が縦横すべて同じ配列だったが、現代パチンコの産みの親ともいわれる正村竹《まさむらたけ》一《いち》が改良して、天釘、ヨロイ釘という仕掛けをつくったおかげで、あの独特のパチンコ玉の複雑な跳ね返りになり、ゲームの面白みが倍増した。

「正村竹一は釘の特許を取らないで、『みんなで仲良く使うがええがや』と言って、特許を放棄したんですね。それでパチンコの神様みたいな人物になったんです」

水先案内人・I編集長の口から、パチンコ業界の人間臭いユニークな人物、エピソードが次々と飛び出してくる。

パチンコメーカー西陣の社長・清水一二は東北帝大卒だった。実家の稼業だった鋳物工場を継ぐのが嫌で、パチンコメーカーを創業し、社員を軍隊式に参謀長、上等兵、軍曹などといった肩書きを与えていた時期もあったという。宇宙楽団という楽団を組織してテレビなどにもよく出ていた。

パチンコ・アンダーグラウンド

現在、全国に一万一千軒あるパチンコメーカーの半数近くが在日系であるとされる。

「以前はもっと多かったんですが、帰化したり、株式上場のタイミングで在日のオーナーから切り離して日本人社長を置いていることも影響しているかもしれません。北朝鮮の拉致事件が明るみになった二〇〇一年くらいですかね。小泉政権のとき、北朝鮮系メーカーや店《ホール》が朝鮮総連系の商工会議所から韓国の民団系商工会議所に移っちゃったんです。そのころはまだ万景峰号《マンギョンボンごう》に倉庫を提供していたNというホールもありました。パチンコホールでも北朝鮮系が多いのは千葉と新潟と言われています。ホールの売り上げが朝鮮学校の運営資金になっているという話も聞きます」

一攫千金を狙うタイプが多いパチンコ業界にあって、販社のなかには荒っぽい稼ぎをする者もいるという。

「攻略詐欺をやってるところもあるんですよね。数年前有名になったパチンコ攻略法の梁山泊《りょうざんぱく》、あれも販社ですよね。ほんとに犯罪スレスレの情報提供をやっているんです」

「どんな犯罪？」

「新台の情報がメーカーから一番最初に入ってくるのが販社だから、その新台に関する攻略情報みたいなものを三十万円で売りますとか百万円で売りますとかやってたりします」

「でも、それは嘘だと？」

「たいがい嘘ですね。九〇年代後半まではほんとにあったんですよ、バグとかあったんです」

「バグとは？」

「特定のタイミングで玉を入れると、当たっちゃうっていう。有名なのは『ダービー物語』です」

I編集長によると、現在パチンコは賭博性を高め、私がよく打っていた九〇年前後とは様変わりしていた。

「私が打っていたころは、『花満開』だったけど」

「古いですねえ」

「あれ、トン！とか軽く台を叩くと回転がうまく止まるっていう都市伝説があったんだけど、あれは関係ない？」

「関係ないですね。羽根モノのときは関係ありますけどね。ブイっていうのに入ると大当たりなんで、パチンコの場合は〝台パン〟と言って、パチンコ台の横を思いっきり殴ったりとか磁石当てたり油玉を使ったり、糸玉を使ったりとかいまだにありますよ。ただ、セキュリティも強化しているので、よほど甘いホールじゃないとすぐに出入り禁止になってしまいますが。それに昔に比べてパチンコは投資金額がものすごく高くなりましたから。いまじゃ五百円じゃ打てないです。軍資金は三万円ないと」

「三万⁉」

「ええ。三万ですね。いまのパチンコって一分間に百発出るんです。一玉四円なので千円で二百五十発買えます。だいたい三分で千円溶けます。三十分で一万円が溶けていく。だいたい千円で十五回くらいしか回せないんですよ。パチンコユーザーは自虐的に自分たちのことを〝養分〟って言ってます。パチンコメーカーやパチンコホールの養分になっていることを自覚して、それでもなお止められない魔力がパチンコにはあるんだと思います」

〝溶ける〟という言葉に、パチンコの底知れぬ魔力を感じる。

あっという間に大金が溶ける一方、当たると二十万円を越す博打性があるために、パチンコ依存症という社会問題が多発し、幼児を車内に置いたままパチンコに熱中して死亡させてしまう悲惨な事件も問題になっている。

私が打たなくなってから、昔のパチンコとはまったく性質が変わっていたのだった。

みんな〝事故待ち〟

元警察官僚の平沢勝栄自民党議員が、パチンコ業界は脱税が多いのでカネの流れを把握するためということで、パッキーカードというプリペイドカードが発行された。発売元は、日本レジャーカードシステム。当初はNTTデータ・三菱商事が大株主で、警察の共済組織である「たいよう共済」も出資していた。このあたりからパチンコ業界と警察との持ちつ持たれつの関係が進んでいく。

鳴り物入りで導入されたパッキーカードやパニーカードだったが、イラン人が偽装カードを売りまくり、いつの間にか消えてしまった。

「偽物のカードを使われても、店側は一切損をしないっていうシステムになっちゃったんですね。使われた料金に応じて、カード会社からパチンコホールにお金が入ってくるっていうシステムだったので、最後は店長がイラン人からダミーカードを買ってサクラに渡すんですね。それでパチンコホールが儲かる。結局システム自体が破たんして、パッキーカードはほとんど無くなっちゃった。結局、いまパチンコは現金が主流です」

庶民の娯楽だったパチンコは実質的に換金できるギャンブルであり、直接店から現金をもらうと違法ギャンブルになるので、景品をもらってから交換所で現金に換えるシステムをとってきた。

昔は換金しないで煙草や食料品に換える場合も多かったが、いまでは九十九パーセントがカネに換えるという。

賭博ではなくあくまでも娯楽という建前上、警察の指導でパチンコホールは景品を四百品目以上そろえておかなければならず、景品の上限は一万円以内というルールがある。

「パチンコ業界で一番儲かるのはどこなんですか?」と質問してみた。

「メーカーです」

「店《ホール》じゃないの?」

「ホールは現金は入ってくるけど、結局お客さんにもどさなくちゃいけないので、入ってくるけど出ていくカネも多いんです。最近、パチンコ台が高騰してるんですよね。八〇年代だと一台十万とか十五万だったんですけど、いまパチンコ台って一台だいたい四十万円ぐらいするんですね」

「十台入れ替えたら四百万円」

「そうです」

「平均寿命はどれくらいですか？」

「一年持てばいいほうだと思います。もう客が付かなくなると、二週間で外す店もありますね。人気の台になると半年から一年。ホールは最初から、パチスロだったら〝ベタピン〟っていう設定オール1にしちゃうんですよ。設定1っていうのは当たらない」

「それは店でセットできる？」

「できます、合法的に。どこもだいたい1ですね。よっぽどイベントとかじゃないと。三月三日とか六月六日とかのゾロ目の日に、『本日は力入れます！』とかっていうと出しますけど。普段はオール1ですね。いくらやってもほぼ当たんないですね」

「じゃあなんでお客さんは打ってるの？」

「それはみんな、いわゆる〝事故待ち〟なんですよ。設定1でも、あくまで確率なので事故は起きるんですよ。その事故ってのは、パチスロでいうとフリーズっていうんですけど。どの台でもあるんですけど、リールが急に止まったり、逆回転したりするんですよ。十万分の一とか十五万分の一の確率で。そうするとメダルが出っぱなしになる。壊れてんじゃないのかっていうぐらい出るんです。みんなそれ待ちなんです。一万円突っ込んで、事故が起これば二十万円ぐらい出るので」

「それは快感だね。みんなその快感を忘れられないがために次もやっちゃう」

「そうですね。事故待ちで打ってますね。誰も千円二千円勝とうと思って打ってないですよ。それと、パチスロは〝天井〟ってのがあるんですよ。何回転かして限界達したときに一回ボーナスがある。だいたい千回転とか一千五百回転に一回は必ず当たる。だから八百回転とかで止めそうな客がいると、もうずっと後ろでへばりついてます。それを〝ハイエナ〟と呼んでます。ただそれ一回当たっても、別にそんなに増えないですけどね。パチスロする人はみんな知ってますよ。パチスロの常連はだいたい〝ハイエナ〟か〝ゴト師〟のどっちかですね」

ゴト師とは、不正な手段で玉を出して荒稼ぎするアウトローのことを指す。

パチンコやパチスロがこれほどギャンブル度を増していたとは。

在日の地下茎

私たちが東上野のパチンコ村を歩いていると、ベンツがよく目の前を走っていく。

「店側が玉の出方をコントロールする遠隔操作がいま問題になってますね」

水先案内人のI編集長が裏話をしだすと、本書の担当であるK編集長もこんなショッキングな体験談を語り出した。

「実は十年ちょっと前、新宿のパチンコ屋の店長をやってた人間と知り合って、遠隔操作してると言ってました。『あの人出しといて』って。いまもあるんですかね?」

水先案内人が答える。

「ありますね。遠隔操作もあるし、ジェットカウンターで玉を抜くんですよ。大当たりしてお客がカウンターに出玉を持っていくじゃないですか。ジェットカウンターという玉を数える機械に入れるんだけど、そのとき玉の五パーセントぐらい抜くんですよ。それをずっとやってると一日十万、二十万円になるんですよ。それが店長の小遣いになるっていう」

不良客による不正だけではなく、店側の不正もあるというのだ。

「ジェットカウンターで玉を抜くって業界では有名ですよ。大手パチンコホールは聞かないですけど、個人店みたいなホールでは、たとえば五千円とか一万円入れて玉買うじゃないですか、その入れたお金の分の玉をそのままカウンターに持ってっても五パーセントか十パーセント少ないんですよ。店長は、『あれ、おかしいな』とかって誤魔化しますけど。一万発出しても九千六百発とかになってます。それが店長のお小遣いになるんです。出玉や現金出納を管理しているホールコンピューターの電源をリセットして、一気に何十万円も抜く強引なやり口もあります。店長の給料って年収六百万から七百万円が平均なんですけど、やたらいい服着てたりベンツ乗ってたりとかするんですよ。この辺歩いてると、明らかに店長じゃ買えないSクラスとかSLクラスの最上級ベンツが走ってるんです。そういうの見ると、あそこの店はちょっとやばいなって」

店長はたたき上げ、ドロップアウト組が多く、事務所に行くと置いてある雑誌はたいてい『実話ナックルズ』と『チャンプロード』だ。

I編集長がいた業界誌は、パチンコ業界の『噂の真相』誌とも呼ばれ、警察スキャンダル、石原都政批判、パチンコ利権といったタブー無き誌面で人気を博してきた。

その一方でパチンコファンのために新機種の分析も果たしてきた。

「よくパチンコ雑誌は解析とかやってるじゃないですか。あれは確率変動とかそういうことについて?」

「そうですね、うちの編集部もやってたんですけど、深夜に閉店したパチンコホールを借りて十人くらいで打ちに行ってデータ取ったり、パチンコメーカーのショールームを借りて一日中回しつづけて、どの演習予告のあとにどんな当たり方をしたのかデータを取ったり、逆にどの予告が出たら当たりにつながらないのか調べるんです。たとえば最近だとビスティというメーカーのCRエヴァンゲリオンって台があるんですけど、予告のなかでリーチになった後に、綾波レイのキャラクターが出ると非常に期待できるとか。綾波レイじゃなくて、碇《いかり》シンジだとちょっと期待度が低いとか。そういうのを解析してますね。どのキャラクターがどんなタイミングで出てくるかで期待度が変わってくる」

パチンコメーカーにとって、上野でショールームを持つことは悲願なのだという。

連日に渡り、私、K編集長、杉山の上野トリオは、水先案内人・I編集長によってパチンコ村という一種独特な街の空気を吸った。

本来ならI編集長はこの近くの超高層ビルのどでかいワンフロアにある出版社で、日夜仕事をしているはずなのだが、最近あることが起きて開店休業中なのだ。

復刊を誓いつつ、I編集長はしばらく音無しの構えでいなければならない。

さて、I編集長にとっての〝上野〟とは——。

「たまたまパチンコの出版社にたどり着いて、パチンコというバイアスで上野をみると、〝在日の地下茎が張り巡らされた街〟というイメージでしょうか。佐野眞一が甘粕正彦を取り上げた『甘粕正彦 乱心の曠野』（新潮文庫）という本があるのですが、そのなかで香港や満州を〝策謀渦巻く闇世界〟〝地下茎のように絡み合う闇の人脈〟〝偽りの顔を持つ大陸の玄関口〟みたいに形容していて、僕も上野にそのような印象を持っています。賑やかな〝動物園〟や〝博物館、アメ横〟と昭和通りをはさんだ東上野のパチンコ村のコントラストはものすごく鮮明なのですが、一方で両者にいまも通じる戦後の記憶みたいなものがあるように見えます。東上野にはパチンコメーカーのショールームがひしめき、アメ横にはパチンコホールがひしめいていて、そこには〝在日の地下茎〟という戦後の記憶がいまも静かに張り巡らされているんですね」

I編集長はその後、大手出版社に再就職し活躍している。

キムチ横丁の名物焼肉店

K―POPの摩訶不思議な魔力に惹かれつづけている。

楽曲、振り付け、歌唱、スタイル、キャラクター。独特の媚態が私を惹きつける。

AOA《エーオーエー》、RAINBOW《レインボー》、Bestie《ベスティ》、D.Holic《ディーホリック》、Girl's Day《ガールズデイ》、f(x)《エフエックス》、Twice《トゥワイス》……。

韓流ブームのときは新大久保のコリアンタウンが話題になったが、ここ上野こそ都内最大のコリアンタウンがある。

本日はI編集長行きつけ、上野のコリアンタウン、通称キムチ横丁のとある焼肉屋で女性経営者から話を聞こうというのであった。

「焼肉冷麺・京城料理」の大看板の掛かった焼肉店「大門」には、ショーウインドウにサンプルが飾られている。丸ごとのトマトやニンニク、センマイ、カクテキといったメニューが並んでいる。

「第一物産」はキムチがこれでもかと勢揃い、セロリキムチ、ツブ貝キムチ、真っ赤に染まったゴボウキムチ、カレーにんにくキムチ――。

年季の入ったホルモン料理「京城苑」から香ばしいカルビの焼ける匂いがしてくる。戦後闇市のような一画に、私たちはタイムスリップした。

表通りから路地裏に入ると、人一人がやっと通れるほどの空間に、おばさんたちがキムチを漬けたり、立ち話をしたり、ここは南大門かと思う光景が現出する。日本語に混じりハングルが流れてくる。

めざす焼肉店は路地裏にたたずむこじんまりとした店で、私たちは階段を上がって二階の部屋に通された。

I編集長はまだ残務整理で姿を見せないが、ここの店の女主人とはすでに話が通っている。

私たちはまだ昼ご飯を食べていなかったので、ここで食事をとる。

二階は床に直接座って食事をする部屋で、ソウルの下町にある焼肉屋もこんな感じではなかろうか。

店の女性経営者は、昭和二十六年神戸生まれ。私より五つ年上、在日二世、金という本名と高島という日本名を持っている。中学一年生まで神戸に住み、以降は上野で過ごしてきた。

「国籍は韓国です。父と母は韓国で生まれて日本に来て、在留資格を持って私は日本に生まれて一応は韓国人です。日本で生まれても在日韓国人です。登録をつくるわけね、日本に住めるっていう登録を」

「御両親はいつごろこちらに来られたんですか?」と私が質問した。

「いつごろ来たんだろうね。私の上に兄弟が三人いるから、母親が十八歳ぐらい、父親が二十歳ぐらいのときじゃないですかね。たぶん」

「お父さん、お生まれは何年?」

「えっとね、昭和元年生まれだから……」

「一九二五年か」

「そうそう。母親は昭和三年。十六で結婚して二十一で長男生まれたから」

女主人・金さんの父は終戦直後、神戸に来て長田区でゴム会社を興し、北海道から九州まで、スリッパ、長靴、サンダルの営業で歩き回った。

「日本の敗戦と同時に韓国からこちらに来た理由はなんですか？」

「そこまではあんまり聞いてないですね。ただ食べるのにもう精一杯じゃないですか」

「韓国のどちらだったんですか？」

「出身地は済州島です。ほんとの島国でおだやかな町ですね。たまたまうちのお父さんのお姉さんが日本に先に来てて、ゴム会社やってて一緒にやらないかって言われたこともあって、私のお父さんが来たみたいですね」

「長田区のサンダル製造工場は韓国の方が？」

「みんなほとんど韓国、朝鮮」

「それはどうしてでしょう？　得意な技術とかあったんですか？」

「技術よりも手っ取り早かったのかな。昔は鉄くずをリヤカーで拾って儲けた人がいたように、人のできないものをがんばってやってたんですね。当時っていうのは韓国の人はもうがんばり屋さんだから。まして済州島の人はとにかく我慢強いんですよ、まして女性はね」

韓国の女は働き者だ。

日本と比べると男権社会だと思われがちだが、実態は女のほうが男よりもたくましくよく働く。

金さんが幼いころ、すでに父が興したゴム工場は大きくなり、従業員も千人近く雇うほどになっていた。

「工場では女性がみんな靴、スリッパやサンダルをつくるわけ。それを〝張り子さん〟って言い方してたの。当時の神戸は下町で、私の一家が住んでいたのは二階建ての長屋。家の前がコンクリじゃなくて土だから、雨が降ると土で団子つくったりしてた。まわりが日本の人で和気あいあいで、隣同士で泊まりに行ったり醤油借りたり、そういうふうに住んでたわね。韓国人いうんはわたしの所の一軒だけ。でもみんなやさしくてね」

「民族同士のいがみ合いみたいのは？」

「そういうのはない。そういうのは感じたことないね」

総連系と民団系

東京オリンピックの翌年、一九六五年、上京した。

道路建設、ビル新築ラッシュ、といったオリンピック特需もしぼみ、日本経済は不況になり、金さんのゴム工場もおかしくなりだした。さらに親戚が経営に介入し、工場が乗っ取られてしまった。

「でもうちの母親は恨まなかったです。やさしい人だから、わたしなんかと全然性格違う。うちの母親は悪いことでもいいように持っていく人だったから。騙されたいうても全然。それでにっちもさっちもいかなくなって、たまたま東京にいるおばさんが、『これからの時代、食べ物屋さんだったら食いっぱぐれがないんじゃないか』ってことで、お母さんだけ先に上京して、やったことないキムチ屋さんはじめたの。家ではよくキムチつくってたけど、商品としてはつくったことなかったから。わたしは中学卒業して遅れて上京して手伝ったの」

六〇年代の東京はキムチという韓国料理も馴染みがなく、キムチといっても多くの東京人は知らなかった。

「わたしは神戸生まれの神戸育ちで、まあ上野も同じ韓国の人がいっぱいいるから少し安心だなっていう気持ちで来たんだけど。来てみたら、在日韓国人なら、キムチは在日韓国人が経営しているキムチ屋さんでしか買わない。マルキンさんっていう店は在日朝鮮人の経営だから、在日韓国人は買わないけど在日朝鮮人はそこに買いにいく。だからいまで言えば（北朝鮮の）総連系と（韓国の）民団系ですよね。またその当時いうのは、お客さんはほとんど日本語しゃべらないんですよ。『これをちょうだい』っていうのをみんな韓国語でしゃべるから。わたしもその当時は日本の学校行ってたから、自分の祖国の言葉わかんないじゃないですか。お店で『わかんない』って言ったら、おばちゃんに怒られたことある。『韓国人のくせに言葉わかんないのか！』ってぼろくそに言われたこともあるもん」

金さんはどことなく女優の美保純に似ている。いまも十分魅力的だが、若いころは大いにモテたことだろう。

ソ連・中国に支援された北朝鮮と、アメリカに支援された韓国は、朝鮮戦争によって三十八度線で分断され、以後いまに至るまで休戦状態のままである。日本においても両国の緊張状態はあった。

北朝鮮系の家には、金日成の肖像画が飾られていた。

「あたしのとこなんか飾ったりしないですけど、たまたま在日朝鮮人が住んでいた家にキムチを配達に行ったら、入り口入ると、上にね、肖像画があるわけ。指さして『これ御宅のお父さん？』って言っちゃったら、『指さすな！』いうて怒られたもん」

日本で商売する焼肉屋でも、「朝鮮料理」という看板の店は北朝鮮系で、「焼肉」という看板の店は韓国系だと聞いたことがある。

「そうかもわかんないですね、昔はね。韓国の人が朝鮮料理って言葉使わないもんね」

「味はどうなんですか？」

「いや、同じでしょ。同じ」

「上野のコリアンタウンっていうのは、北朝鮮系と韓国系と比率はどれくらいなんでしょう？」

「半分半分でしょ、いまはだいたい。そうね、だいたい半分半分」

「いま下町ブームとか言いますよね、韓流ブームもあったし。こういうディープなところに新しいお客さんも来られますか？」

「そうですよね、うん、アベックなんかも多くなりましたね。何十年前っていうのはそういうのあんまりないもんね。わたしんところの店は狭いし、奥入ってちょっと見えないし看板も大げさに出してないし。ほとんど常連さん相手だから。一見さんはあんまり入ってこないですよ。そうそう、みんな言うもん、この店に入るのって勇気いるって。最初はほとんど常連さんとかの口コミとかで」

初見で入るにはたしかに少し勇気がいる。だが出てくる料理は、キムチはもちろんカルビ、ユッケ、コムタン、ナムル、どれもお世辞抜きで旨《うま》い。

「わたしが神戸から東京に来たときは、百円サウナと、隣には早朝トルコ、横には朝鮮の生地屋があったんです。群山商店と黄錦商会っていうのがあったんですよ。そこがナンバーワンだったかな。百円サウナというのはあの当時、男子と女子とあったんですよ」

金さんの記憶では、夕方になるとそのころ爆発的大ヒットをしたザ・フォーク・クルセダーズ「帰ってきたヨッパライ」の有名なフレーズ「おらは死んじまっただー」がしょっちゅうラジオから流れてきた（おそらく一九六八年初頭だろう）。

サウナの隣には早朝トルコという、いまでは聞き慣れない営業形態の店があった。

トルコ風呂とは現在のソープランドのことで、実際は個室でトルコ嬢（現在はソープ嬢）が客と肉交する。早朝トルコとは、早朝割引で出勤前のサラリーマンや深夜仕事を終えた水商売系、作業員といった男性客を集め、人気を博した。

金さんの店のすぐ近くにあった百円サウナも早朝トルコも生地屋も、みな在日コリアンが経営していた。

国際親善マーケットと呼ばれたこの一帯は、在日コリアンの店が次第に集まり、隣の湯島には韓国クラブが人気を博し、韓国人ホステスが百円サウナに来た。

その昔、ヤクザが十人ほど月に一回、この店で食事を兼ねた会合を開いていたという。親分が「今日、おまえはチャカ（拳銃）持ってるのか?」と子分に尋ねるので、なにも知らない金さんは、てっきりチャッカマンのことかと思った。刑務所に入ることになったその親分は律儀に下獄する直前、店に挨拶に来たのだった。

「四十、五十年前はここらへん全部借地。持ち主が日本の人だし。結局は固定資産税を払うのが大変だからって、切り分けて売ったみたい。この前、初めてウチに食べに来てくれたお客さんがいて、『実はこの近所に六十年住んでるけど、このコリアンタウンが怖いというイメージがあって、どうしても足を踏み入れられなかった』と言うんですよ」

金さんの母親は料理上手で、だんだん繁盛するようになった。

「日本人の口に合うようにわたしの母親が味付け直したから。あの当時っていうのは在日朝鮮人でも在日韓国人でも、一世のお母さんがいたから。一世っていうのは家族がみんな多いから、買い物来てもキムチじゃなくて材料を買いに来るわけ。白菜とかもやしとかぜんまいとか唐辛子とかね、そういう材料をまとめ買いするから。自分たちでキムチの材料買って、家でキムチを漬けるわけよ。だから、十二月の暮れになると、一週間分とか十日分とか買いに来るからすごかったですよ。

うちの店はキムチの材料も売ってたし、お餅とかトックだね。トックいうたらスープ用。唐辛子からごま油から調味料も売ってた。野菜、お肉、スープなんかでもごま油、唐辛子、にんにく入るから体が丈夫になる。韓国の田舎のほうでは、一年分の白菜を仕入れるの。壺にキムチを漬け込んで、それを地下に埋めると冷蔵庫代わりになるから、まとめて一年分漬けたりする。春ごろになってだんだん味が酸っぱくなったら、チゲとかに使うとか。日本は韓国に比べると温暖。全然違うもん。白菜も全然違う。やっぱり日本人の口に合うように漬けるんですね。韓国のキムチの独特な塩辛さはなく、日本人向けはさっぱり味でちょっと甘みがある」

金さんの母親が上野に店を出すと客がつき、繁盛していった。

「この一角で最初は親戚のおばさんの店からはじまったんだけど、母親の手でどんどん大きくなって。私も母親の下で、大根切ったりきゅうり切ったりとかそういうのが好きで、母親の後ろにくっついてやってた。最初のころはお客さんの前に出るのが恥ずかしくて、十五､六のときに『いらっしゃいませー』なんて言えないじゃないですか。ほとんどおばちゃんたち相手だからね。その当時は茨城、長野、遠いところで山梨、福島なんかからも、電車乗ってうちに買いにくるわけですよ。キムチ屋は上野しかない時代だったから。うちの母親の手作りの味を知るとお客がついて、わたしがちょっとサービスしたりするとだんだんお客さんが増えてきて、二十五歳のときに商売の楽しみを覚えちゃったの。あの当時は売り上げも半端じゃないし楽しくってね」

「電車に乗って来るお客さんっていうのは、在日の方なんですか?」

「みな在日、一世のおばちゃん。あとお店の仕事は配達。唐辛子とかぜんまい、もやしとか、そういう食材を配達するの。その当時は百グラム二百グラムっていうのは売らないですもん。白菜でも一株とか、最低でも五百グラムから一キロという感じだったから。たぶん日本の人、怖がって入ってこられなかったと思う。やっぱりまだその時代っていうのは、日本人のなかには朝鮮人嫌いな人が多かったから。だから、キムチなんか食べない！　そういう人もいたんだから。全部がそうじゃないけど」

ちなみに、キムチ横丁の一部の店ではポシンタンという犬肉鍋を出すという。

在日のパワー

ここで仕事を終えたI編集長が階段を上がってゆらりと入ってきた。

私はI編集長が何故にこのマニアック度が高い（敷居が高そうな）店を選んだのか聞いてみた。

するとI編集長いわく——

「以前は会社がはす向かいだったんですけど、他の店には行かないですよね。ウチの会社の人たちも、焼肉食うならやっぱこの店ってなってるんですよ」

小さな店ながら、客は日本のゼネコン幹部といったエスタブリッシュメントがよく来るという。

「それがかっこいいのよ」

常連客のなかのある大手企業の幹部はスタイルがよくてスーツが似合い、金さんは、結婚早まった、と半分冗談をかます。

金さんのキムチ屋は一九六五年に上野で営業していたが、ここキムチ横丁に現在の焼肉店がオープンしたのは一九九二年だった。

「居抜きじゃないです。もう大変よ、買ってバブルがはじけた。いまもう二十年超えたからあれですけど、最初はほんとお城かな思うぐらいに外観はきれいだったからね。だけど、二階上がったら真んなかの畳がぽこーんって一階に落ちちゃうような、なかはどうしようもなく汚くて、営業ができない状態だったね。だからここは全面改装したのね」

私たちがあぐらをかいている二階から、さらに三階には螺旋階段がある。

「この無駄におしゃれな螺旋階段、これはなんですか?」

「アハハハ。面白いでしょ、三階もあるから」

三階は一部屋の円卓で、横にトイレが付いていて、五名から貸切となる。

金さんの亭主は済州島出身で、十代半ばで親戚を頼って大阪にやってきた。就いた仕事に馴染めず上京し、中華料理店の下積みに入ったが仕事が肌に合わず、焼肉店の板前になった。そのころ金さんは、朝六時から夜九時までおばさんの店で働き通しで一ヶ月五千円しかもらえず、これでは母親に小遣いも渡せないからと、一ヶ月二万五千円もらえる焼肉屋にアルバイトに出た。

そこにいた八歳年上、済州島出身の板前が金さんの夫である。

結婚して男子二人が生まれた。

残念ながら夫は三年前に亡くなり、いまは金さんと息子が店を切り盛りしている。

四十年ほど前、キムチを売っていたときに、深夜番組『イレブンPM』（日本テレビ系）から韓国料理の取材の申し込みがあり、スタッフが受けてしまった。

「韓国で全羅という一番料理が上手な町があるんですよ。そこのキムチは辛くてすごくおいしい。そのキムチをうちのお母さん手作りで売ってたのを、わたしが四十度の高熱のときに売り子をやらされちゃったの。とにかく熱が出てフラフラで『説明する前に、はい食べて』って感じでやったら、それがなんかウケちゃったみたい。まあ若さでやったんだね。テレビで紹介したらもう、明くる日から大変。すごかったたです。それから日本人が来るようになった」

在日パワーと呼ばれるものがある。

裸一貫で生きていかなければならない、持たざる者のパワーだ。

「昔の一世の人たちは苦労して生きてきてるから、やっぱり負けてなるかっていう気持ちがあるんじゃないですか。韓国におれば別だけど、やっぱりね、知らない船に乗ってこっちに来るいうことは自分がキッとやらない限りは倒れるでしょ。だから韓国クラブの女の子たちなんかも、わざわざ日本に飛行機を乗ってここまで来るいうことは、よっぽどの気を持たない限りはやっていけないですよ」

韓国の女性は強い。

日本の女性歌手の歌は受け身が多いが、K—POPの彼女たちの歌は、わたしがなんとかしてあげるから元気出して、という強い女たちの歌が多い。

韓流ブームに沸いたころ、新大久保のコリアンタウンがメディアに取り上げられたが、金さんによると新大久保は在日コリアンというのは少なく、大半がこの二十年ほどで韓国からやってきた人々だという。

　金さんは日本で生まれたということで在日二世になる。

「わたしの子ども三世になりますけど、日本の学校行って、韓国語もわかんないですけどね。でも韓国の血は流れてるから。いまもうほとんどの人は日本に帰化してるじゃないですか。結婚するのも同じ国の人とするかしないかわかんない。たぶんできないと思うよ、付き合いがないから。よっぽど見合いじゃない限りは。わたしの場合は、結婚するなら同じ国の人いうのが強かったから、たまたま主人になったけど」

「韓国人同士で結婚したほうがいいという、ご両親の意向があって？」と私が尋ねた。

「いやいやいや。働きに行ったらたまたま向こうの人がいたんだけど、母親が一番嫌がる、登録なかった人なんです。昔っていうのはさ、日本に船から来る人がいっぱいいたから」

　金さんは手で潜るような真似をした。

　私がそのジェスチャーの意味を尋ねると――

「飛行機は金かかるけど、船はお金かからない。密航者よ、いまで言えば」

　衝撃的な言葉が飛び出てきた。

「下から（密航者）が昔はものすごい多かったですから。たまたまうちの主人も下から来たから。お金がないから。あたしと結婚するとき、母親はものすごい嫌がってたの。なんで同じ国の人選ぶのにそういう人選ぶのかって。自慢じゃないけどわたし、乾物屋で仕事してるときも化粧もしないし、こんなに太ってるのに、買い物来たおばちゃんとおじちゃんたちが見て『自分とこに嫁に来い』言うて。それもべっちゃべちゃ金持ちが何人も来て、嫁にくれ嫁にくれって言ってたけど、見合いも一回もしたことない。たまたま主人と恋愛してたから。恋愛十三年で十四年目でゴールイン。親が反対反対だったから。いまになって金持ちのとこ行っとけばよかったって。アハハハ。こんな苦労しないで済むって」

噂には聞いていたが、実際に目の前にいる人間から密航者の話が飛び出してくるとは――

「のど乾いたでしょ、アイスコーヒーかなにか飲みません？　みなさんアイスコーヒーでいいですか？ホットの人います？」

私たちはそれぞれ注文すると、金さんのサービスということで、金さんは近くの喫茶店に電話をかけに階段を下りていった。

親父は戸籍が無いんです

密航者発言を聞いた私たちは衝撃の余韻を覚まそうと雑談をしていると、K編集長が何気なくこんなことを口にした。

「あの……うちの親父も、戸籍が無いんですよ」

空気が固まった。

「え？　戸籍が無いって？」

日本において戸籍制度は、国家の根幹を形づくるもっとも重要な制度である。

時折、戸籍が無い日本人、という問題がメディアにぽっかり浮かんでくるが、まさか私たちとともに取材活動をしてきた敏腕K編集長の実父も戸籍が無かったとは。

いったいなにがあったというのだ。

Ｋ編集長の一言は不忍池で遭遇したＰＴＡ帰りの主婦に見えた女が実はたちんぼだったという衝撃をはるかに上回るものがあった。

「うちの親父の母、要するに僕の父方の祖母が韓国人なんですよ。在日がたくさん住んでいる神戸出身で、おそらく大正から昭和にかけてこちらに来たんだと思います。神戸で日本人男性と恋仲になって生まれたのがうちの親父なんです。昭和三年です。本来なら結婚するはずなんでしょうけど、子どもができたんで、その日本の男、つまり僕にとっての父方の祖父ですが、消えてしまったんですね。

親父の母が困り果てていたとき、在日の男と出会い結婚します。昭和三年当時、母親は韓国人、実の父親は行方知れずということで、出生届など出されることなくうちの親父は生きていったそうです。新たな父親と母親の間には、うちの親父のほかに、弟二人、妹二人がいました。下の弟のほうは、若いうちに亡くなりましたが。

亡くなった弟は、うちの親父のことを〝兄さん、兄さん〟と慕っていました。そのような家庭で、半分しか血のつながっていない弟妹たちと生活を共にしていた親父は、いたたまれなかったのか、神戸を飛び出してしまったそうです。おそらく、成人してからのことです」

行き着いた先は、東京の江東区森下だった。

私たちは焼肉が焦げるのも気づかず、Ｋ編集長の告白に釘付けになっていた。

「慣れない東京暮らしと戦後間もないことも影響したのか、親父は胃潰瘍を患い、大した医療技術もなかった状況で輸血もしたのでしょう。そのときの手術がもとで、親父は後に肝臓癌で亡くなりました。子どものころにオヤジと銭湯に行ったとき、お腹の手術跡を見たよその子どもが『あのオジサンのお腹の跡、すごいな』と、ひそひそと話しているのも覚えています」

K編集長の父は戸籍が無いまま育ち、主に現場作業系を中心に数多くの職業につき、働き通した。結婚もして、愛らしい女児と男児に恵まれた。その一人が、私たちとともに一年以上にわたってここ上野を取材してきたK編集長だった。

人に歴史あり、とは言うけれど、まさか奥底に壮絶な秘密が埋葬されていたとは。

「親父が亡くなって葬式を出す段になったんですが、家の近所の葬儀屋に頼んでいたので、そこの主人が火葬許可証などは手配すると言ってくれました。でもここで問題が発生しました。親父は戸籍が無いんです。火葬許可書は戸籍謄本が無ければ役所は出してくれません。葬儀屋に任せれば面倒なことになると思った長姉夫婦は、自分たちで済ませますということで区役所へ向かいました。そしたらたしかに、戸籍はありませんでした。でも住民票は存在してたんです。そこで、区役所側は住民票を抹消するということで火葬許可を出してくれたそうです。火葬ができなくなったら遺体もそのままになって大事になりますからね。

親父が亡くなってしばらくして、母から聞かれたことがあります。『お前、お父ちゃんが死ぬ前になんか聞いたか？』と。親父の出生の秘密をきちんと聞いたか？という意味です。私はなにも聞いていませんでした。母も本当のことは親父から聞いていなかったのではないかなあと思いました。私は姉からいろんな話を聞いたんです。まあ、いずれにせよ秘密を墓まで持っていった親父を尊敬しています」

そう言うとK編集長は乾いた笑い声を発した。

戸籍が無いK編集長の実父は、揉め事を起こさないように、ひっそりと生きてきた。歴史が好きで、名所旧跡を歩くのが唯一の趣味だった。坂本龍馬に心酔し、関連書を読み漁った。

「余談ですが、親父が死んでから遺品を整理していたところ、交通違反の切符が大量に出てきたんですよ。もちろん戸籍の無い人間が運転免許など取得できないので、無免許運転の違反切符ばかりでした。しかも名前はすべて偽名。苗字は〝坂本〟で、下のどの名前にも『龍』や『竜』の字が使われていました。親父はどこまでも坂本龍馬が大好きだったんですね。でたらめな親父もすごいですが、当時の警察も細かく調べることなく切符で済ませるくらい牧歌的だったのだなあと思いました。ああ、母曰く、運転はとても上手だったそうです」

封印されたある男の一生が思わぬ形で開封された。

「おまちどおさまー」

下から金さんが上がってきた。そしてまた陽気な声で身の上話が再開する。

私たちの隣にはスーツ姿のビジネスマンが数名、あぐらをかいて慣れた手つきでハラミを焼きだした。油の弾ける音、客の笑い声、遠くから聞こえる街の音。

上野は本日もカオスにまみれる。

第九章　事件とドラマは上野で起きる

昼は国立大生、夜はキャバクラ嬢

キャバクラの黄金郷上野は、夜になると華やかな女たちが主役になる。

種子島出身、貧乏アイドルと呼ばれグラビアアイドルからテレビに進出し活躍した上原美優もまた、ここ上野のキャバクラにいた。人気が出て、さあこれからというときに精神のバランスを崩し、二〇一一年五月、自ら死を選んでしまった。所持品の手帳には「お母さんが死んで辛い。このままのスタイルで仕事して先行きどうなるか」というメモが残されていたという。

二〇〇九年十月、ここ上野のキャバクラで働いていた千葉大学園芸学部四年の女子大生が千葉県松戸市のマンションで全裸死体となって発見された。

国立大生とキャバ嬢という組み合わせがメディアに取り上げられた。一昔前なら予備校講師や家庭教師という高収入のアルバイトがあったが、少子化と不景気で予備校、家庭教師の働き口は激減し、キャバクラで働く国立大生は珍しくない。

事件はキャバクラの客が横恋慕して殺害に至ったのでは、という噂が流れた。

だが事態は急変した。

被害者のキャッシュカードを使いATMから現金を引き出す中年男の姿が防犯カメラに映し出され、事件は見ず知らずの男によるものと判明した。この事件の後、他の強盗・強姦未遂事件で逮捕されていた竪山辰美（当時四十八歳）が防犯カメラの男だと断定され、本人も自供する。この男は二〇〇二年に強盗致傷で逮捕、懲役七年の刑期を終え出所し、わずか一ヶ月半後に本件の事件を起こしたのだった。

上野のキャバクラでは一晩で十九万円も使う豪遊ぶりで、店の女の子たちから「アニキ」「社長」と呼ばれていた。

千葉大生を襲ったのも、夜の豪遊を維持するための金目当ての犯行であった。

証拠隠滅のために後から現場にもどって火をつけるといった卑劣な犯行を繰り返す犯罪歴に対して、第一審の裁判員裁判では死刑判決となったが、高裁・最高裁では無期懲役となった。

キャバクラでは上客でありながら、裏の顔は強盗強姦を繰り返す凶暴な男だったわけだ。

フィリピンパブの魔力

上野はフィリピンパブのメッカでもある。

『月はどっちに出ている』でブルーリボン賞最優秀主演女優賞を受賞したフィリピン人女優のルビー・モレノも上野のフィリピンパブで働いていた。失踪事件を起こし芸能界から消えたが、最近復活したとされる。上野の水が合うのか、いまでもフィリピンパブに在籍しているという情報がある。

フィリピンパブでも事件が起きた。

二〇〇八年四月、上野のフィリピンパブで働いていたカミオオサワ・ハニーフィット・ラティリアさん（当時二十二歳）が港区台場のマンションで、交際していたチャーリーこと野崎浩に殺害された。ハニーさんの遺体をバラバラにした直後、偶然にも室内を訪れた仕事仲間のフィリピーナがその現場を目撃してしまう。バラバラにしたばかりの人肉と骨を容疑者が持っていたのだった。

人間、あまりにも異様な状況に遭遇すると、おかしな言葉を発する。室内でバラバラにしたばかりのチャーリーこと野崎浩を見てしまったフィリピーナは、こんなことを口にした。

「チャーリー、ハニーはどこ？」

「いないよ、一緒じゃなかったの？」

キッチンのシンクには大型バサミとナイフ、スプーンがあった。洗濯機のなかは真っ赤に染まり、ハニーらしき肉塊があった。肉片は骨からそぎ落とし、皮膚は剥がされていた。マンション傍の運河からは後に頭部が見つかった。

まるでスプラッター映画のような現場を見てしまったフィリピーナは、転がるように部屋から飛び出し、二十六階の高層階からやっとの思いで逃げ出した。

三日後、チャーリーは埼玉県川口市の路上で手首を切って自殺をはかったが、自ら救急車を呼び逮捕された。

一九九九年にもチャーリーは似たような事件を起こしていた。フィリピン人ホステスから別れを切り出されたチャーリーは、ホステスへの死体損壊・遺棄の罪に問われ懲役三年六ヶ月の実刑判決を受けた。死亡の経緯が解明されなかったことで殺人罪の起訴は免れ、軽い刑になった。

二つの事件を鑑みると、遺体をバラバラにするという異様な行動は、死体を隠すために切断したというよりもむしろバラバラにすることに快楽を見いだしたかのようだ。

事件直後に私は、殺害され肉片と化したハニーがホステスをしていた上野の仲町通り界隈にあるフィリピンパブを取材している。案内人は上野のフィリピンパブにハマっているという事情通のフリーカメラマンである。

ここは二時間一万円からの料金で、指名料やらなんやらで最低二万円近くかかる高級店だ。

私についた二十五歳のフィリピーナは来日して五年、野崎容疑者が遺体を損壊した被害者とは仕事仲間だったという。携帯電話の保存画像を見せてくれた。被害者の生前の顔が写っている。

「チャーリーと付き合っていたんだけど、彼女は『別れたい』と言ってたよ」

三十五歳のフィリピーナが証言する。

「男が働かなくなったので、ハニーも別れたがっていたの。それが……。でもね、ハニーにも若い夫がいて、子どもがいたんだよ」

男と女の愛欲が渦巻く虚飾の夜――。

案内人であるカメラマン氏がご執心のフィリピーナが着席した。いままで見たこともない美脚である。

「待ってたのよ。うれしいよ」

たどたどしい日本語。男を惑わせる肉体美。

着席するフィリピーナは皆、胸が大きく腰がくびれている。たどたどしい日本語のせいもあって、日本人よりも素朴に見える（実際はどうなのかわからぬが）。

カメラマン氏がフィリピーナにハマったきっかけは、一九九九年に発覚した本庄保険金殺人事件だった。

日本人やフィリピーナのスナックホステスと偽装結婚させて高額の生命保険をかけさせ、密かに病死と見せかけ殺害し、保険金を騙しとった連続殺人事件だった。

「私は昔、フィリピーナは嫌いだったんですよ。日本人のキャバクラのほうがよかったんです。ところが、本庄保険金殺人事件の現場を訪れ、犯人の八木茂が付き合っていた女の一人、フィリピーナのアナリエを取材しているうちに、フィリピンパブを訪れるようになって、気づくとフィリピーナに夢中になっていました。フィリピーナの魅力はですね、日本人が失った素朴さとやさしさがあるんです。それにフィリピン人の特性なのか、混血のせいなのか、スタイルが信じられないくらい、いいんです」

フィリピーナに夢中になった男たちは枚挙にいとまがない。

一九八三年一月に発生した千葉大女医殺害事件は、千葉大医学部研究生の妻を、研修医の夫が殺害したとして世間を震撼とさせた。夫はフィリピンパブで働く若いフィリピーナと愛人関係にあった。三角関係のもつれから発作的に妻を殺害し、逮捕後、獄中で夫は自殺している。エリート医師のタマゴを夢中にさせたフィリピーナということで、彼女は魔性の女扱いされた。

一九九二年、千葉県船橋市の十九歳の青年が、一家四人を皆殺しにした悲惨な事件があった。暴行陵辱、金品強奪、ありとあらゆる悪事を働き、未成年ながらも死刑判決が確定した。青年は十八歳になりフィリピン人女性と結婚したのだったが、フィリピン人妻は三ヶ月足らずでフィリピンへ帰国してしまった。青年はまたもやフィリピンパブで働くフィリピーナと関係を持ったことで、ヤクザが青年に慰謝料を請求、青年は金をなんとかしようと、一家に押し入って凶行におよんだ。

フィリピーナの魅力は日本の男たちの理性を失わせるのか。

私のまわりでもこのカメラマン氏以外に、著名編集長や文化人がフィリピーナに入れあげ、マニラまで通い詰めている。

「昔もいまも、彼女たちは避妊はあまりしませんね」

カメラマン氏が解説する。

私についた二十五歳のフィリピーナが、来日した背景を告白する。

「フィリピンにいたときは、シティホテルで働いてました。お給料は日本円で二万円です。家族六人養うには、日本で働くしかなかったんです」

カメラマン氏が指名した美脚のフィリピーナは、日本人男性とフィリピン人の母の間に生まれた。

一九八三年ころ、「ジャパゆきさん」という言葉が流行語になった。日本に出稼ぎに来る東南アジア人女性を指した言葉だ。カメラマン氏が指名した美脚のフィリピーナの母は、いわゆるジャパゆきさんで、美脚のフィリピーナはジャパゆきさん二世であった。

「日本で働いていたジャパゆきさんが、日本人とできて子どもが生まれる。そういった二世がいま、フィリピンパブで働いているんです」とカメラマン氏。

フィリピーナは働き者である。連帯感が強く、一人のフィリピーナと店外デートすると、同僚のフィリピーナがぞろぞろ付いてくるという。

シティホテルで働いていたフィリピーナは、兄弟四人の学費と失業中の両親のために、毎月二十万円以上のカネを送金している。

「働き者ですけど、彼女たちは気が強いですからね。そこがまた魅力なんですが」

カメラマン氏はゆくゆくは美脚のフィリピーナと結婚するという。

ジャパゆきドリーム

フィリピンパブを訪れてから八年後――。

上野のフィリピンパブはいまも盛況である。

私たちが訪れた不忍通りにほど近い店も健在だ。

フィリピーナバラバラ殺人事件の犯人・チャーリーは結局、最高裁で死刑判決が確定した。

上野のフィリピンパブにハマっていたあのカメラマン氏はどうなったか。

「え？　あの美脚の子ですか。そもそもそんなに相手にはされていませんでしたから、まあ高いお店だし、たまにしか顔出さないわけですから……。はい、いまも独身です。上野、湯島界隈は相変わらずアジア系女性がいっぱいですね。彼女たち元気がいいですよ。個人的にはちょうど本業もくすぶっていた時期に、上野のフィリピーナたちの元気すぎる姿から元気もらってました。彼女たちって写真を撮られるのが大好きなので、ちょうどよかったです。あのシティホテルで働いていたフィリピーナは上野で稼いで、いまではマニラ近郊に豪邸建ててホンダのＳＵＶを新車で買うという、まさにジャパゆきドリームを実現させましたよ」

夢を実現させたフィリピーナは偽装結婚していた。

フィリピーナと結婚した日本の男たちは本気で彼女たちを嫁に迎えるのだったが、当のフィリピーナたちは日本で稼ぐために割り切ったいわゆる〝ビザ婚〟だった。

彼女の夫のアパートがさいたま市の外れにあり、カメラマン氏は彼女から「タクシー代の分あんたにあげるから送ってよ。ヒマなんでしょう？」と言われ、彼女が客とアフターで食事し終わるまで湯島のドンキ・ホーテ前でたびたび待っていた。フィリピーナはよく客と叙々苑で食べていたので、客に買ってもらったほかほかの叙々苑弁当を持って帰ってきてくれて、カメラマン氏にプレゼントするのだった。上野の空が薄明るくなるころ、叙々苑弁当を頬張ったときの味を、カメラマン氏はいまでもよく覚えている。

「もともと都民でありながら、上野はたまにしか行かないエリアでした。それこそ北日本へ向かう歌のイメージが重なったり、アメ横の雰囲気も私にとっては観光地的な感じでした。甲府で知り合ったフィリピーナの関係でも上野に行くようになりました。上野は、私が本業の仕事があまりなかった時代に、フィリピーナのやさしさやたくましさを知った思い出の街です」

報道カメラマンとして第一線で活躍するカメラマン氏は、懐かしそうに八年前を振り返るのだった。

花形記者が集う上野警察記者クラブ

「あのころの上野警察記者クラブっていうのは都下で一番の花形と言われてたから、各新聞社は一番優秀な記者を第六方面（上野）に配属するんです。各社二人ずついましたよ。動物園を抱えてるし、人生のドラマが詰まった上野駅があるし、下町のお祭りもあるし、上野は一番取材するところが多いんですよね」

上野駅にほど近い喫茶室で私たちは、佐藤史朗・元中日新聞記者に会った。

一九四八年生まれ。社会部記者に憧れ、島根から夜行列車に乗って上京。上智大学文学部新聞学科に進学し、卒業後は中日新聞社に入社。プロ野球担当時代には金田ロッテ、長島巨人、広岡ヤクルトを担当。一九七八年、系列の東京新聞社会部記者として念願の事件記者となった。一億円拾得事件、ホテルニュージャパン火災、日航機羽田沖墜落事故、新宿バス放火事件、日航ジャンボ機墜落事故、首都圏連続幼女誘拐殺人事件などを取材。厚生労働省、国土交通省、警察庁を担当、さいたま支局長、横浜支局長を歴任、編集局デスクを経て編集委員、現在は退職して文筆活動をおこない、作詞家としても活動している。

著書に『記者魂　キミは社会部記者を見たか』（講談社・二〇〇八年刊）等がある。

「昔はね、新聞社というのは圧倒的に事件記者を目指す人が多かったんです。いまでこそ社会部はしんどいということで志望者が少ないんですけども、私たちのころは圧倒的に社会部志望が多かったんですね。男っぽい感じの記者に憧れてね。私も山陰から事件記者目指して、東京に出てきたわけです。

運よく私は三十歳で社会部に行きましてね、それから上野警察署記者クラブに入りました。警視庁記者クラブは一方面から八方面までありまして、上野が第六方面なんですね。一が丸の内で、二が大崎、三が渋谷、四が新宿、五が池袋、六が上野、七が本所、八が立川。花形記者といえば上野だったんですよ。特に上野は事件が多かったし。だいたい（エリアは）掛け持ちで、僕は最初は上野と本所と掛け持ちでした。（管轄は）人口三百万人いると言われてましたからね、当時。隠語で『ゴミの五方面、花の六方面』と言ってましたわ。池袋はゴミの五方面って言ってね、ゴミ事件ばっかり。汚い事件とか泥棒とかそういういわゆるゴミ事件で、大きな事件はないんですよ」

佐藤青年が社会部記者に憧れた背景には、一九六〇年代にＮＨＫで放送された社会部記者の活躍を描いた連続テレビドラマ『事件記者』を抜きにしては語れない。

社会部記者が所属する警視庁桜田クラブと彼らの行きつけの居酒屋ひさごを舞台に、スクープ合戦に明け暮れる記者たちと、荒っぽいながらも人間臭い社会部記者の世界を毎回一話完結で描いたもので、視聴率が四十パーセントを超えることも珍しくない人気ドラマであった。原保美、山田吾一といった役者が、紫煙に煙り電話が鳴り止まない記者クラブの社会部記者を演じた。

私が小学六年生だった六〇年代後半、将来なりたい職業は、というアンケートがあり、クラスの多くが新聞記者になりたいと手を挙げたことがいまだに記憶に残っている（手を上挙げたなかには複数の女子もいたほどだ）。

新聞記者が小学六年生の憧れの人気職業になったのも、ドラマ『事件記者』によるものだった。日活でも『事件記者』はシリーズとして映画化され、最近、阿佐ヶ谷ラピュタで何本か見たことがあったが、『相棒』のようにシナリオがしっかりしてどの作品も文句なく面白かった。

念願の事件記者になった佐藤青年は、いざ事件現場に身を投じることになった。

「記者クラブが上野警察署の三階にありましてね、中庭でちょうど事件の死体なんかを青いシートに乗っけてざーっと水をかぶせて洗ったりしてましたね。殺人事件では遺体を必ず洗うんですけど、これはもう物体ですから、女性の死体なんかばーんと九十度ぐらいは脚ひろげますからね。手も突っ込みますからね。薬を使って（精液が）入ってるかどうかをまず調べるんです」

遺体は傷跡の確認をするためにすべて全裸にする。遺体は黒く変色するのではなく、殺されて五時間から十時間くらい経つと薄いピンク色になり、一瞬、美しい肌に見間違うのだった。

新聞記者の世界には、ネタに困ったら動物園に行け、という言い伝えがある。

動物ネタは読者のうけがよく、動物園に行けばなにか一つは記事になるものが見つかるからだ。

都下最大の動物園・上野動物園があるから上野警察署記者クラブの面々はネタに困らなかったが、そこには日本最大のスターがいたから気が抜けなかった。

「ちょうど上野動物園のパンダ、カンカンとランランの子どもの問題ね、いつ妊娠するかしないか、産むか産まないかっていう情報を掴む記者同士の競争でしたよ。いつも夕刊の締め切りが終わると上野動物園に行って取材してました。メスのランランが妊娠したんだけど流産したんです。いま死んじゃって剥製になってますね。最初は上野にあったんですけど、いまその剥製は多摩動物園に移したんじゃないかと思いますね。ですからあの当時、パンダが妊娠したかということが最大のニュースでしたね。

動物園のなかにある桜木亭という有名な茶屋が火事になったときがあって、そのときみんなで浅草で飲んだくれてたんですよ。連絡受けましてね、急いで現場に駆けつけて、あのときはもう夜だったから、動物がキャンキャンキャンキャンキャン、火の匂いでわかるわけですよね。上野動物園が鳴き声だらけになって、それがやっぱりすごかったですね」

一億円拾得事件の舞台裏

佐藤史朗記者はなぜか大事件に遭遇することが多く、いまでいえばなにか〝持ってる〟事件記者だった。

「ある時に例の一億円騒動が出てくるですよね、大貫さんの。あ、これだ。走ってますよ、短パン姿で」

私たちの先達が指さした資料写真には、帽子をかぶったジョギングスタイルの中年男が写っていた。

一九八〇年四月、東京・銀座三丁目の昭和通り沿いのガードレール支柱の上にあった風呂敷包みをトラック運転手・大貫久男さんが発見、古新聞かなにかだとトラックの荷台に積み込み帰宅した。

銭湯から自宅にもどると、妻が驚愕の表情をしている。

風呂敷の中味は一千万円の札束が十個、合計一億円だった。

大貫さんは拾得物として警察に届け出た。落とし主がいつまでたっても現れなかったことから犯罪性を感じさせ、さまざまな所有者説が噂にのぼり、日本中が一億円騒動に沸いた。なにしろ、宝くじの一等賞金が三千万円の時代である。

大貫さんが悪事をしでかし得た金ではないかという悪意のデマが流れ、一億円を横取りしようという悪辣な連中もいた。

なかなか落とし主が現れないことが、さまざまな憶測を呼び起こした。

佐藤史朗元記者が秘話を語る。

「本所警察署長がね、『この男は絶対怪しいんだ！　すべて調べる』と言ってたんですよ。もう確信してね、大貫さんを犯人だと決めつけてたんですよ。『こいつがなんか悪いことしてカネをどっかからかっぱらってきたんだ』と。それで各社そうなっちゃうでしょ。僕は事件発生の翌々日かな、栃木県にある大貫さんの実家に行きましたよ。そしたら年老いた母親がいましてね、縁側でお話ししてくれて、『あの子はねえ、そんな悪いことするような子じゃないですよねえ』って盛んにお母さんが首をかしげてましたわ。だから絶対、悪いことはしてないと思いました。大貫さんはとっても素朴ないい人ですよ。彼はいろんな脅迫にあいましてね、電話で『金よこせ』とかね。『佐藤さん、ちょっと出て来てほしい』って頼まれたこともありました。それで大貫さんはガードマン付けたんですね」

現在、拾得物の所有権移転は三ヶ月に短縮されたが、当時は半年だった。

一億円拾得騒動は、拾得者のものになる半年が迫るにつれてますます騒動が過熱し、大貫さんは十六年間勤めた運送会社を辞めてしまう。

半年後、ついに大貫さんのものとなる日がやってきた。

帽子にジョギングスタイル、上半身に防弾チョッキという突っ込みどころ満載の格好で走りながら警視庁遺失物センターに現れた大貫さんは、小刻みに震える手で一億円小切手を得た。

「自分の幸せにつながるかどうかは、僕の人生が終わったときに初めてわかるでしょう」

記者会見で大貫さんは含蓄のある発言をした。

サービス精神が旺盛で、暴漢を退治しようと日本刀を持ってみたり、拾得物評論家としてバラエティ番組に出たりした。

大貫さんが一億円を拾った四月二十五日は「拾得物の日」になった。

手にした一億円から税金約三千四百万円を支払い、三千六百九十万円でマンションを購入、残りは貯蓄という堅実な道を選び、そのうち話題から静かに消えていった。

再び大貫さんが話題に上ったのは二〇〇〇年、海釣りに行き心筋梗塞で帰らぬ人となったときだった。

六十二歳の死は早すぎた。一億円を拾ったときに少々運を使いすぎたのかもしれない。

大貫さんが車を運転中に路肩の一億円を見つけたのも、日頃から落ちている物を拾ってくる倹約の習慣があったからだった。

佐藤史朗さんは、記者時代から大貫さんが亡くなるまで交流をつづけていた。

世間から疑われたとき、大貫さんの潔白を信じ記事を書いてきた佐藤さんの人柄だろう。

ところで、ついに現れなかった一億円の持ち主であるが、さまざまな噂が持ち上がった。

政界工作費、企業の裏金、脱税分の現金、麻薬取引代金、仕手株代金。

騒動が鎮まり、世紀を跨いだころから一億円の持ち主を特定するある説が最有力になった。『週刊新潮』（二〇一六年三月十日号）が報じている。

あの一億円は事件発生時から噂にのぼっていた兜町の風雲児、誠備グループ・加藤暠《あきら》元代表関連のものだったとされる。取得現場のすぐ近くに伝説の相場師・加藤暠元代表の事務所があり、現金五億円を運搬しようとカネの運搬役三人が事務所から車に搬入しようとした。その際、風呂敷に包まれた一億円分だけ積み忘れてしまった。気づいてもどったときにはすでに大貫さんが発見して、風呂敷包みはなかった。

現金の持ち主は別にいて、投資資金として預けていたものだという。

おそらくこれが真相だろう。

上野駅はスリの本場

上野駅周辺には立ち飲み屋が密集している。

佐藤史朗元記者によれば、出発駅であり終着駅である上野駅は、運転士がコップ酒をあおってから乗車することもあったという。いまなら重大な服務違反であるが、時代は大らかだったのだろう。

「社会部記者は各社、だいたい新橋か上野で飲んだくれてたんですよ。で、政治部は赤坂で、経済部は銀座。上野は汚いふぐ屋の食堂がけっこうありましてね。安くてね、そこで毎晩つまんで食ってね、それが我々の生活でしたよ。ふぐは食えなかったです。上野警察の刑事課長と飲んだくれてね、『佐藤さん、一番簡単なホシ（犯人）はどういうのか知ってる？　一番難しいホシはどういうのか知ってる？』って言うんですよ。『暴力団が一番落とすのが簡単だよ』って。喚《わめ》くだけ喚かせるんだって。すると人間ぐったりして、すぐゲロる（白状する）んです。浪花節の世界の人たちですから。反対に、詐欺師が一番警察が手を焼くんですって。

上野駅はもうスリの本場で、日暮里から上野にかけてものすごいですから。刑事さんが朝からいっぱい、駅構内に覆面で張り込んでますからね。昔は日本人のスリが多かったけど、最近では韓国人スリ、中国人スリもいるし。やっぱりそういうスリ集団の根城がこの界隈にあるんじゃないですか。そこから枝分かれしていろんな奴がいて」

二〇一六年三月、「デパ地下のさと婆」と捜査員の間で呼ばれ、スリ歴六十年以上、八十三歳の女スリが上野駅で現行犯逮捕された。ＪＲ上野駅で開かれていた栃木県産品の販売会で、買い物をしていた六十五歳の女性のバッグに右手を差し入れて、現金四千円が入った財布を盗んだのだった。左手に持っていたストールを右腕に巻いて周囲から手元が見えにくいようにして犯行におよぶ。手慣れたテクニックだった。

デパ地下のさと婆は「財布を見ると取りたくなっちゃう」と容疑を認めた。

あだ名の由来は、都内デパートの地下食品売り場の買い物客ばかりを狙うことからつけられた。

デパ地下のさと婆は、スリで得たカネで中野にアパートを建てて余裕の暮らしをしながら、地元・中野でスリをはたらき、たまたま上野まで遠征したときに逮捕されたのだ。上野はスリにとって稼げる場所なのだ。

捜査官は隠語を駆使するのが好きで、スリに対してデパ地下のさと婆のようにあだ名をつける。

二〇一〇年暮れにアメ横で捕まった八十一歳の高齢スリは、捜査員の間で「ケツパーの梅じい」と呼ばれていた。〝パー〟とは隠語で財布をさす。尻のポケットに財布を入れている男をターゲットにスリを働くのだ。アメ横の路上で、男性会社員の後ろポケットから、三万円の入った財布を抜き取って現行犯逮捕された。

上野は腕ききの刑事たちが張り込み目を光らせている、スリにとってはリスクの高い区域でもある。それにしてもデパ地下のさと婆、ケッパーの梅じい、ともに八十代の後期高齢者であり、六十年以上にわたってスリをおこなってきた。名物スリというのはかくも長期におよび犯行を繰り返す。

上野の吸引力は、スリをも引き込むのだった。

「佐藤さんから見て、上野はどんな街でしたか?」

最後に私が質問した。

「やっぱり田舎者の街。私も田舎者で、島根の松江から出てきたんだけども、上野は気が楽でしたね。上野動物園の猿山を見ると気分が和むんですね。猿山を三十分くらいずっーと見てるんですよ。そのうちね、ああ、あいつとあいつが仲がいいなとか、サル同士の関係がわかってくる。猿山に君臨していたボスが脱腸で死んじゃったりね。猿山の社会が見えるんですね。そういう意味で上野は、動物園を含めて人間社会そのものを見てる感じがしましたね」

新聞記者時代の深代惇郎・本田靖春も上野に

上野警察署記者クラブには、朝日新聞の「天声人語」執筆者としても有名な伝説のコラムニスト深代《ふかしろ》惇郎《じゅんろう》や、読売新聞社会部記者として活躍し、その後ノンフィクション作家になった本田靖春がいた。

深代惇郎と本田靖春は上野署にいた時期が重なり、ともに朝日・読売の花形記者として活躍した。『天人　深代惇郎と新聞の時代』（後藤正治・講談社）には、名コラムニストの若き日々がつづられている。

深代惇郎は「書くことがなくて、書かねばならぬときは動物園に電話を入れる、というのが昔から新聞記者の習性の一つにあった」と天声人語（一九七三年十二月三日）で書いている。書くネタに困り果てて上野動物園に電話してネタを探していたら、「動物の競泳大会でもやりますか」と動物園側が提案してくれて、サル、ブタ、ニワトリ、ヒツジ、チンパンジーなどをプールに放り込むのだった。

現在の動物愛護の観点からみたら問題になりそうだが、当時はまだ大らかだったのだろう。

サルが泳ぎ達者で、ブタは短い脚を使って大きな図体をうまく泳がせている、と深代惇郎は報告している。

本田靖春も動物園でネタを探った。

一九六五年、日本中がベンチャーズの影響でエレキ・ブームに沸いていた。エレキにあわせてサルのように踊るモンキーダンスが流行した。

当時、エレキギターを弾くことは不良化のはじまり、という風潮が強かった。

本田靖春はそういう「エレキ＝不良化」という風当たりに抗議すべく、ある行動を起こした。

それはなにかというと――エレキ・バンドを上野動物園に連れていって、サル山の前でサルたちにエレキサウンドを聴かせてみよう、というのだった。

いざ当日、バンドメンバーを集めて朝八時、上野動物園に連れていき、サル山の前で演奏させようとした。

ところが――。

エレキギターは電気で音を増幅させて弾くものだから電源が必要、という基本的なことすら知らず、いざ演奏となって慌てて電源を探す始末だった。バンドメンバーの若者の機転によって、売店から延長コードで電気を引っ張りなんとか演奏にこぎつけた。

コンクリート製のサル山で大音響がさらに増幅され、耳もつんざくばかりとなった。サルたちも驚き、パニック状態に陥った。子ザルを抱きかかえたまま失禁する母ザルもいた。

いまなら動物虐待で問題になるところだろう。

上野警察署記者クラブの記者たちが行きつけの飲み屋は、警察署裏手にあったバー「素娥《そが》」だった。カギ型カウンターに腰掛け（スツール）が八つ、四人掛けテーブルが一卓、奥に狭いトイレというこじんまりとした店だった。記者たちから親しみを込めて「バアさん」と呼ばれるママさんがいて、彼女もまた記者たちを呼び捨てにする仲だった。

読売新聞社会部記者だった本田靖春は、フリーランスになると『不当逮捕』『我、拗ね者として生涯を閉ず』、上野署をはじめとした社会部の警察（サツ）回りだったころを記した『警察《サツ》回り』と相次ぎ力作を発表した。

なかでも、私をいまだにとらえて放さない書がある。

戦後最大の誘拐事件、吉展ちゃん事件を描いた書『誘拐』である――。

小原保と〝落としの八兵衛〟

吉展ちゃん事件は一九六三年三月三十一日、上野駅からほど近い入谷（現在は台東区松が谷）で発生した児童誘拐事件だった。

犯人からの脅迫電話をラジオ、テレビで初めて全国公開し、警察と報道側が誘拐された児童の安全のために報道協定を結んだ初めてのケースということ、誘拐された児童が四歳という当時流行った坊ちゃん刈りの愛らしい男児だった点、世間で「吉展ちゃを探せ」という一大運動が巻き起こった点等々、日本中の注目を集めた事件だったために、〝戦後最大〟という呼称がついてまわった。

事件発生現場は入谷南公園（現在松が谷南公園）だった。

友だちと水鉄砲ごっこをしていた吉展ちゃん（当時四歳）が行方不明になり、自宅に中年男の声で誘拐した電話が合計九回かかり、身柄と引き替えに五十万円を要求してきた。

七日後の朝、指定された上野駅近くの住友銀行前の公衆電話で現金を置くようにと電話があったが、犯人は現れなかった。

事件は当初から上野の時計店で働く時計修理工・小原保が重要参考人の一人としてリストに挙がっていた。

昭和三十年代、腕時計は高額商品であり、調子が悪くなると時計店で修理してもらうのが常で、腕のいい時計職人は店を渡り歩き生計を立てていた。

犯人からの身代金要求の声を録音したテープをラジオ、テレビが流した。現在のテレビ公開捜査の走りであった。

録音された犯人の声の一部――。

「イヤー。エー。今日ハネ、アノー、ソノー、マズエガラ、渡セネーガラネ。ンダカラネ、エー、アドデマダ、指定（シテー）スル」

「エー、アノ、新聞紙（シンブンガミ）ニクルンデネ、少シ、グヂャグヂャニ、品（シナ）フツツンデカラネ」

東北訛りの中年男の声だった。

たまたまラジオで小原保の実弟が聞き、警視庁に届け出ていた。

精密な声紋鑑定がまだ確立されていなかった当時、数多く集まった声のなかから一つに絞り込むことは難しく、しかも小原には事件当日、実家福島県に一時帰郷していたアリバイまであった。

両親や人々の願いもむなしく月日は流れ、誘拐事件はＦＢＩ捜査というアメリカを真似たとされるが実質は捜査陣縮小の体制になり、事件は永遠に未解明のまま終わるかにみえた。

ここに一人の名刑事が登場する。警視庁はじまって以来の名刑事、「落としの八兵衛」こと平塚八兵衛部長刑事である。小平事件・帝銀事件・下山事件・スチュワーデス殺人事件と数々の大事件を手がけてきた名刑事だ。

八兵衛はアリバイをもう一度洗い直した。すると捜査した福島県でのアリバイ捜査がずさんだったり、目撃証人の記憶があいまいで正確ではなかった。

一九六五年七月、微罪で逮捕されていた小原を再度、取り調べることになった。

勾留期間十日間しか残されていなかった。アリバイはなかなか崩せない。

ついに勾留期限が切れる最終日になった。八兵衛との雑談から小原は何気ないことを口にした。

「刑事さん。俺だってこれでもいいことしてるんだよ」

小原は小火《ぼや》を消し止めた善行を語った。

「いつだったか、俺が電車のなかから見た日暮里の大火事みたいになったら大変だったろうなあ」

日暮里の大火事の日、小原は実家、福島にいたはずだ。後に、何度もこのシーンが再現されるほど、劇的な「日暮里の大火事」八兵衛落としの伝説の名シーンだった。

「さっき、おまえは日暮里の火事を見たと言ったが、あれは四月二日のことじゃねえか。福島にいたおまえがどうして電車のなかから大火事を見られるんだっ！」

満を持したかのように、故郷福島にもどって野宿したという偽のアリバイも覆した。

八兵衛は小原の母がしたように土下座して叫んだ。

「早く真人間になって本当のことを言え！」

沈黙がどれだけつづいただろうか。

「あのお金は……吉展ちゃんの……お母さんから……取ったものです……」

自供にもとづき、荒川区南千住の円通寺の他人の墓から吉展ちゃんの変わり果てた遺体が発見され、迷宮入り寸前の大事件は一気に解決した。

テレビは通常放送を中断し、一九六五年七月五日、NHK臨時ニュース番組『ついに帰らなかった吉展ちゃん』が放送され、視聴率五十九パーセント、放送史上歴代第九位（一位はNHK紅白歌合戦一九六三年十二月三十一日放送。八十一・四パーセント）という記録になった。小学三年生だった私は、いまだにこの日の報道を覚えている。

私は数年前、誘拐現場の公園から殺害現場の円通寺まで犯人がたどったコースを歩いてみたときがあった。

さほど遠くない距離なのだが、歩くととても長く重く感じたものだ。その長さというのが、小原保の殺意を固めるまでに要した時間だったのだろう。

生前の平塚八兵衛から長時間に渡り数々の事件の舞台裏を取材し、聞き書きとしてまとめられた『刑事一代　平塚八兵衛の昭和事件史』（新潮文庫）という書がある。著者・佐々木嘉信元産経新聞記者は生前の八兵衛を知る数少ない証人である。

佐々木元記者によれば、八兵衛は甘党で、酒は一切飲めず、自宅に帰ってからも事件の膨大な資料を広げ推理していたという。

犯人・小原保は獄中で罪を悔い、福島誠一という名で『土偶』という同人誌に短歌を投稿していた。

死刑執行前日、小原保は辞世の句を詠んだ。

〈明日の日を　ひたすら前に　打ちつづく　鼓動を胸に　聞きつつ眠る〉

墓石もなく土饅頭の下に埋葬された小原保の墓を訪れた平塚八兵衛は、地面に突っ伏し号泣した。

小原保は福島県出身、平塚八兵衛は茨城県新治郡土浦町（現・土浦市）出身、ともに常磐線つながりで上野駅とは切っても切れない縁がある。

上野駅で交錯した地方人同士のなにかが、名刑事の心を揺るがせたのか。

永山則夫と上野駅

東京オリンピック翌年の一九六五年三月、青森県北津軽郡板柳町から五能線に乗り、青森駅で東北本線に乗り換え上野駅までやってきた一人の少年がいた。

上野駅に着き、五人乗りの車に乗って、少年の就職先である渋谷駅前の西村フルーツパーラーという都心の果物店に到着した。少年が希望あふれる最初の職場にしたのも、就職希望先として「賑やかなところ」と書き記したからだった。

右肩上がりで経済が登っていく時代で、前年の東京オリンピックが終わってから一時的に不況風が吹いたものの、高度経済成長期ゆえに工場も会社も人手が足りず、売り手市場だった。金の卵と呼ばれた十五歳の少年少女たちは、低賃金で雇用できる労働現場になくてはならない存在だった。

西村フルーツパーラーの店員になった少年・永山則夫は小柄で色白、まつげが長く、無垢な表情をしていた。後に写真に写った彼のうつむき加減の姿は、どこか同じ青森出身の歌人・寺山修司の若きころに似ている。

西村フルーツパーラーは華やかな職場で、お客のなかには黒い眼鏡をかけて微笑む女優・岩下志麻がいた。

永山少年は新しい支店の責任者に任命される。だが人間不信で猜疑心が強く、長く居つかず店を辞めてしまい、以後職場を転々とした。

宇都宮の板金工場、川崎のクリーニング店、西荻窪の牛乳販売店、横浜・川崎の日雇い労働現場。

永山則夫は八人兄弟の七番目の子として網走で生まれた。

父は博打好きで家計は苦しく、母は行商で外に出て、兄弟は貧困の家庭で育った。兄からいつも殴られ、母は則夫がギャンブル狂いの父に似ているからと「血統でえ！」と罵《ののし》った。

家に寄りついてカネを無心しようとする父から逃れようと、リンゴの産地で有名な青森県北津軽郡板柳町に引っ越した。

姉はやさしく則夫に接してくれたが、ある日、こたつのなかで近所の男と肉交しているところを則夫が目撃してしまう。姉は妊娠七ヶ月で堕胎、中絶した胎児を墓場まで持っていったのは則夫だった。墓石は漬物石だった。

心を病んだ姉は入院する。

ほとんど学校に行っていなかった則夫だったが、小学五年のときは姉が退院して家にいたこともあって、心が落ち着いたのか出席するようになった。

西村フルーツパーラーを飛び出して二十数軒職場を変えながら、自殺未遂はこの間、十八回もあった。横浜・川崎の港湾で働く日雇い労働者になるものの、二日で足腰が立たなくなる。

父親は最期に十円玉一つだけポケットに残し、野垂れ死にした。

則夫は、自分が死ぬときはせめて千円札を持って死にたかった。

日本を脱出しようと船に忍び込んだが、船中でも自殺衝動にかられた。

横浜少年鑑別所に入れられ、不良たちから耳の穴に歯ブラシをぶち込まれ、耳から激しく出血した。

暴力は社会人になっても則夫につきまとった。

一九六八年（昭和四十三）十月、破滅の道がぽっかり口を開けて待っていた。

横須賀アメリカ海軍基地の米兵宅に忍び込み物色していると、手の平サイズの二十二口径拳銃と実弾を見つけ、盗んだ。この家の夫人が持っていた護身用拳銃だった。

そのときの気持ちを永山則夫は後にこう語っている。

「ちょっとうれしかった。宝を見つけた。いままでずっといじめられてきたから、いばりたい気持ちがあった」

盗んでから一週間もしないうちに、なにかに憑かれたかのように射殺事件を繰り返す。

十月十一日、東京プリンスホテルで最初の殺人事件を犯す。不審者として咎《とが》められ、警察官と勘違いして発砲、二十七歳のガードマンが死亡した。

三日後の十月十四日、京都の神社で不審者かと詰問してきた六十九歳の男性を射殺。

十三日後の十月二十七日、死に場所を求めて北海道に渡るが、函館で三十一歳タクシー運転手を射殺、九千円を奪う。

九日後の十一月五日、名古屋で二十二歳タクシー運転手を射殺、七千四百円を奪う。

警察庁広域重要指定108号事件として、戦後最大級の捜査網が敷かれた。日本中が恐怖におののいた。一般市民がなんのためらいもなく頭部に銃弾を撃ち込まれ殺害される、日本の犯罪史上初めての凶悪事件だった。

小学六年生だった私も、正体不明の人物が拳銃を持ってうろついているリアルな恐怖を感じたものだ。

さまざまな犯人像が推理されたが、頭部に銃弾を正確に撃ち込む冷酷な行動から、成熟した大人の男、戦前の軍隊経験のある中年が犯人とする説が有力だった。

永山則夫は池袋のアパートで暮らす次兄のもとを訪れ、犯行を打ち明けた。次兄は自首を勧めるが、則夫は自殺したいと泣いた。

死に場所を網走に求めた則夫は、かつて集団就職で降り立った上野駅に着いた。睡眠薬自殺をしようとしたが、薬局で手に入らず、青森行き東北本線に乗って北海道に向かった。自殺しようとしたものの、函館で第三の殺人を犯す。名古屋まで逃げ延び第四の殺人を犯し、原宿で逮捕されるまで、自殺念慮を抱いたまま、放浪した。彼が持っていた社会用語辞書の裏には「私は生きる、せめて二十歳のその日まで」という走り書きが残されていた。

一九六九年（昭和四十四）四月七日、警察庁広域重要指定108号事件犯人が東京・原宿で逮捕され、臨時ニュースが流れた。

犯人が逮捕されてもみくちゃになる映像が流れた。坊主頭で屈強な体格をして目つきの鋭い中年男がアップで映った。だが彼は刑事だった。

逮捕された犯人は意外な人物だった。小柄で色白、まつげが長い少年のようにあどけない若者であった。十九歳という未成年であったが、事件の重大性を鑑みて実名と素顔が報道された。

犯人は永山則夫、十九歳。

逮捕されたとき、少年は苦しさから逃れられると思ってか、自らを納得させるのだった。

一ヶ月間で四人を殺害するという日本犯罪史上最悪の連続殺人事件は、集団就職で上京した十九歳の犯行という事実を知ると、日本中が衝撃を受けた。

第一審は死刑、第二審は生育歴などが考慮され無期懲役、最高裁では異例の差し戻しとなり、一九九〇年、最高裁判所で死刑判決が下され、一九九七年八月一日、東京拘置所で死刑が執行された。享年四十八。

この事件は法律にまで影響を与え、何人殺害すれば死刑になるのか、という死刑判決の客観的条件が最高裁で示され、永山基準と呼ばれるようになった。

獄中での創作活動

永山則夫は獄中で膨大な量の本を読破し、最初の著書『無知の涙』はベストセラーになった。無知のまま社会人になった自分と社会を対置させ、社会に吹き荒れた学生運動、反体制運動に重ねて哲学を学び、なかでも難解な『資本論』を読破してマルクス主義を支持するようになる。

小説を書きはじめ、小中学校時代を過ごした青森県北津軽郡が登場する『木橋《きはし》』は新日本文学賞を受賞した。冷酷な連続殺人を犯した本人も、小説では静謐《せいひつ》な世界を描く優れた書き手であった。

百時間を超える永山則夫の精神鑑定記録がおこなわれ、このなかで永山則夫は劣悪な家庭環境を語っている。

母は、則夫が集団就職で故郷を去るとき、「則夫がいなくなって赤飯炊いて喜ぶべし」と実子がいなくなることを手放しで喜び、板柳駅のホームには家族の誰も見送りに来なかった。

精神鑑定記録の録音テープには、鑑定人・石川義博博士の質問に答える永山則夫の訥々《とつとつ》とした会話が残っている。

石川博士が、「写真撮ろう」と声をかけると、「やだよ」と抵抗するが、後に永山則夫のヒゲ混じりで微笑む貴重な写真として記録された。

一九六九年八月に精神鑑定書が完成。第一審ではこの鑑定書は無視され、永山則夫本人もあまりにも自己を直視したものと思ってか、鑑定書を拒絶している。

二審で一転、無期懲役になったのは、精神鑑定書を裁判官が積極的にとらえて、永山則夫が親から愛情を与えられず、虐待の日々を送り小学校も満足に通学できなかった生育歴を情状酌量したものだった。

差し戻し裁判では、罪のない四人もの命をわずか一ヶ月足らずの間に奪ったことが重大視された。

百時間におよぶ永山則夫の録音テープと実母の率直な証言は、『ETV特集 永山則夫100時間の告白〜封印された精神鑑定の真実〜』（NHK・二〇一二年）、『永山則夫 封印された鑑定記録』（堀川恵子・岩波書店・二〇一三年）に記録されている。

永山は獄中で執筆した著作の印税を遺族に送りながら、晩年は哲学論考を書き、牢獄の哲人となった。

もしも忍び込んだ米軍兵士宅で二十二口径拳銃を発見しなかったなら、まったく別の人生が待っていたことだろう（人知れず自死を遂げたのかもしれないが）。

貧しさから逃れるように、上野駅を降り立った永山則夫は流転していった。

上野は彼にとってどう写ったのだろうか。


長い上野の旅が終わろうとしている。

残念なことだが、私はついに出稼ぎ労働者の義父が食したラーメン店を見つけることができなかった。

義父は上野のパンダの色あせた写真が飾られたラーメン屋でどんな夢を見て、麺をすすったのだろうか。

いまとなっては聞く本人もいない。

上野駅の歩道橋から西にゆっくりと夕日が落ちていった。

エピローグ

「本橋さんのことを話したら興味をもった女性がいまして、今度一緒に飲みに行きませんか」

顔の広い後輩からの誘いだった。

一九九八年秋のことだ。

一対一で会うよりも複数で会ったほうが気が楽だと、男女八名の飲み会となった。

紹介された女性はコンパニオン、ナレーター、レースクイーンの仕事をしてきた美脚の女であり、私の好みに合致した。

もう一つ、私が気に入ったのは出身地であった。

出身地が北津軽郡だという。

それまで〝津軽〟という地名はあくまでも俗名であり、行政的な地名としては存在しないものだと思い込んでいた。公式の地名として津軽がいまだに生き残っていたことは、太宰治好きの私に、自死を遂げた文豪をより身近に感じさせた。

出会って二ヶ月後に結婚した（勢いというのが結婚には必要だ）。

女房は小学校入学直前に重いぜん息を患《わずら》い、出席がままならなくなり、泣く泣く入学を一年遅らせた。女房は早生まれなので一年遅らせても同年入学になるが、二月生まれなのになんで同学年にいるのか、小学生でも気づきだし、そのうち男子からも女子からもいじめの対象になった。学校に行きたくない、と泣くと父親が励ました。反撃しなければ生きていけない。父親は娘を街の空手道場に通わせ、農作業の合間、一緒に道場に立った。娘はいじめる子を一人ずつ、田んぼや畑のあぜ道で血だらけになりながら撃退していくうちに一年後にいじめは止まった。

そんな逆境に負けない気構えも気に入った。

私は四十二歳で遅まきの結婚をした。

義父は東京オリンピックのマラソンで銅メダルとなった円谷幸吉選手に似て、真面目一筋の人生だった。結納のとき、初めて会った義父は長年におよぶ農作業と出稼ぎの土木作業によって、真っ赤な頬と見事なまでのがに股だった。

翌年子どもが生まれ豪と名づけ、義父は初めての孫とあってとても喜んでくれた。

義父に案内されて津軽鉄道に乗って太宰治の豪壮な実家、斜陽館を初めて訪れた。

その年の夏、女房の故郷に帰省した。

独身時代の女房が東京まで陸路で行くときは、五能線に乗って川辺から奥羽本線に乗り換えて新青森まで行き、そこから新幹線に乗って上野駅で降りた。乗り継ぎがやっかいで、新幹線で行くときでも半日がかりだった。

美しい山と海の景色を通り抜ける五能線は、ローカル線のなかでも人気第一位になるほどだ。五能線から奥羽本線に乗り換えてもずっとつづくリンゴ畑。

「わいはぁ、なんぼきれいだっきゃのう」

リンゴの白い花が咲くとあたり一面白い世界に変わった。女房の実家は広大なリンゴ農園をやっていた。

五月中旬、リンゴの木々に囲まれた家はまわりがまっ白になった。

義父はうちの女房とその妹、二人の娘に恵まれた。うちの女房が小学校五年生のとき、板柳町福祉センターで催された音楽大会で「津軽海峡・冬景色」を歌って銀賞をとった。

「まあまあ、おいのいえの娘だば、ぶったまげてまるなァ。みろ、ほら、この賞状」と目を細めた。言葉数は少ないけど、誇らしかったのだろう。

義妹は弘前大医学部卒の外科医と結婚した。二人の娘が大学出と結婚したことが、小学校中退の義父にとって誇らしげだったようで、用も無いのに隣近所にお茶を飲むついでに婿《むこ》たちのプロフィールを開陳した。

義父はリンゴ園を営みながら、冬になると東京まで出稼ぎに行った。

津軽のリンゴ農家は真冬になると仕事がなくなり、東京に出稼ぎに行く。土木作業関係の仕事がほとんどで、農作業で曲がった腰がさらに曲がる。土木作業員のなかでも出稼ぎ労働者は下に見られ、穴掘りやアスファルト剥がしといった危険で重労働の作業を押しつけられる。

「上野で食った中華そば、うめくってあったなぁ」

上野駅を降りた義父は、空腹を満たしたごくシンプルな中華そばが忘れられなかった。

上野駅には義父のような出稼ぎ労働者が毎年、途切れることなく降り立った。

宇都宮線・高崎線・常磐線・京浜東北線・東北新幹線・銀座線・日比谷線――。

路線が上野駅に集まり、人々が散っていく。

それは上野の宿命でもあった。

上野には古代から鉄道ではなくいくつもの川が流れていた。かつて石神井川が上野台、本郷台の間の谷筋を流れ不忍池まで行き着くのだった。

いまは暗渠と化した藍染川も、上野台をたどりながら蕩々《とうとう》と流れていた。

上野寛永寺が存在するあたりから上野動物園は〝山〟と呼ばれる高台にあり、上野駅広小路口から先は低地になる。高所から低所へ水は流れ、人もまたなにかに導かれたかのように上野に流れ込む。

古代には上野の目の前まで低地は海であった。

最終的に人は生命の源である大海に出ようという無意識の意思が働くのか。

＊

女房は義父からよくこんなことを聞かされた。

「日本一有名な犯罪者が板柳さぁいるんだぁ」

永山則夫もまた大海に流れ出ようという意識に背中を押されたのか。

上野駅は永山則夫が生まれ変わろうとする起点に違いなかった。

リンゴで有名な板柳町は、永山則夫が小中学生時代に育った町でもあった。

永山則夫が犯罪を犯し逮捕された翌年の一九七〇年、新藤兼人監督による映画『裸の十九歳』が完成、上映された。

ロケは板柳町でもおこなわれた。

永山則夫役は新人だった原田大二郎、永山の母役に乙羽信子が出ている。『八月の濡れた砂』『飛び出せ！青春』でブレイクする前の劇団文学座・村野武範が西村フルーツパーラーの嫌味な客として映っている。

永山則夫が逮捕され、故郷の板柳駅ホームで母親が新聞記者に追い回されるシーンでは、赤ん坊を負ぶった乙羽信子が登場する。背中の赤ん坊は私の女房の妹である。

現地でロケをするにあたって東京から赤ん坊を連れていくことも大変なので、現地でたまたま赤ん坊だった女房の妹に白羽の矢が立ったのだった。ちなみに当人にこのときのことを尋ねてみたら、当然覚えていなかった。

姉であるうちの女房は四歳で、ホームの待合室から映画に出た妹をうらやましげに見て「いいなあ。なんぼいいんだばぁ。おらもなんがやりてなぁ」とつぶやいていた。

夏になると観光客で賑わう五能線の板柳駅のホームが、上野駅までつながっている現実感はまるでなかった。

板柳町では永山則夫母子のことを覚えている人間はほとんどいなかった。いたとしても口を閉ざすだろう。

事件から三十年以上が経ち、話題の中心はリンゴの出来具合と、板柳町出身の現役力士・高見盛になった。

『三丁目の夕日』のろくちゃんも、永山則夫も、東北本線に乗って集団就職のために上野駅で降り立った。

だが集団就職すらできなかった東北の人々もいた。

「あんまり人さしゃべるんたもんでねーけど。オラは戦後の中学で学ぶはずだったんだけんど行がねがったの。小学校四年生で中退だよ。昭和二十年代の津軽地方だっきゃ、ほんとに飯も満足に食わいね時代だったんだ。むったど、ジャガイモとサツマイモばかり。米は茶碗に一杯鍋さへで、かさば増やすために大根の葉っぱだの、だんぶり草っていう甘みがある茎が赤くてどごさでも生えでる雑草ば入れで煮で食ったんだ。それが主食さなるんだ。飢え死にしねえように、とにかぐ食うにいいもんだば、どった野草でも食ったな。いぢばん食ったのはハコベで、煮てしょうゆつけで食ったなあ。食わいね野草は二、三種類しかねーはんでな。豚肉《ぶだ》食うにいいのは一年に一回あるがないが」

地元でタクシー運転手をしている義父の幼なじみのAさんもまた、小学三年で中退していた。津軽の冬の厳しさは、幼子たちが義務教育を中退して家業を手伝わなければならないほどだった。

小学四年で中退せざるを得なかった義父は遊びもやらず、独学であらゆる書物を読破していた。雑学は膨大な範囲を網羅していた。戦国大名百数名の系譜からあらゆる合戦の場所と勝敗、フランス印象派画家たちの名と作品群、スイス中世史、歴代レコード大賞受賞者名。雪の夜、寝床で書物のページをめくる音がいまでも私の女房の印象的な記憶である。義父の書棚には、徳田秋声、鈴木三重吉、夏目漱石、埴谷雄高、檀一雄、司馬遼太郎、大江健三郎といった著作が書店のカバーをつけたまま、カタカナで書名が書かれ整然と並んでいた。

冬になると豪雪になって農作業どころではなく、夏の蓄えを食うしかない。

換金作物としてリンゴが津軽地方に普及したのは大正時代であったが、真冬の農閑期に出稼ぎに行かなければ一家が飢えるのは変わらなかった。

リンゴ農家の喜びは秋の収穫だ。

「そりゃあ真っ赤だリンゴば一つ一つもいでるときさ。親戚じゅうみんなあづまって収穫するときは、つらいことも忘れで鼻歌もでるよ」と女房の母が回想した。

換金できる農作物としてリンゴが津軽地方の農家を救ったが、リンゴ園を維持するのは大変な作業でもあった。

スピードスプレイヤーという害虫駆除の農薬散布機をはじめ、高額の農機具が必要になる。借金をして購入したのはいいが、不作になったら重い負担になる。

リンゴ農家の経営は楽ではない。朝早くから夜遅くまで働いて、冬になったら東京に出稼ぎに行かなければやっていけない。

東北地帯にかつてない大型の台風が上陸し、強風リンゴを無惨にも地面に落下させ、リンゴ農家が大打撃を受けた。借金返済が滞り、リンゴ農家の主人が納屋で首を吊ったりした。

義父は借金を背負った知人の連帯保証人になったために、リンゴ畑は他人の手に渡ってしまった。

「騙《だま》すよりも騙されたほうがまだいいよって、うちの合言葉みたいにしてきたからね」

女房が言った。

出稼ぎ労働者の義父は毎年、工事現場で春まで働きづくめだった。

たっぷり働き通しでやっと北津軽に帰るときは、急行「八甲田」に乗車して上野から青森まで延々十時間かけて帰省した。夜出発して、寝台特急の二段ベッドに寝て到着するのは早朝だ。

義父にとって石川さゆりの「津軽海峡・冬景色」（作詞・阿久悠／作曲・三木たかし）は、まさしく「上野発の夜行列車降りたときから」はじまる寒々しい光景を想い起こさせるのだった。

「上野駅《エギ》さ、着げば、むったど人いっぱいでびっくりしてまるでばなァ。工事現場で出稼ぎはよく穴掘りさせらいるんだ。ぽろぽろって上から小石がころがりだへばだっきゃおっかねえよ。土砂崩れの前触れのときもあって、何人も死んだはんでな。でも、一輪車で豚のエサ運ぶのも、オラがいちばん早くてよげやってるって雇い主さんさほめらいだんだ。あれさはコツがあるんだ。こうやって腰ば低ぐして、なんでもそんだんだ。現場では。腰のためがかんじんだよ」

義父の腰は会うたびに曲がってきた。

私は義父と女房をモデルに「労働28号」という短編小説を『小説現代』に書いた。

北津軽郡には、仏のような笑顔をたたえながら仕事を斡旋し、喜んで付いて行くと、二度ともどってこない神隠しが時々起きていた。なにしろ仕事がないので、多少の危険があっても受けてしまう悲しい事情があった。

タコ部屋に入れられて出てきたのが三十年近く経ってから、という浦島太郎のような実話が転がっていた。

タコ部屋伝説と私が高校一年生の春休みに土木作業のアルバイトをやったときのつらさが小説の素材だった。テーマは体がきしむほどの労働である。

義父は体がきしむほどの労働を死ぬまでつづけた。

上野のどこかですすったラーメンは、束の間の安息に違いなかった。

＊

「わがった。せば、明日すぐと飛行機さ乗って帰るはんで。心配しねんで」

深夜、家の電話が鳴った。

女房が受話器をとって津軽弁で会話した。

「お父さんが倒れたんだって」

義父が脳梗塞で倒れた。

生死の境をさまよいながらなんとか一命を取り留めたようだ。

夏に一度、倒れていた。

そのときは半身不随は免れたが、右手に麻痺が残り、ベッドに起きてリハビリとして右手で胡桃《くるみ》の実を二つ転がしていた。

安静にしていればいいものを、その年の冬、また近所の畜産農家の手伝いで豚のエサやりをしている最中、脳溢血が再発し倒れてしまった。

寝たきりになり、おかゆ程度しかのどを通らなくなった。義父はしきりにラーメンが食べたいと苦しそうに言っていた。

小康状態になり、私たちはいったん、東京にもどった。それを見計らったかのように、二日後、残っていた義妹から、義父の死を告げる電話が入った。

六十六歳。

私の誕生日である四月四日が義父の葬儀の日になってしまった。

モノレールで羽田空港まで向かう途中、女房が流れる景色を見ながらつぶやいた。

「桜を見ると、これから毎年、お父さんのこと、思い出すんだろうなあ」

四歳になる息子の豪は、沈んだ母を心配そうにのぞきこんだ。

斎場に弔問客が訪れだした。

女房は昨夜、生まれて初めて読み上げる弔辞のために、深夜までかかって紙片に文章を綴っては消していた。

「決まり文句でいいよね。なに言ったらいいかわからないし」

冠婚葬祭の挨拶文、という本を広げて、弔辞の見本文を書き写していた。

読経が流れ、全員が着席する。

女房が挨拶をする場面になった。

私までが緊張する。

メモ書きがあるとはいえ、うまくやれるだろうか。

「遺族、親族を代表して一言ご挨拶申し上げます。本日は、ご多忙中、故人のためにご会葬、ご焼香下さいまして、誠にありがとうございました。故人、生前中は皆様より格別な御厚情、御愛顧を頂きまして誠にありがとうございました。父重信は六十六歳の天寿を全うして、往生《おうじょう》致しました。本日、斯様《かよう》に多くの皆様の御見送りをいただきまして、故人もさぞかし感謝していることと存じます……」

型通りの挨拶をして終わりになった。

――と思ったら、女房はメモ書きを折りたたんで、宙を見つめながら言葉を紡ぎ出した。

「がんこで恐かったけど、やさしくてユーモアがあって笑わせてばかりいたおとう。学歴は無かったけど、高校の先生より歴史が詳しかったおとう。働くのが大好きで、誰よりも一生懸命働いていたおとう。おらが学校でいじめられてると、おらといっしょに空手道場に行ってくれたおとう。おらが喧嘩に勝ったら、『よぐけっぱったな』って誉めてくれたおとう。なんで死んだだ。うちの豪といっしょに運動会でかけっこするって約束してくれたのじゃねえか……でももうそれもできねえ。いま、東京は桜の花がきれいに咲き誇っているけど、おら、もう二度とおとうの笑顔が見れねえって、なんでだ。これからは毎年、桜を見るたんびにおとうのこと思い出して悲しくて悲しくて……。なんで死んだだ。おとう……」

それ以上、言葉が出てこなくなった。

あちこちから鼻水をすする音がする。

義父の死に顔は、津軽の残雪のような灰白色だった。

あとがき

最後に本書ができあがるまでの経緯を記しておこう。

当初は、『東京最後の異界　鶯谷』『迷宮の花街　渋谷円山町』を出した宝島社から出す予定だったが、すでに上野近辺をテーマにした本が刊行予定だというので、他の版元を探すことになり、杉山茂勲が以前勤務していた出版社の上司、本書に登場するK編集長が「うちから出します」と言ってくれたのだった。

上野を歩き出したのは昨年早春、桜がまだ咲く前だった。

本文でも書いたように二歳のとき、西郷さんの銅像前で写真を撮って以来、何度も足を踏み入れ、風変わりな体験もしてきたので、この地には思い入れはあった。

すでに出していた二冊よりも上野は範囲が広大で、変化に富んでいたために、取材が長引き一年を経過してしまった。

その間、杉山の身に変化が起きた。

夫人が身籠ったのだった。待ち望んでいた慶事だった。

妊娠したために仕事は休業、その間、亭主は編集以外に株のデイトレードをして生活費を稼いでいたのだったが、調子にのって数百万の大損を出してしまい、本業の編集もまた不安定な収入となったために、これから親子三人いかにして食っていくかと思い悩んでいたところ、K編集長から、知り合いの出版社が優秀な編集者を探している、と言われた。それが本書の版元、駒草出版であった。

本書が仕上がる前に、杉山はめでたく正社員となり、夫人は無事に男児を産んだ。

するとまたもや大きな変化が起きた。

K編集長が一身上の都合で所属していた出版社を退社したのだった。

本来ならK編集長のもとで出すはずだったのだが、私の原稿が遅いために、K編集長にはわるいことをしたといまでも思っている。

すると、新天地で編集者として活動しだした我らが杉山が「うちからぜひ出しましょう」と言ってくれた。K編集長が在籍していた版元と折り合いがつき、こうして駒草出版から世に送り出すことができた。不思議な縁だ。

K編集長は新たな活躍の場を求めて奮闘中だ。本書では実名でかまわない、と言ってくれたのだったが、事の性質上、親族に迷惑がかからぬようにと、あえてイニシャルに留めた。

駒草出版は教育書などを出してきた良心的な出版社であり、最近では『泥の河』『死の棘《とげ》』の小栗康平監督作品のDVDブックなどを刊行している。社名の駒草は、他の植物が育たない厳しい土地に育つ可憐な高山植物から来ている。

本書もかくやあらん――。


最後に、取材に応じてくれた方々、本書にかかわったすべての方々に感謝したい。

長い間付き合っていただいたK編集長、杉山茂勲氏、どうもありがとう。

また上野で。

二〇一六年水無月　本橋信宏

参考資料

『永山則夫　封印された鑑定記録』堀川惠子　岩波書店　2013 年
『下谷万年町物語』唐十郎　中公文庫　1983 年
『唐十郎　わが青春浮浪伝』唐十郎　日本図書センター　2012 年
『最暗黒の東京』松原岩五郎　講談社学術文庫　2015 年
『日本の下層社会』横山源之助　岩波文庫　2012 年
『常磐線中心主義』五十嵐泰正・開沼博　河出書房新社　2015 年
『東京の自然史』貝塚爽平　講談社学術文庫　2011 年
『戦後の貧民』塩見鮮一郎　文春新書　2015 年
『古地図で読み解く　江戸東京地形の謎』芳賀ひらく　二見書房　2013 年
『江戸川乱歩全集第 19 巻　十字路』江戸川乱歩　光文社文庫　2004 年
『誘拐』本田靖春　ちくま文庫　2005 年
『警察（サツ）回り』本田靖春　ちくま文庫　2008 年
『天人　深代惇郎と新聞の時代』後藤正治　講談社　2014 年
『記者魂　キミは社会部記者を見たか』佐藤史朗　講談社　2008 年
『台東区歴史・文化テキスト』『台東区の文化財　第十四集』台東区教育委員会
『小説四十六年』尾崎士郎　中公文庫　2015 年
『台東区史通史編』台東区史編纂専門委員会　2002 年
『国士無双』山縣勉　ZEN FOTO GALLERY　2012 年
『五百年前の東京』菊池山哉　批評社　1992 年
『上野「葵部落」に関する調査』東京都立大学社会学研究室分室　1953 年
『生きてゐる　上野地下道の実態』大谷進　悠人社　1948 年
『アメ横の戦後史　カーバイトの灯る闇市から 60 年』長田昭　ベスト新書　2005 年
『地図でわかる天皇家の謎』歴史謎学倶楽部　宝島社　2013 年
『これでいいのか東京都台東区』マイクロマガジン社　2009 年
『地形のヒミツが見えてくる　体感！東京凸凹地図』東京地図研究社　技術評論社　2014 年
『夕やけ番長』梶原一騎原作・荘司としお画　秋田書店（『冒険王』1967 ～ 1971 年）
『アサヒ芸能』1986 年 9 月 4 日号「撤去騒動でスッタモンダする上野『おかま長屋』にさよなら特攻」
『花も嵐も』1996 年 4 月号「東京都台東区　東照大権現の仕掛け人」宮西直子
『週刊実話』2002 年 4 月 18 日号「50 年前の売春婦の所在地図　今も立ちんぼ出没の不思議」
『ナショナル・ジオグラフィック』2008 年 3 月号「東京都台東区上野　宝石のまち御徒町は今」
『週刊文春』2008 年 4 月 17 日号「フィリピン人女性お台場バラバラ殺人同居女性激白 180 分」
『FRIDAY』2008 年 4 月 25 日号「お台場バラバラ殺人　同居男 48 歳の血塗られた“闇の素顔”」
『サンデー毎日』2010 年 9 月 12 日号「グローバル化する御徒町ジュエリータウン」
『週刊東洋経済』2013 年 9 月 7 日号「あまちゃんだけじゃない　国際化するアメ横商店街」
『週刊新潮』2016 年 3 月 10 日号「大貫さんが拾得『現金 1 億円』は誰の金だったのか」
『内外タイムス』1954 年 7 月 6 日号「オカマ学校繁盛記」
『朝日新聞』2004 年 4 月 3 日夕刊「ピンホールコラム　雪とリンゴに囲まれた『大学』」本橋信宏
『朝日新聞』2014 年 12 月 16 日「ひとえきがたり上野駅　戦後を見守ったベニヤの壁画」塩見圭
『朝日新聞』2016 年 3 月 17 日号「上野　北の玄関口の街」別宮潤一
『70seeds』「上野『アメ横』でタイムスリップ　戦後の闇市は今 vol.1」
『ETV 特集 永山則夫 100 時間の告白～封印された精神鑑定の真実～』NHK　2012 年
DVD『駅前旅館』井伏鱒二原作・豊田四郎監督　東宝　2005 年
DVD『ALWAYS 三丁目の夕日』西岸良平原作・山崎貴監督　バップ　2006 年
映画『こまどり姉妹がやって来る ヤァ！ヤァ！ヤァ！』公式サイト
東叡山寛永寺ホームページ http://kaneiji.jp/
台東区ホームページ http://www.city.taito.lg.jp/
たばこと塩の博物館ホームページ https://www.jti.co.jp/Culture/museum/index.html

他にはテレビ、新聞等のニュース報道および関係者の証言を参考にした。

本橋信宏　もとはし・のぶひろ
1956 年 4 月 4 日所沢市生まれ。早稲田大学政治経済学部卒。私小説的手法による庶民史をライフワークとしている。実家から徒歩 10 分ほどで「となりのトトロ」のモデルになった狭山丘陵・八国山が横たわる。現在、都内暮らし。半生を振り返り、バブル焼け跡派と自称する。執筆内容はノンフィクション・小説・エッセイ・評論。
本書は『東京最後の異界 鶯谷』（宝島 SUGOI 文庫）、『迷宮の花街 渋谷円山町』（宝島社）につづく“ 東京の異界シリーズ ”第 3 弾となる。第 4 弾『新橋アンダーグラウンド』（駒草出版）が最新刊。その他著書に『裏本時代』『AV時代』（以上、幻冬舎アウトロー文庫）、『新・AV時代 悩ましき人々の群れ』（文藝春秋）、『心を開かせる技術』（幻冬舎新書）、『<風俗体験ルポ>やってみたらこうだった』『戦後重大事件プロファイリング』（以上、宝島 SUGOI 文庫）、『60 年代 郷愁の東京』（主婦の友社）、『エロ本黄金時代』（東良美季共著・河出書房新社）、『全裸監督 村西とおる伝』（太田出版、第 39 回講談社ノンフィクション賞最終候補作）など多数。
Facebook　https://www.facebook.com/motohashinobuhiro

装丁・地図制作　江田貴子
カバー写真　田村浩章
本文写真　本橋信宏、杉山茂勲
写真提供　山縣勉（P254 ～ 256）、山科薫（P112 右上）

上野アンダーグラウンド

2016 年 7 月 21 日　初版第 1 刷発行
2018 年 1 月 5 日　第 2 刷発行
2020 年 6 月 24 日　第 3 刷発行

著者　本橋信宏
発行者　井上弘治
発行所　**駒草出版**　株式会社ダンク出版事業部
〒 110-0016
東京都台東区台東 1-7-1 邦洋秋葉原ビル 2 階
電話 03-3834-9087
http://www.komakusa-pub.jp/

印刷・製本　シナノ印刷株式会社

ISBN978-4-905447-69-6
JASRAC 出 1607432-601